북한의
화폐와 시장

수령, 돈, 시장

Money and Market in North Korea:
Supreme leader, Money, Market

민영기 지음

한울
아카데미

이 도서의 국립중앙도서관 출판예정도서목록(CIP)은 서지정보유통지원시스템 홈페이지
(http://seoji.nl.go.kr)와 국가자료공동목록시스템(http://www.nl.go.kr/kolisnet)에서
이용하실 수 있습니다. (CIP제어번호: 양장 CIP2018024700 반양장 CIP2018024699)

차례

표 차례

그림 차례

변화하는 수령의 나라

동북아에 새로운 기운이 움트고 있다. 오랫동안 반목하고 적대해왔던 남북 간에 새로운 화해의 몸짓이 약동하고 있다. 평양의 거리가 활기를 더하고 다양한 채색의 새로운 건축물이 스카이라인을 바꾸고 있다. 2017년 4월 14일 준공한 평양의 려명거리에는 82층(270m)과 70층(240m)짜리 아파트가 등장하여 북한 경제의 잠재력이 만만치 않음을 강변하고 있다. 여러 부문에서 북한 경제는 어두운 터널을 지나 회복되는 징조를 보이고 있다. 그간 전 세계적으로 전개된 고립과 봉쇄에 붕괴할 듯 보였던 북한의 경제에 생기를 불러일으킨 힘은 무엇일까? 무너진 계획경제와 국가 재분배시스템을 대체하여 경제를 복원하는 힘은 어디에서 발생하고 있을까? 북한의 경제사회적 변화는 무엇이 이끌고 있을까?

북한은 쿠바와 더불어 사회주의 체제를 고집하고 있는 완고한 나라로 묘사되곤 했다. 그도 그럴 것이, 북한은 1945년 이후 매우 신속하게 사회주의적 소유관계를 전 국가적으로 구축했다. 산업은 국유화되었고 농업은 집단화되었다. 계획과 명령은 자원과 노동력을 일사불란하게 각 경제부문에 배치하고, 생산된 부(wealth)는 국가에 의해 독점적으로 재분배되어왔다. 스탈린 사후,

구소련을 비롯한 동구의 사회주의 국가들은 이른바 '자주관리'를 비롯한 수정노선을 받아들였다. 특히 중국은 1978년 이후 거의 전면적 시장화의 방향으로 선회했다. 그럼에도 불구하고 북한은 2000년대 초반까지 고전적 사회주의 경제관리 방식을 고집했다.

1990년대 중반, 경제위기 이전까지의 북한 경제시스템은 수령 중심의 공동체였다. '사회주의 대가정'이라는 구호가 이를 보여준다. 이것은 가부장제의 전 사회적 확대를 의미한다. 북한에서 수령과 인민, 인민과 인민은 감정적 일체성과 인격적 통일성을 이루는 운명공동체였다. 수령공동체는 자원과 노동력을 배분하고, 사회적 생산물을 인민들에게 재분배함으로써 항상성을 유지했다. 계획과 명령은 절대적 과업으로 주어졌다. 노동자에게는 정치적·도덕적 각성제가 지속적으로 주입되었다. 혁명적 군중노선과 각종 캠페인이 쉴 새 없이 전개되었다. 수령은 인민대중이 분투하는 현장에 나타나 '교시'하고, 주민들은 이것을 썩지 않을 석판에 새겨 걸었다. 그들은 이러한 것들이 자본주의 경제활동의 근본동력인 '이기심'을 대체한다고 믿었다.

1945년 해방 이후부터 구축하기 시작한 이 공동체는 두 가지의 모듈로 구성되어 있다. 하나는 독특한 경제관리체계이다. 북한의 경제관리체계는 매우 복잡하지만 가장 중요한 세 가지는 '생산의 완전계획화', '소비의 배급제', '무역의 국가독점'이다. 수령공동체의 또 다른 모듈은 공동체의 주민 모두에게 주입된 '도덕경제(moral economy)'의 이데올로기이다. 도덕경제는 시장이 아닌 '호혜'나 '재분배'로 자원을 배분한다.

이러한 수령공동체는 1990년대 초반까지는 강고했다. 그러나 1990년대 중반부터 심각한 도전에 직면했다. '고난의 행군'이라고 불리는 경제위기는 공동체를 흔들었다. 아사자들이 발생하고, 굶주림을 견디지 못해 국경을 넘는 주민이 속출했다. 1990년대의 경제위기를 거치면서 기존 체제의 경제적 토대는 거의 완전하게 와해되었다. '생산의 완전계획화', '소비의 배급제', '무역의 국가독점'이라는 3대 원칙은 모두 무너졌다. 그럼에도 불구하고 북한체제는 놀라운 내구성을 보였다. 수령공동체를 떠받치는 다른 하나의 모듈인 '사회주의 도덕'이 아직 무너지지 않았기 때문이었다. 어찌 보면 오랜 사고의 관성이라 할 수 있는 '문화지체(cultural lag)'가 북한의 내부 파열을 막은 것이다. 급속한 이탈과 혼란이 발생했지만, 그로 인한 체제붕괴는 일어나지 않았다. 그렇다고 전혀 내상이 없는 것은 아니었다. 북한의 내적 작동시스템에서 변화가 시작되었다.

북한은 거대한 격랑의 한가운데를 지나고 있다. 경제영역에서 기존의 수령공동체는 사실상 와해되었다. 물적 토대는 파괴되었고 집단주의 도덕도 점점 소구력을 잃고 있다. 북한의 수령공동체는 새로운 물질적, 문화적 토대를 재구성하고 있다. 이러한 변화의 원동력이 무엇인가?

이 책에서는 북한 변화의 숨은 동인(動因)으로 화폐를 주목한다. 변화의 중심에 '화폐'가 있다. 그러나 화폐의 작동은 은폐되어 잘 드러나지 않는다. 떠들썩한 홍정을 동반하는 시장이 북한 변화의 주범으로 회자되지만, 홍정이 끝나고 드러나지 않게 주고받는 현금관계가 핵심이다. 화폐도 시장과 같이 '사회제도'이다. 그러나 시장보다 원초적이다. 시장과 화폐는 분리된 것은 아니다. 시장이 세포라면 화폐는 원형질이다. 시장이 식물이라면 화폐는 생장점이다. 북한 경제현상의 변화를 화폐를 중심으로 살펴보는 것은 의미가 있다. 화폐라는 프리즘을 통해 북한 사회의 변화를 보다 구조적으로 이해할 수 있기 때문이다.

현재 북한의 시장에서 성립되는 가격에는 노동가치의 흔적이 지워졌다. 그저 화폐단위에 부여된 숫자를 종이쪽에 쓱쓱 써서 가격표라고 달아놓고 교환의 수단으로 삼을 뿐이다. 공동체의 연대와 호혜를 위해 존속했던 국정가격 체계는 거의 무너졌다. 차디찬 현금관계가 기존의 공동체를 잠식하고 있다. 신흥자본가인 '돈주'가 아니라 해도 북한 주민들은 이미 화폐를 수단이 아닌 목적으로 삼아가고 있는 듯 보인다. 화폐는 주민들의 사고와 감정과 의지를 변화시키고 있다. 나아가 권력으로 작동하여 사회적 관계를 재구성하고 있다. 마르크스가 통찰한 바와 같이 화폐는 머지않아 강고한 기존의 통치 질서까지 넘볼 것이다. 그는 말한다.

화폐 그 자체가 공동체가 아닌 곳에서는 화폐가 공동체를 해체해야 한다.

이 책은 북한의 경제사회적 변화를 '시장' 요소의 확장으로만 설명하지 않는다. 시장과 더불어 '화폐화' 또는 '화폐경제'의 확산을 통해 수령공동체의 변화를 설명한다. 화폐를 하나의 '공동체' 혹은 '인간관계'라고 주장한다면, 무척 생소하게 느낄 것이다. 하지만 화폐는 분명히 특정한 인간관계를 지시하며, 그렇지 않은 인간관계에 대해 파괴적 영향을 미친다.

1990년대의 '고난의 행군' 이후, 수령공동체는 새로운 가치관의 파상적인 공격을 받고 있다. 공동체주의는 개인주의로부터, 수령절대주의는 공리주의로부터 정치적·도덕적 자극은 물질적 자극으로부터 도전을 받고 있다. 이것은 수령공동체를 대신하여 화폐가 사회적 상호작용의 매개로 작동하는 현실에서 드러나고 있다. 화폐는 단순히 교환수단 정도로만 기능하는 것이 아니다. 화폐가 공동체와 사회주의적 가치관을 해체하는 경향 때문에, 북한은 집요하게 화폐의 기능을 약화시키려 노력했다. 그러나 죽은 듯했던 화폐는 어느새 기능을 되살리고 영역을 확장했다. 급기야 2009년에는 주민들의 수중에서 화폐를 몰수하는 조치까지 취했다. 급진적인 화폐화에 대한 두려움과 그로 인한 지배권력의 잠식을 우려했기 때문이었다. 그러나 화폐적 관계의 확장은 거부한다고 해서 피할 수 있는 수준이 아니다. 물적 토대를 상실한 '수령공동체'와 권력이 된 '화폐'는 적대적 공존의 관계가 되었다. 남은 것은 화폐가 거미처럼 자아내는 사회적 관계와 수령공동체가 화학적 결합을 도모하는 길뿐이다. 바야흐로 북한은 화폐의 힘을 의식적이고, 사회적으로, 매우 정교하게 통제해야 공동체를 유지할 수 있는 처지에 놓인 것이다.

북한의 화폐경제 확산은 자본주의도 사회주의도 아닌 '혼종' 시스템을 형성시키고 있다. 그 단서는 북한 시장의 '성격'에서 찾을 수 있다. 다수의 학자들은 북한의 시장을 '자생적 시장'으로 규정한다. 이와 다른 시각이 있다 하더라도 거의 '자본주의적 시장'을 잣대로 들이대서 북한의 시장화를 평가하고 있다. 북한의 시장이 자본주의적 시장으로 발전할 것으로 전망한다는 점은 공통적이다. 북한의 시장이 자생적으로 출발했다는 것은 사실이다. 그러나 이후의 발전과정을 구체적으로 추적해 보면, 북한 시장화의 현실을 적절히 설명할 수 없다. 현실적으로 북한의 시장은 자본주의적 시장이 아닌 관료들에 의해 조정되고 통제되는 시장이다. 이러한 현상은 특히 7.1조치 이후 매우 명확히 나타나고 있다. 북한의 시장은 또 다른 형태의 '배급물'이 되고 있는 것이다. 북한의 시장이 자본주의적이라기보다 '관료적 시장'으로 발전해왔다는 사실은 여러 가지 현실적 증거로 인해 명백하다.

'관료적 시장'을 중심으로 형성되는 북한의 '혼종체제'는 화폐경제가 이끌고 있다. 화폐는 작은 사물이다. 그러나 작은 화폐의 배후에는 거대한 사회적 관계가 숨어 있다. 북한의 화폐현상을 통해 개인과 사회의 유기적 관계를 전체적(holistic)으로 조망하고, 이를 통해 얻은 통찰로써 남북화해와 협력의 방안을 이끌어내는 것, 이 책이 지극히 바라는 것이다.

제1장

수령공동체의 완성

북한은 1945년 해방 이후부터 1960년대에 이르러 사회주의 계획경제를 완성했다. 그리고 이 체제는 1990년대 중반의 경제위기까지 이어졌다. 북한은 체제성립 초기에 식민지 경제의 편파성을 극복하기 위해 민주개혁을 단행했다. 다음으로 전쟁의 피해를 복구하는 데 진력하면서, 사회주의적 개조를 추진했다. 강력한 조직국가(organized state)가 경제를 통제하고 재구성하는 중심에 서게 된 것이다. 이 과정에서 사회주의적 비시장경제를 정초하게 되었고 1990년대의 위기가 도래할 때까지 형태를 유지해왔다.

　북한이 가지고 있는 여러 가지 비시장경제 제도들은 이제 막 제국주의의 식민지 지배에서 벗어난 신생국가가 직면한 문제에 대해 내린 결단의 결과물이다. 생존의 위기에 빠진 주민들이 삶에 필요한 여러 재화들을 어떻게 조달하고 몫을 나누며 향유할 것인가를 집단적으로 규범화한 것이다. 북한 경제 시스템의 근간은 그들에게 주어졌던 사회통합의 요구에 부응하여 마련되었고, 운영의 논리와 질서가 추가되어 제도화되었다. 그러므로 불구(不具)화된 화폐, 경제계획과 등가체계, 배급을 통한 재분배, 그리고 사회주의적 상업과 농민시장 등은 북한 고유의 국가건설과 운영의 의지가 지배하는 영역이었다.

1. 공화국 화폐의 탄생

1926년 소련 계획위원회의 지도자 중 한 명인 코발렙스키(N. Kovalevsky)는 이런 예견을 했다. "화폐 순환은 점차 줄어들어, 자연적 물물교환으로, 그리고 상품의 직접적인 할당으로 대체될 것이다." 그러나 고전적 사회주의자들이 가지고 있었던 화폐 폐지에 대한 열망은 성공할 수 없었다. 화폐를 질식시킬 수는 있었으나 완전히 사망시킬 수는 없었기 때문이다. 화폐는 참으로 끈질 긴 생명력을 가진 데다가 인류 역사의 오랜 퇴적물이었다. 구소련은 자본주의 사회보다는 협소하고 제한적이기는 했으나 준화폐화된 사회(semimonetized society)가 되었다. 하지만 북한은 한 걸음 더 나갔다. 1947년 식민지 화폐를 청산하고 발행한 공화국 화폐는 점진적이고 집요하게 사용공간과 용법이 축 소되었고, 결국 '불구(不具)'가 되었다.

화폐는 거래하는 상대방과 정치적, 도덕적, 감정적 평형상태에서 상호작용 을 수행할 수 있도록 해준다. 화폐가 가지고 있는 완전한 무정함은 돈에 의해 규정되는 사회적 관계에 반영된다. 북한이 추구하는 사회주의적 이상은 화폐 가 수행하는 인간관계의 평형화와 대척점에 있다. 북한의 설계자들은 주민들 의 혁명적 열의가 차가운 현금관계의 미망에 빠지는 것을 막아야 했다. 그래 서 북한은 위대한 수령의 초상을 모신 공화국화폐를 제한적으로 만들었다. 화폐가 일반적 기능을 수행할 수 없도록 사회적 조건을 차단한 것이다. 그렇 게 해야 북한이라는 거대한 목적단체 안에서 개인들의 고립화를 막고 내면적 이고 정열적인 집단 감정을 일깨울 수 있기 때문이었다.

1) 해방 이후의 통화질서

(1) 일제 강점기의 통화질서
청일전쟁과 러일전쟁에서 승리한 일본은 1905년 6월 한반도에서 통화개혁을 단행했다. 이른바 '화폐정리사업'이 그것이다. 당시 조선에는 두 가지 경화, 즉 엽전과 백동화가 유통되고 있었다. 일본은 엽전과 백동화를 헐값으로 사들여 퇴출시켰다. 매입한 경화는 녹여 동괴로 만든 후 팔아버렸다. 근대적 화폐시스템을 만들기 위한 주체적 노력은 이로써 좌절되었다. 일본은 철저히 종속된 통화체제를 식민지 조선에 이식했다. 1909년 한국은행을 설립하고 은행권을 발행하기 시작했다. 은행권은 금화(金貨) 및 지금은(地金銀) 그리고 일본은행권과 태환이 가능했다. 발행 시에도 이것들을 정화준비(specie reserve)로 규제했다. 뒤이어 한국은행은 1910년의 합병과 동시에 조선은행으로 이름을 바꾸었다. 그 결과 일본은행권과 조선은행권은 연동되었다. 자연스럽게 조선의 재량적인 화폐정책은 불가하게 되었다. 식민지 조선은 화폐주권을 상실했다. 두 통화를 1:1로 고정시키면서도 통합을 시키지 않은 것은 조선을 대륙진출의 교두보로 여기되, 통화질서의 교란이 일본으로 전이되지 않도록 한 조치였다.

초기의 통화시스템은 식민기간 동안 많이 수정된다. 1931년 12월, 조선은행권의 금태환은 폐지된다. 이후 일본은 1937년과 1941년 사이, 조선은행이 소유하고 있던 모든 금과 은을 일본으로 빼돌렸다. 조선은행의 준비금은 일본은행권만 남게 되었다. 1941년 4월 1일, 조선은행이 소유하고 있던 일본은행권마저 일본은행의 예금계정으로 전환시킴으로써 조선은행권은 정화준비 없이 발행되었다. 그리고 일제 말까지 조선은행권은 준비금도 없고 발행한도도 없이 남발되었다.

일본은 강점기간 내내 조선의 명목생산액을 상회하는 통화량을 유통과정에 투입함으로써 노동생산물과 자원을 수탈해갔다. **그림 1-1**에서 보듯이 1일 12시간 이상 노동하는 노동자의 비율이 일본은 0.3%인 데 반해, 조선은 46.9%에 달했다. 일본은 조선 노동자를 극도로 혹사해가며 생산물을 쥐어짜냈다. 게다가 가혹한 노동의 대가로 주어진 것은 준비금도 없이 남발된 악화(惡貨)였다.

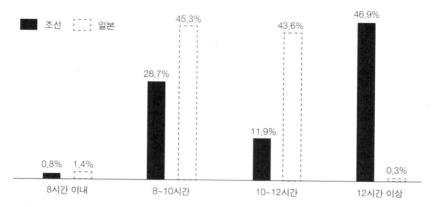

그림 1-1 조선인 노동자와 일본인 노동자의 1일 노동시간(조선: 1931년, 일본: 1930년)
자료: 안병직(1981: 25)의 내용을 바탕으로 작성.

표 1-1 조선은행권의 유통고·발행고 비교

(단위: 백만 엔, %)

연도 말	조선은행권				도매물가지수
	발행고	지수	유통고	지수	
1931	101	100	79	100	100
1937	280	277	160	203	153
1938	322	319	213	270	183
1939	444	440	374	473	214
1940	581	575	486	615	236
1941	742	735	621	786	245
1942	909	900	771	976	256
1943	1,467	1,452	1,262	1,597	283
1944	3,136	3,105	2,741	3,470	315
1945	4,338	4,295	3,862	4,889	-

자료: 김호범(1991) 304쪽의 표 IV-1-5와 305쪽의 표 IV-1-6을 참조하여 재작성.

통화증발에 의한 물자수탈은 1930년대 중반 이후부터 극심하게 전개되었다. **표 1-1**에서 보듯이 1931년 기준으로 각각 1억 100만 엔과 7900만 엔의 발행고와 유통고를 기록했던 조선은행권은 1945년 각각 43억 3800만 엔, 38억 6200만 엔을 기록했다.

세계적 공황이 일본을 덮치자 그들은 제국주의적 침략과 통화조작을 통한 인플레이션으로 돌파구를 삼았다. 위기타개 방안으로 조선, 만주, 중국을 포함한 동남아 결제권이 추구되었고 이에 따라 1931년 만주침략이 시작되었다. 그것은 1937년 노구교에서의 일본군과 중국군의 충돌로 시작된 중일전쟁으로 확대되었다. 이와 같은 식민지와 점령지의 확대는 자연히 일본의 일본은행권과 연결된 다른 통화를 등장시켰다. 예컨대 1932년 3월 만주에 허수아비 정권인 만주국을 수립하고 만주중앙은행을 창립하여 조선은행권과 동일한 가치를 갖는 '만주국폐'를 발행했다. 북경에는 괴뢰정부를 수립하고 중국연합준비은행을 창립(1938년 2월)하고 신화폐 '연은권(聯銀券)'을 발행했다. 아울러 화중, 화남지역에는 중앙저비은행(中央儲備銀行)을 설립하여 '저비권(儲備券)'을 발행했다. 이같이 친일괴뢰정권의 수립과 함께 진행된 금융정책은 '저비권 -연은권-만주국폐-조선은행권-대만은행권'을 완충지대로 하여 일본은행권으로 묶여진 통로를 이루고 있었다. 그리고 이 같은 통로는 통화의 남발을 제도적으로 확보하기 위한 것이었다. 따라서 극심한 인플레이션이 일어날 수밖에 없었다. 전쟁수행에 필요한 전비를 조달하기 위해 통화남발과 군표(軍票)발행이 무제한적으로 행해졌기 때문이었다. 이에 따라 조선의 인플레이션은 조선 반도 내에서의 문제가 아닌 것이 되었다. 대륙의 악성 인플레이션의 파도가 중국의 양자강과 황하를 건너, 압록강을 건너, 조선으로 밀려들어왔다. 조선 내에서는 전시체제가 유지되었고 전쟁수행을 위한 식민지 병참기지로서 격렬한 민중수탈이 진행되었다. 그러나 일본은행권은 일본은행권 이외의 통화에 대한 팽창과 남발에 의해서 보호되었다. 살인적인 인플레이션의 유입과 확장은 조선의 민중을 고난의 구렁텅이로 내몰았다. 조선민중은 이와 같은 인플레와 함께 식량수탈과 강제징용, 강제노동, 각종 세금과 공과금의 중압, 강제저축에 의해 고향을 떠나고 각처로 떠도는 유랑민이 되지 않으면 안 되었다. 엔블록에서 식민지와 조선은행권은 전시인플레이션의 여파가 일본에 전달되는 것을 가로막는 방파제가 되었다.

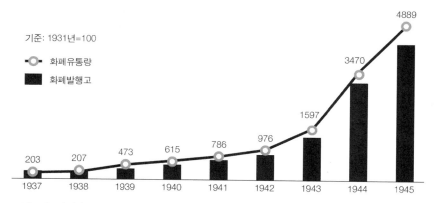

그림 1-2 일제하 화폐(조선은행권)유통량의 변화
자료: 김호범(1991: 305)의 표 Ⅳ-1-6을 참조하여 작성.

일본은 인플레이션으로부터 자국만을 보호하기 위해 식민지에서 통화를 범람시켰다. 화폐유통량의 폭발적 증가는 전쟁물자 수탈을 위한 신용팽창의 산물이기는 하지만, 조선 외 일본 식민지로부터 유입된 통화량이 급속도로 증가된 결과이기도 했다. 식민지 조선과 조선은행권은 전시인플레이션의 여파가 일본에 전달되는 것을 막는 최후의 저지선이었다. 일본은 식민지 및 점령지역에서 급속한 통화남발과 극심한 인플레이션 조작에 의해 전비를 조달했다. 그들은 엄청난 폐해와 뒷수습을 조선 민중에게 전가했다. 식민지 민중은 극심한 고통 속에 허덕였다. 일제는 식민지 조선에서 엄청난 통화증발을 자행하면서도 다른 한편으로는 가격통제를 통해 물가상승을 폭력적으로 억눌렀다. 그 결과 조선 민중의 피땀 어린 노동생산물과 악화가 강제로 교환되었다. 식민지 화폐체제는 매우 영리하고 조직적인 수탈시스템이었다.

(2) 해방공간에서의 신용공황

일본의 패망과 동시에 식민지 은행 및 금융기관의 활동은 급격히 수축되었다. 해방 시점 조선은행권의 총액 가운데 약 40%인 37억 엔이 북한과 태평양

지역에서 유통된 것으로 추정된다. 조선은행권 이외에 유통되었던 화폐는 일본은행권, 만주은행권, 대만은행권, 일본군표 그리고 일본정부가 발행한 주화였다. 특히 주화는 매우 조악한 플라스틱 재료로 만들어졌는데 태평양전쟁 중에 금속이 부족했기 때문이었다. 다양한 화폐로 인한 혼란과 함께 신용시스템의 붕괴는 경제의 정상적 작동을 불가능하게 만들었다. 그러나 북한은 이러한 사태를 수습할 역량이 없었다. 미·소 양군의 분할점령 이후 북한의 은행들과 신용기관들이 서울에 위치한 본점들과 유리되었기 때문이었다. 전황(錢荒)의 발생으로 신용체계는 붕괴했고 공장과 기업소, 금융기관은 대량으로 파산했다. 화폐유통도 은행 중심이 아닌 주민 사이에 회전되었다. 돈은 은행으로 집중되지 못했고 조세도 징수될 수 없었다. 중앙권력은 화폐를 통제할 수 없었고 당연히 물가는 앙등했다. 그 무렵 김일성의 인식은 다음과 같은 진술로 나타난다.

> 지금 많은 화폐[화폐가 국가금융기관에서 돌아가고 있는 것이 아니라 오히려 민간에 파묻혀 있습니다. 이리하여 산업부흥에 응당 돌려져야 할 화폐들이 개인들, 특히 모리배들의 손에 집중되어 물가가 올라가게 하고 있습니다. 이와 같은 것은 오늘 국가재정에 곤난을 가져오는 중요한 원인의 하나입니다. _ 김일성, "민주선거의 종화와 인민위원회의 당면과업"(1946.1.25)

> 현재 많은 화폐가 개인들이 수중에 장악되어 있습니다. 간상배들은 이것을 리용하여 모리행위를 일삼으면서 물가를 올리면서 경제에 혼란을 조성하고 있습니다. 저금사업을 강화하여 화폐를 금융기관에 집중시킴으로써 화폐가 개인들의 수중에 사장되거나 모리행위에 리용되지 못하도록 하여야 합니다. _ 김일성, "국가재정관리를 잘하기 위하여"(1947.2.28)

통화질서 회복을 위한 노력은 1946년 1월 15일, 북조선 중앙은행의 창설로부터 시작되었다. 소련정부의 차관 1억 엔이 자본금으로 적립되었고 총재로 베프리코프(A. C. Veprikov)가 임명되었다. 이어서 북조선임시위원회의 결정에 따라 농업개발금융을 촉진하기 위한 북조선농민은행도 창설되었다. 1946년 10월 29일부터 은행지도업무를 인수한 북조선임시인민위원회는 북조선중앙은행과 북조선농민은행의 본점 및 지점·출장소만 남기고 모든 금융기관을 해산시켰다. 은행의 국가독점을 단행한 것이다. 그러나 국가독점 신용체계의 정비에도 불구하고 북한의 신용결핍은 해소되지 못했다. 가장 주요한 원인은 북조선중앙은행이 화폐발행권을 갖지 못했기 때문이었다.

이 문제에 대하여 김일성은 이렇게 말한다.

> 우리는 아직 자주적인 화폐를 가지고 있지 못합니다. 지금 북조선지역에서는 「조선은행권」과 「붉은군표」가 류통되고 있습니다. 「조선은행권」은 북조선에서뿐 아니라 남조선에서도 류통되고 있습니다. 여러가지 화폐가 류통되고 통화량조차 알 수 없는 「조선은행권」이 통용되는 화폐제도를 그대로 두고서는 인민경제의 재정계획을 정확히 세울 수 없습니다. 계획경제에 부합되는 화폐제도를 수립하여야 경제를 빨리 발전시킬 수 있습니다. _ 김일성, "화폐개혁을 실시할데 대하여"(1947.12.1)

한편, 해방 이후 통화질서 교란에 한 축을 담당한 것은 소련군의 군표였다. 1945년 9월 19일부터 발행되어 강제통용력을 갖게 된 소련군표는 북한 주민들의 반감에도 불구하고 급속도로 점유율을 높이게 된다. **그림 1-3**에서와 같이 발행 6개월이 못 미치는 1946년 2월, 북한 전체 유통화폐 중 53%를 점유하게 된다. 1947년 화폐개혁 무렵에는 92.3%에 달하게 되는데, 사실상 '붉은 군표'가 국정화폐의 자리를 차지함을 의미했다. 군표 범람에 의한 통화팽창은 시장물가를 폭등시키는 주요 요인으로 작용했다. 북한의 화폐증가율은 1945년 8월 15일을 기준으로 할 때, 1947년 12월 6일에 455.5%에 달했다. 생필품

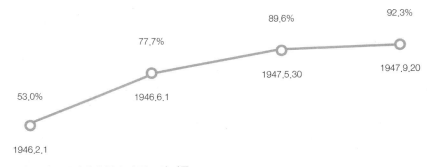

89.6%

92.3%

77.7%

1947.5.30

1947.9.20

53.0%

1946.6.1

1946.2.1

그림 1-3 유통화폐량 중 소련 군표의 비중
자료: 전현수(1996: 190)의 자료를 이용하여 작성.

의 시장물가는 1946년에는 373%, 1947년에는 742.5%로 상승했다. 물가상승률은 화폐증가율을 상회하여 악성인플레이션의 징후를 나타냈다. 소련 군정의 군표남발은 식민지체제의 붕괴와 남북 경제악화에 따른 생산감퇴, 생필품 부족에서 기인하는 구조적인 현상을 뛰어넘어 물가상승을 부채질하는 가장 위협적인 요인이 되었다.

　군표발행을 통한 주둔군 유지비 조달은 소련의 정치경제적 부담을 가중시켰다. 사실 군표는 북한의 주민들로부터 구입한 생필품과 공산품의 대금을 소련정부가 지불해줄 것을 보증한 약속어음이었다. 소련군사령부는 군표발행의 부담에서 빠져나오기 위해 1946년 12월부터 화폐개혁을 구상하고 실행 방안을 모색하기 시작한다. 1947년 10월 소련군사령부는 화폐개혁의 진정한 이유가 군표유통 정지에 있다는 속내를 감추고 다른 명분을 내세운다. 남한으로부터 반입되는 위조지폐가 북한의 경제를 교란시켜 투기를 발생시키고 물가를 불안하게 한다는 것이었다. 김일성 또한 소련 측의 기획에 맞추어 화폐개혁의 필요성을 다음과 같이 역설한다.

　미제국주의자들과 그 주구들은 「조선은행권」이 남북조선에서 통용되고 있는 것을 리용하여 280억원에 달하는 지폐를 망탕 찍어 그것을 북조선에 침투시켜

시장에서 많은 상품과 식량을 렴가로 사서 남조선으로 가져가고 있습니다. 그들은 이렇게 함으로써 물가를 폭등시키고 우리 인민들의 생활에 불안을 조성하며 나아가서는 인민들속에서 인민정권에 대한 불만을 야기시켜 인민들과 인민정권을 리탈시키며 계획경제를 파탄시키려고 합니다. 미제와 그 주구들의 이와 같은 책동을 분쇄하기 위하여 우리는 새 화폐를 발행하게 되는 것입니다. _김일성, "화폐개혁을 실시할데 대하여"(1947.12.1)

1947년 12월에 이르러 화폐개혁을 위한 준비는 끝이 났다. 1909년 한국은행권의 발행을 시작으로 조선은행권으로 이어진 식민지화폐 '엔'은 해방 이후 2년 6개월이 다 되어서야 폐절되기에 이른다.

2) 1947년 화폐개혁의 전개

1947년 12월 5일 북한에서 발행되는 모든 신문에 일제히 북조선인민위원회의 결정서가 발표되었다. 화폐교환에 대한 법령이었다. 북한 최초의 중앙은행권은 모스크바의 소련지폐발행감독국에서 극비리에 인쇄, 운송되었고 북조선중앙은행의 본·지점에 준비되어 있었다. 1947년 12월 6일부터 12일까지 신화폐는 전격적으로 구화폐와 교환되었다. 김일성이 주장한 화폐개혁의 명분은 다음과 같다. 첫째, 시장의 경제적 보호이다. 둘째, 산업과 상업의 발전 보장이다. 셋째, 비료를 비롯한 각종 물자의 생산과 국가재산을 늘리기 위해서이다. 넷째, 모리간상배들을 없애기 위한 것이다. 다섯째, 인민경제계획실행을 재정적으로 보장하기 위한 것이다. 이를 종합하면, "인민들의 경제생활을 안정시키고 국가의 경제토대를 튼튼한 기초 위에 올려세우며 앞으로 수립될 통일적인 중앙정부의 재정금융 토대를 축성"하려는 것이다.

화폐개혁의 의도가 선언적 수사(修辭)에만 있는 것이 아님은 세부적 내용에서 엿볼 수 있다. 신·구화폐의 교환비율은 1:1로 결정되었으나 **표 1-2**에서 보

표 1-2 화폐교환의 원칙

1. 국가기관, 기업소, 정당, 사회단체 및 소비조합: 보유현금 전액을 예금시키게 하고 북조선 인민위원회에서 결정한 한도 내에서 1947년 12월 13일부터 지불
2. 1세대 단위로 세대주는 500원, 만 18세 이상의 동거가족 1인은 200원까지 교환
3. 국영직장(국가기관, 정당, 사회단체 및 각종 기업소)에 근무하는 사무원과 노동자 및 생활상 국가 보조를 받는 자들은 1947년 11월 봉급과 동액까지 교환(가족 제외)
4. 노동자, 사무원 10명 이상을 고용하는 민간기업소 및 민간단체의 교환액: 1947년 11월 지불임금의 50%를 넘지 못함
5. 노동자, 사무원 10명 이하를 고용하는 민간기업가, 수공업자, 소상인 및 자유직업자: 사업소득세 또는 자유소득세의 과세표준액 1개월분의 반액까지 교환
6. 농민: 현물세를 납부한 농가에 한하여 매 호당 700원까지 교환
7. 중등학교 이상의 학생: 500원씩 교환
8. 전문학교 학생 및 대학생: 1개월 국가장학금 지급액

자료: 리원경(1986: 275)에서 발췌 요약.

듯 직업과 소유형태에 따라 교환한도에 차별을 두었다. 1947년 12월 12일까지 교환하지 않거나 예금하지 않은 화폐는 무효화되었다. 교환한도를 초과하는 돈을 사실상 몰수한 것이다. 적대계층의 경제적 기반을 와해시켜 제압하려는 의도였다. 더불어 김일성은 권력 기반을 공고하게 다져 나갔다.

화폐개혁의 결과 북한 주민들이 회부한 구화폐 71억 2271만 4000엔 중 35%만이 교환되었다. 65%인 46억 1471만 3000엔은 동결되었고 그만큼의 몰수를 의미했다. 주민집단별 손익은 **그림 1-4**에서 확인할 수 있다.

주민들의 대응에 온도차가 있는 것은 당연한 결과였다. 노동자·사무원, 농민 등 근로계층은 화폐개혁에 적극적으로 응했다. 교환신청한 구화폐의 70% 내외를 신화폐로 교환받은 그들이야말로 화폐개혁의 수혜자라 할 수 있었다. 화폐개혁으로 크게 손실을 본 주민집단은 10명 이상의 노동자사무원을 고용하던 상공업자와 종교인이었다. 상공업자 I(10명 이상 노동자사무원 고용)은 교환신청한 구화폐의 21%만 교환할 수 있었고 79%가 사실상의 몰수인 동결처분을 받았다. 상인들은 화폐교환에 매우 비협조적일 수밖에 없었다. 그들은 보유한 화폐를 실물로 전환하기 위해 안간힘을 썼다. 가격담합을 통해 물가 폭등을 시도하기도 했다. 한편, 유산계층과 종교인들도 적대적인 태도를 취

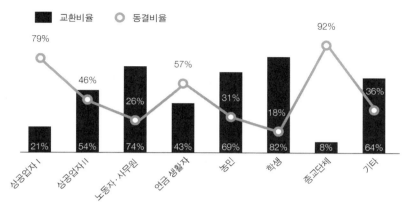

그림 1-4 1947년 화폐개혁 시 주민집단 간 화폐교환 비율
주: 상공업자 I은 10명 이상의 노동자사무원을 고용하는 경우, 상공업자 II는 10명 이하를 고용하는 경
   우, 기타는 분류 외 주민집단이다.
자료: 전현수(1996: 207)의 자료를 바탕으로 작성.

했다. 특히 종교인들은 회부한 구화폐의 92%가 동결되어 화폐개혁의 가장 큰
피해자가 되었다. 개신교 목사와 장로들은 화폐교환 보이콧을 선동하는 전단
살포와 집단적 거부 움직임을 조직했다. 일제 강점기 북한지역은 개신교 교
세가 강성했고 종교 지도자들은 주로 유산계층에 속했다. 그들은 해방 이후
토지개혁을 필두로 전개된 일련의 민주개혁으로 입지가 급속히 축소되고 있
었다. 화폐개혁은 마지막으로 남은 경제적 기반의 와해를 의미하는 것이어서
저항은 필연적이었다. 화폐개혁 직후 김일성은 상인과 개신교인에 대한 반감
을 노골적으로 드러냈다.

　모리간상배들과 악질적 장로, 목사들에 대하여 경각성을 높여야 하겠다는 것
　입니다. 작년 12월 화폐교환에서 손해를 본 사람은 로동자, 농민, 사무원들 가운
　데는 없습니다. 다만 모리간상배들만이 손해를 입었기 때문에 이들은 여기에 대
　하여 불평을 가지고 있습니다. …… 그리고 반동적인 장로, 목사로서 땅을 안가
　졌던 자가 거의 없고 놀고 먹지 않은 자가 없었기 때문에 이들도 우리에게 불평

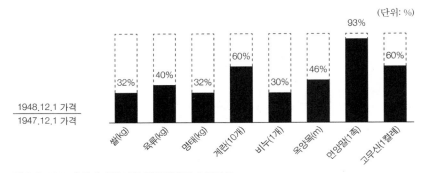

(단위: %)

1948.12.1 가격 / 1947.12.1 가격

쌀(kg) 32% 육류(kg) 40% 명태(kg) 32% 계란(10개) 60% 비누(1개) 30% 옥양목(m) 46% 면양말(1족) 93% 고무신(1켤레) 60%

그림 1-5 1947년 화폐개혁 이후 평균시장물가 하락률
자료: 전현수(1996: 211)를 참조하여 작성.

을 품고 있습니다. _ 김일성, "모든 힘을 민주기지의 강화와 조국의 통일독립을 위하여"

(1948.3.29)

화폐개혁의 결과, 통화량은 극적으로 감소했다. 주민들 사이에 퇴장(退藏)되어 있던 유휴화폐는 공적인 영역으로 환수되었다. 교환한도의 설정과 차별적 예금인출이 낳은 결과였다. 유통화폐는 1948년 1월 1일을 기준으로 화폐교환 전보다 67% 감소했다. 유통화폐량 저하는 물가하락으로 이어졌다. 화폐개혁 전의 고질적인 인플레이션은 치유되는 듯 보였다. 그러나 공산품을 중심으로 물가는 다시 오르기 시작했다. 공급증가가 따르지 않는, 통화량 감소만을 통한 물가하락은 일시적일 수밖에 없었다.

북한 연구자들은 화폐개혁의 위상을 '민주개혁'의 일환으로 자리매김하고 있다. 유일화폐제도를 수립하고 자주적 재정금융의 토대를 만들었으며 물가를 잡아 주민들의 생활수준을 고무적으로 높였던 계기로 화폐개혁을 꼽고 있다. "8.15 해방 3주년 기념 평양시경축대회에서 한 보고"에서 김일성은 다음과 같이 언급한다.

1947년말에 실시한 화폐개혁을 통하여 식료품의 가격은 20~40% 낮아졌으며 우리는 얼마전에 또다시 전반적인 상품의 가격을 대폭 인하하였습니다. 이것은 로동자, 사무원들을 비롯한 인민들의 물질문화 생활수준을 더한층 향상시켰습니다. 인민들의 물질문화 생활수준이 향상되었다는 것은 다음과 같은 사실이 잘 보여주고 있습니다. 산업복구를 위한 투쟁에서 커다란 성과를 이룩함으로써 북조선에서는 실업자가 완전히 없어졌을 뿐 아니라 오히려 로동력의 부족을 느끼게 되었습니다. 오늘 우리의 로동자, 사무원들은 지난날 일제가 소유하였던 주택과 건물들을 사용하고 있으며 그들의 로임은 계속 높아지고 있습니다. 화폐개혁과 물가인하를 통하여 상품의 가격이 대폭적으로 낮아진 사실을 고려한다면 로동자, 사무원들의 실질로임은 훨씬 더 높아진 것으로 됩니다.

북한연구자들은 "토지개혁, 산업국유화에 이은 화폐개혁으로 노동자와 농민들이 지주와 친일세력의 착취와 억압에서 해방"되었음을 강조한다. 화폐개혁은 해방 이후 연명해오던 구조선은행권을 폐절시켜 식민지의 모반(母斑)을 지우고 통화주권을 확보했다. 1947년 12월은 토지개혁을 시작으로 전개된 민주개혁의 정점이 되었다. 북조선중앙은행은 북한 전역에서 유일한 발권은행이 되었다. 또한 발행되는 화폐는 강제통용력을 가진 법화가 되었다. 공화국 유일화폐의 성립은 김일성에게 더욱 공고한 기반이 더해짐을 의미했다.

3) 북한 화폐의 성격

1947년의 화폐개혁으로 북한은 화폐자주권을 실현했다. 물론 한반도의 반쪽에서만 통용됨으로써 분단의 모순이 노정되는 상징물이기도 했다. 하지만 북한은 이를 통해 유일화폐제도와 더불어 재정금융의 토대를 굳건히 할 수 있는 환경을 마련했다. 식민지의 잔재를 단절하고 성립한 '공화국화폐'는 1947년 이후 적지 않은 성격변화를 보여왔다. 여기서 북한 당국이 지속적으로 추구했던 '화폐의 모습'이 어떤 것인지 고찰할 필요가 있다.

북한의 화폐는 자본주의 사회에서 일반적으로 부여하는 기능과는 다른 성격을 가지고 있다. 사회주의 이론에 따르면 화폐란 일정한 단계에서 발생했다 소멸되는 한시적인 경제범주일 뿐이다. 결국 화폐는 자본주의에서 공산주의로 나아가는 과정에서 과도적으로 존재하는 것이므로 항구성이 없는 것이다.

북한은 인민경제를 계획적으로 관리하고 운영하는 '보조적'이지만 '적극적'인 역할을 화폐에 부여하고 있다. 사회주의에서 화폐가 수행하는 기능은 자본주의 사회와 같이 상품의 가치를 측정하고 그 유통을 중개하는 것이다. 새로운 기능으로 국영기업소 상호 간에 유통되는 '상품적 형태'를 가지는 생산수단의 교환을 중개해주는 역할이 추가된다. 그러나 일반적인 사회주의 국가와 북한과는 화폐제도 운용상 무시할 수 없는 차이도 존재한다. 그것은 북한이 독립적 화폐제도를 성립시킨 이래 화폐의 기능을 지속적으로 억눌렀다는 점이다.

화폐가 가지고 있는 일반적인 기능, 즉 척도기능, 지불기능, 교환기능, 축적기능 등을 모두 수행할 수 있는 화폐를 '보편화폐'라 부를 수 있다. 반면, 특정한 목적으로만 사용할 수 있는 통화수단이 있다. 예를 들어 교육비 지출에만 쓸 수 있는 바우처, 한도액과 용처에 제한이 가해진 법인의 카드, 비정상적 상황에서 암묵적으로 통용되는 담배 등이 그것이다. 이러한 통화수단을 '제한화폐'라고 부른다면 공화국화폐는 제한화폐로 분류될 것이다. 북한이 화폐의 기능이 정상적으로 수행될 수 없도록 제한을 가했기 때문이다. 화폐가 집단적 이상을 추구하는 공동체에 뿌릴 '개인주의'라는 독소를 염려했던 것이다.

1990년대 이전까지 북한은 화폐가 수행하는 기능을 제한해갔다. 먼저, 가치척도기능은 "생산물의 가격과 원가를 계획"하는 역할 정도로 축소되었다. 화폐가 척도로써 기능한다는 것은 상품·서비스의 가치가 소재로 표현된 공통척도인 화폐에 의해 양적인 모습으로 드러나는 것이다. 그러나 북한에서 화폐는 상품의 가치를 투명하게 비추어주는 거울의 역할을 하는 것이 아니다.

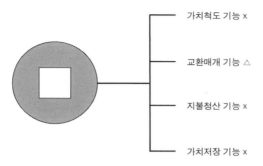

가치척도 기능 x

교환매개 기능 △

지불청산 기능 x

가치저장 기능 x

그림 1-6 1990년대 이전 북한 화폐의 기능

가격은 국가기관에 의해 결정된다. 정치적 요구에 따라 대중소비품은 낮은 가격으로, 사치재는 높은 가격으로 책정함으로써 의도적으로 가치와 가격을 배리시키기도 한다.

북한 화폐는 교환기능을 수행하기는 하되 그 범위는 제한적이다. 북한에서 '상품'인 소비재는 '현금거래'로 하고 '상품적 형태'를 띠는 생산수단은 '무현금거래'를 원칙으로 한다. 결국 화폐는 소비재를 거래하는 경우에만 '교환수단' 으로 기능한다. 그러나 화폐를 가지고 있다 하여 소비재를 제한 없이 구입할 수 있는 것도 아니다. 예를 들어 식량을 구입하기 위해서는 화폐 이외에도 '량권'이 함께 필요하다. 교환기능이란 화폐를 매개로 소유권이 자유롭게 이동할 수 있음을 전제로 하기 때문에 태생적으로 온전히 실현될 수 없는 것이다. 김일성도 북한 화폐의 불완전함을 지적한 바가 있다.

상점에서 상품을 사려면 돈보다도 한도행표가 있어야 요구되는 것을 마음대로 살 수 있습니다. 그러니 중앙은행에서 발행한 화폐보다 기관, 기업소 책임자들의 도장이 찍힌 종이쪼각이 더 효력을 나타내고 있습니다. _김일성, "당사업을 강화하며 나라의 살림살이를 알뜰하게 꾸릴데 대하여"(1965.11.15~17)

화폐가 지불수단으로 기능한다는 것은 당사자 일방이 상대방에게 화폐를 인도함으로써 권리와 의무관계를 청산함을 말한다. 개인 간에는 주로 신용거래에서 나타난다. 1990년대 이전의 북한은 신용거래를 통한 채권의 생성이 매우 드문 것이어서 개인 간에 지불기능이 수행되기 어려웠다. 또한 노동의 대가는 현물과 사회보장 등의 형태로 분산되어 있어 임금의 의미가 자본주의 사회와 같지 않았다. 북한에서 세금은 1974년 폐지선언 이후 1990년대 이전까지 공식적으로 없었다. 결론적으로 1990년대 이전까지 북한 화폐는 지불기능을 수행할 여지가 없었다.

가치저장기능은 화폐보유를 통해 현재의 구매력을 미래로 이전시키는 것이다. 김일성의 화폐관에도 이와 같은 태도가 엿보인다.

화폐란 류통성을 가진 물건이며 화폐류통이 오랜 기간에 걸쳐 발전하여 오는 과정에 종이돈이 생겼습니다. 돈이라는 것은 원래 생겨날 때부터 류통하기로 되여 있는 물건입니다. 화폐는 그 본성에 맞게 끊임없이 류통시켜야지 쓰지 않고 궤짝에 넣어두어서는 아무 소용이 없습니다. 써먹지 않는 돈은 류통자금인 것이 아니라 동결자금입니다. 만일 재부를 축적하려면 금덩어리나 금반지 같은 것을 넣어두어야지 종이돈을 넣어두어서는 소용이 없습니다. _김일성, "제2차 7개년 계획 작성방향에 대하여"(1974.7.10~11)

북한은 저금사업을 통해 집요하게 화폐축장을 막았다. 또한 잦은 화폐교환 사업을 통해 퇴장된 화폐를 몰수하거나 유통으로 끌어냈다. 이것은 행여 화폐가 축적되어 자본으로 전화되는 것을 우려했기 때문이다. 대부분의 북한 주민들은 저축할 여력이 없을 뿐만 아니라 저축을 해도 되찾기가 어려워 기피했다. 1990년대 이전까지 북한화폐의 가치저장기능은 작동할 수 없었다.

2. 등가체계 정립

자본주의체제에서 재화와 서비스의 배분은 수요와 공급의 상호작용에 의해 결정되는 가격메커니즘에 기대고 있다. 사람들은 정교한 작동시스템이 '자연적'인 것으로 생각하고 있으며 인간의 본성에서 연원하는 체제라고 주석을 단다. 그러나 사실 가격결정시장은 인류사에서 매우 특수한 시대에 제한된 정치경제적 환경에 뿌리를 두고 있다. 인류사에서 거의 대부분의 시기에는 '상품', '시장', '화폐' 어느 것 하나도 존재하지 않았다. 따라서 인류는 근대 이전에 자동적으로 조절되는 가격을 경험하지 못했다. 가격조정시장은 전목적적 화폐, 충분한 상품, 그리고 조직화된 시장이 필요하다. 사회주의 체제는 그 어떤 것도 용인하지 않는다. 북한의 가격은 시장에서 결정되는 것이 아니라 국가기관에 의해 제정된다. 국가권력에 의해 제정되는 가격은 시장메커니즘의 그것이 아니다. 북한의 국정가격은 '등가(等價)'라 불러야 마땅하다.

여기에서 등가란 어떤 재화나 서비스에 화폐를 대입시키고 대상물의 가치에 따라 단위적 수량을 부여하는 것이다. 간단히 말해 '제정된 가격'이다. 흔히 서로 다른 종류의 재화 사이의 수학적 교환비율을 '가격'이라고 표현한다. 그러나 과거의 북한과 같이 가격결정시장이 작동하지 않는 사회에서 그것은 가격이 아니다. 실제 그런 숫자들은 시장 및 시장가격과는 무관한 '등가'를 의미한다. 등가 성립 과정에서 흥정은 존재하지 않는다. 수요와 공급이라는 이기적 욕망의 균형인 '시장청산'도 함의하지 않는다. 공동체의 유지와 공정함이 등가의 정당성을 지탱한다. 등가는 공동체의 유대와 결코 분리할 수 없으며 등가의 형태로 몫을 나누는 것은 공동체의 통합에 기여하는 때에만 정의로운 것이 될 수 있다. 북한에서 가격, 즉 등가는 '자립적 민족경제'로 표현되는 공동체의 자급자족에 복무해야 한다. 1990년대 이전의 북한에서 상품의 교환비율은 '가격'이라 쓰지만, '등가'로 읽어야 한다.

언뜻 생각해보면 대상물에 투입된 생산요소인 원가, 비용 등을 계산하고 적정한 이윤을 붙여 산정하면 간단할 가격제정이 왜 중요한 의미를 가지는지 의문이 들 수 있다. 그러나 화폐가 하나의 공동체이며 인간관계이듯 화폐를 통해 표현되는 가격은 이미 사회적 권력관계의 표징이다. 가격을 통해 사회 성원의 몫이 결정되며 교환과 재분배가 실현된다. 고대 근동에서 권력자는 먼저 공동체 차원의 등가를 선포했다. 대개 등가는 신성한 권위에 의존한다. 기본적인 등가가 정해지면 이에 따라 교환과 배분이 이루어진다. 그리고 이것이 해당 공동체의 '정의'와 '공평'의 척도가 된다. 고대 사회에서 권력자가 등가를 선포한 이유는 여기에 있었다.

> 너는 이스라엘 자손에게 말하여라. 그들에게 다음과 같이 일러라. 어느 누구든지, 주에게 사람을 드리기로 서약하고, 그 사람에 해당되는 값을 돈으로 환산하여 드리기로 하였으면, 그 값은 다음과 같다. 스무 살로부터 예순 살까지의 남자의 값은, 성소에서 사용되는 세겔로 쳐서 은 오십 세겔이고, 여자의 값은 삼십 세겔이다. 다섯 살에서부터 스무 살까지는, 남자의 값은 이십 세겔이고, 여자는 십 세겔이다. 난 지 한 달 된 아이에서부터 다섯 살까지는, 남자의 값은 은 오 세겔이고, 여자의 값은 은 삼 세겔이다. 예순 살이 넘은 사람들은, 남자의 값은 십오 세겔이고, 여자의 값은 십 세겔이다. _ 표준새번역 구약성경 『레위기』 27장 2~7절

가격은 어떤 재화가 다른 재화를 교환의 대상으로 지배하는 힘이다. 그리고 이것은 수량적 비율로 나타난다. 교환과정에서 공급자는 많은 대가를 요구하고 수요자는 적은 희생을 치르려 한다. 거래는 본질적으로 상호 적대적이다. 화폐는 이러한 적대적 상호작용에서 인격과 감정적 요소를 배제함으로써 전일적 삶 속에서 교환을 소외시킨다. 화폐가 거래의 매개가 되면, 쌍방은 명백한 적대적 관계를 내포하는 태도에 의해 달성될 수 있는 '이익'만을 목표로 삼는다. 이러한 교환 양상에 수반되는 적대적 요소는 아무리 희석시킨다

표 1-3 초기 국정가격 제정 추이

1947.6	약 300종 상품 국정가격 도입 (북조선 인민위원회 결정)
1947년 12월 화폐개혁	대폭적 가격인하
1948.1.	280종 국정가격, 운임 및 요금 제정
1948.12.	국가가격 19.2% 인하(생활필수품)
1949년 시행	약 2000여 종의 국정가격 제정(3000여 종으로 확대) (1948년 12월 28일 공화국 내각 결정 제97호)

자료: 윤기복(1956: 61~77)에서 발췌 작성.

하더라도 결코 근절될 수 없다. 북한은 구성원들 간의 결속의 원천을 보호하고자 하는 공동체이다. 그들은 화폐에서 공동체의 결속을 저해하는 씨앗을 발견하고 의도적으로 불구로 만들었다. 북한은 화폐가 수행하는 일반적인 기능이 정상적으로 작동할 수 없도록 봉인했다. 공화국 화폐는 가치척도로 기능할 수 없는 것이다. 결국 가격은 투쟁적인 시장에서가 아니라, 공동체에 의해 결정되는 것이 자명한 일이 되었다. 북한에서 상품가격이나 서비스요금 등 모든 국정가격은 내각의 '국가가격제정국'에서 결정되었다. 북한의 화폐는 자본주의 사회에서의 화폐와는 달리 공동체에 의해 결정되는 가격, 즉 등가의 표현물로 자리매김되었다.

북한이 건국 초기부터 제정한 '국정가격'도 결국 '등가'였다. 북한의 국정가격은 사실상 권위에 의해 설정되며, 가격의 변경도 결코 시장경제적인 방식으로써가 아니라, 제도적 수단을 통해서 이루어졌기 때문이다.

국정가격인 '등가'는 공동체 성원 간의 선의와 공평성을 반영하는 것이어야 했다. 북한은 각종 재화의 가격, 임금 등을 현존하는 공동체의 가치를 유지하기 위해 등가체계 속에 포함시켰다. 등가체계에서 가격은 공동체 구성원의 지위에 부합되고 그럼으로써 공동체의 기반인 유대를 강화시킨다. 그런 교환에서 '이윤'은 생기지 않는다. 북한의 거래는 자립적 민족경제를 이루는 데 기여해야 하므로 이윤이 배제된 가격은 이를 보충한다. 화폐적 이익만을 위한 거래는 부도덕한 것으로 취급되었다. 고대의 유대인 선지자 아모스가 저울을 속여 밀을 파는 이스라엘인들에게 분노했던 것도 그러한 맥락이다. 당시에 재화의 가격은 고정되어 있었으므로 상인들은 가격을 올리는 것이 아니라 저울의 눈금을 조작해 폭리를 취했다.

> 빈궁한 사람들을 짓밟고, 이 땅의 가난한 사람을 망하게 하는 자들아, 이 말을 들어라! 기껏 한다는 말이, 초하루 축제가 언제 지나서, 우리가 곡식을 팔 수 있을까? 안식일이 언제 지나서, 우리가 밀을 낼 수 있을까? 되는 줄이고, 추는 늘이면서, 가짜 저울로 속이자. 헐값에 가난한 사람들을 사고 신 한 켤레 값으로 빈궁한 사람들을 사자. 찌꺼기 밀까지도 팔아먹자 하는구나. _ 표준새번역 구약 성경 『아모스』 8장 4~6절

김일성의 다음과 같은 언급 또한 아모스와 같은 맥락에서 이해할 수 있다.

> 그전에 간상배나 장사군들은 도시와 농촌 물건을 사가지고 다니면서 한걸음만 더 가도 몇원씩 더 붙여서 팔아먹었습니다. 우리는 이런 간상배나 장사군들을 다 없애버렸습니다. …… 간상배나 장사군들이 없어지니 그전보다 물건이 도리여 많아졌습니다. 또 물건 값도 어디나 다 같습니다. 지금 우리나라 물건 값은 빨찌산투쟁을 하던 백두산 밑에 가보아도 평양과 꼭 같습니다. 쌀값도 같고 담배값도 같습니다. _ 김일성, "조선인민군 제109군부대 군인들과 한 담화"(1960.8.25)

1) 국가권력과 가격제정

(1) 가격제정의 주체

북한에서 가격은 국가가격제정기구가 가격의 표준과 기준가격, 제정방법과 절차를 통일적으로 규정한다. '가격의 일원화' 원칙이다. 가격을 시장에 맡

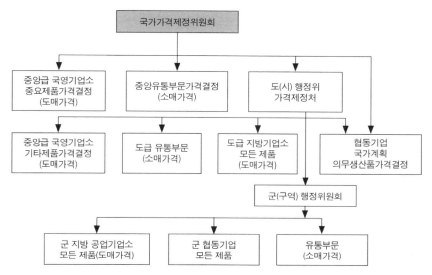

중앙급 국영기업소
중요제품가격결정
(도매가격)

중앙유통부문가격결정
(소매가격)

도(시) 행정위
가격제정처

국가가격제정위원회

중앙급 국영기업소
기타제품가격결정
(도매가격)

도급 유통부문
(소매가격)

도급 지방기업소
모든 제품
(도매가격)

협동기업
국가계획
의무생산품가격결정

군(구역) 행정위원회

군 지방 공업기업소
모든 제품(도매가격)

군 협동기업
모든 제품

유통부문
(소매가격)

그림 1-7 7.1조치 이전 북한의 가격통제 기구표
자료: 조명철 외(2003: 128).

기는 가격자유화를 허용하면 사회주의 건설에 엄중한 후과를 초래하기 때문이다. 국가가 경제를 계획적·균형적으로 발전시키기 위해서는 가격이 계획적으로 정해져야 하고, 이를 관철하여 안정성을 보장해야만 경제의 균형적 발전을 도모할 수 있다는 것이다. 가격제정시스템은 **그림 1-7**에서처럼 계획과 집행, 그리고 피드백을 시행하기 위한 정교한 조직을 요구한다.

가격통제는 국가계획위원회, 재정성 및 전문 가격제정기관 등 여러 경제기관들에 의하여 실시된다. 전문가격 제정기관은 모든 경제부문에 당의 가격정책, 집행 방침을 시달하고 가격에 대한 감독과 검열을 실시하며, 이를 위반하게 되면 각종의 경제적, 법적 제재조치를 취한다. 또한 가격제정의 원칙과 절차, 가격제정의 범위와 적용방법 등을 정하고 이에 따라 가격이 제정되고 적용되도록 통제한다. 이를 위해 가격표와 그 적용 규정을 공포하고 기관·기업소들에 대한 일상적인 지도·검열을 실시한다. 가격통제는 가격제정기관 외에 계획 및 통제기관, 재정은행기관들에 의해서도 이루어진다. 계획기관과 통제기관은 경제계획의 작성과 모든 계획지표들의 수행실적 평가를 위해 적용된 가격의 통제를 실시한다. 재정기관들은 기관·기업소들의 재정계획, 이윤과 자재수입품 작성과정에서 계산수단으로 이용된 가격들을 통제한다.

(2) 가격의 종류

가격들은 구성요소로 분해하여 엄격한 원칙에 따라 제정되었다. 2002년 이전까지 가격의 구성요소로 원가, 이윤, 거래수입금, 사회순소득 및 부가금 등이 있었다.

북한에서 가격은 도매가격, 소매가격, 수매가격, 운임 및 요금으로 나눌 수 있다. 도매가격은 국영기업소들 사이에서 생산물을 주고받을 때 적용되는 가

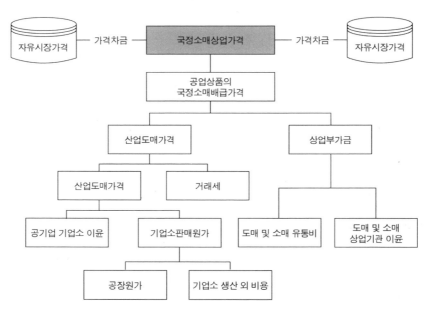

그림 1-8 2002년 이전 가격 구성요소
자료: 『상업독본』(평양: 조선로동당출판사, 1959), 113쪽을 참조하여 재작성.

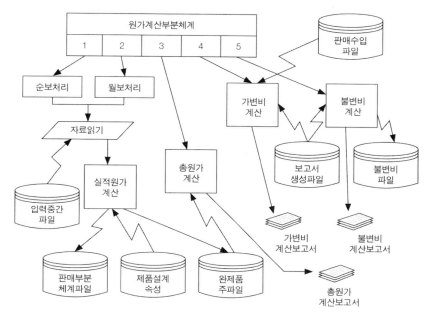

그림 1-9 원가계산부분 체계의 컴퓨터 처리 흐름도

자료: 백과사전출판사(2010: 800).

격이다. 소매가격은 생산한 소비품을 상품유통을 통하여 근로자들에게 공급할 때 적용하는 가격이다. 소매가격을 보충하는 가격형태로 생산자와 수요자, 판매자와 구매자 사이의 협의에 의하여 정해지는 협의가격이 있다. 주로 8.3 인민소비품 운동의 가내작업반, 부업반, 가내편의 봉사원들의 소비상품 생산에 적용되는 가격으로, 도시·군 직매점에서 주민들에게 판매되는 상품에 적용되기도 한다. 한편 시장가격은 농민시장에서 판매자와 구매자 사이의 합의에 의하여 이루어지는 가격이다. 이 가격은 국가에 의해 계획적으로 제정되는 가격이 아니고 수요자–공급자 간의 합의에 의해 이루어지는 가격이다. 수매가격은 농민들이 생산한 농업생산물을 공업 원료 또는 도시 근로자들의 식량과 부식물로 동원, 이용하기 위한 가격이다. 등가보상의 원칙에서 수매사업을 통하여 국가 수중에 집중할 때 적용된다. 요금에는 서비스료를 의미하는 봉사료와 국가설비 이용료를 의미하는 사용료가 있다. 봉사료는 전 사회의 공동수요를 충족시키기 위하여 이용자인 주민이 부담한다. 주민이 부담하는 봉사료는 국가 예산수입으로 납부된다. 사용료는 기관, 기업소 주민들이 국가 소유의 건물 및 공공시설을 이용한 값으로 내는 돈을 의미한다. 운임은 여객수송운임과 화물수송운임으로 구분되는데 모든 운임은 국가에 의해 엄격히 규정된다.

(3) 가격제정체계

김정일은 가격을 "상품가치나 국영기업소들 사이에 주고받는 생산수단의 가치형태를 화폐적으로 표현한 것으로서 모든 물자재산을 화폐적으로 계산 평가하는 기준"으로 정의하고 있다. 이것은 가격이 상품 생산에 지출된 사회적 필요노동인 가치를 화폐로 표현한 것이면서, 상품이 아니지만 '상품 형태'를 띤 생산수단에 들어 있는 사회적 필요노동, 즉 가치 형태의 크기를 직접 표현한 것이라는 의미이다.

북한이 제시하는 가격제정원칙은 크게 네 가지로 요약된다. 첫째, 가격의 일원화 원칙이다. 가격은 사회적 필요노동지출에 기초하여 국가가 '유일적'으로 설정하고 통제함을 의미한다.

> 가격제정부문 일군들은 가격의 일원화방침을 관철하는데서 사회주의 경제발전법칙으로부터 출발하여야 하며 과도적 사회인 사회주의 사회의 구체적 특성을 옳게 고려하여야 합니다. _ 김일성, "가격의 일원화 방침을 관철하는데서 나서는 몇가지 문제에 대하여"(1971.3.26)

둘째, 기관·기업소들이 마음대로 올리거나 내리지 못하도록 엄격히 통제하여 가격규율을 엄격히 집행하는 것이다.

그들은 사회주의 사회에서도 수익성을 높이기 위하여서는 리윤, 상금, 가격과 같은 경제적 공간들을 경제관리의 기본수단으로 삼아야 하며 기업소들이 가격을 자유롭게 정하고 리윤이 많이 나는 제품을 마음대로 생산할 수 있도록 하여야 한다고 주장하고 있습니다. 이것은 사회주의 경제를 자본주의 경제에로 되돌아가게 하려는 반사회주의적이며 수정주의적인 리론입니다. _ 김정일, "정치도덕적 자극과 물질적 자극에 대한 옳바른 리해를 가질데 대하여"(1967.6.13)

셋째, 생산에 대한 지출을 보상하고 모든 국가 기업들에 일정한 수익성이 보장되도록 한다는 것이다.

지난해 8월에 평양시 안의 상점들에 풋배추가 잘 나오지 않는다고 하기에 알아보니 풋배추 값을 너무 낮게 정하여 일률적으로 내리먹인데 원인이 있었습니다. 가격제정부문 일군들은 풋배추가 가을에 나는 통배추보다 못하다고 하여 풋배추 한키로그람의 값을 2전으로 정하였는데 그것은 풋배추를 솎는데 드는 품값도 되나마나 하였습니다. 그러니 협동농장들에서 풋배추를 솎아서 상점들에 잘 내보내지 않았습니다. 건뎅이젓, 조개젓, 새우젓 같은 젓갈품들과 농민들이 만드는 여러가지 식료품들이 많지 못한 것도 값을 너무 낮게 정하여 생산자들의 생산의욕을 자극하지 못하는데 주요한 원인이 있습니다. 이와 같이 가격은 상품생산자들의 생산의욕에 커다란 영향을 미칩니다. 요즘 식료상품의 품종이 다양하지 못하고 일부 식료품이 자주 떨어지는 것은 결국 가격제정부문 일군들이 가격사업을 잘하지 못하는 것과 많이 관련되어 있습니다. _ 김일성, "가격의 일원화방침을 관철하는데서 나서는 몇가지 문제에 대하여(1971.3.26)

넷째, 가격균형을 정확히 보장하는 것이다.

가격제정에서 중요한 것은 생산물들 사이의 가격균형을 잘 보장하는 것입니다. 가격은 사회적 필요로동의 지출에 기초하면서도 제품의 쓸모와 인민경제적 의의, 수요와 공급 사이의 관계, 국가적 리익과 생산자들의 리해관계를 충분히 고려하여 제정하여야 합니다. _김정일, "재정은행사업을 개선강화할데 대하여"(1990.9.18)

그러나 이와 같은 원칙을 '기계적'으로 적용하는 것은 아니다. 김일성은 가격제정에서 형식주의에 빠지지 않도록 여러 번 강조한다.

당의 가격정책을 옳게 집행하려면 경리형태와 생산수단, 생산방법은 어떠한가, 수요와 공급 사이의 관계는 어떠하며 계절이 생산에 미치는 영향은 어떠한가 하는 것을 구체적으로 따져보고 가격을 정하여야 합니다. 가격은 여러가지 요인들에 관계되는데 가격을 한가지 공식에 맞추어 기계적으로 정하면 가격제정사업이 잘될 수 없습니다. _김일성, "가격의 일원화방침을 관철하는데서 나서는 몇가지 문제에 대하여"(1971.3.26)

결론적으로 가격제정원칙은 등가에 관한 공동체의 권위와 권위에의 수용, 공평한 배분을 함의하고 있다.

2) 생활비(화폐임금) 책정과 역할

북한에서는 공장·기업소의 근로자와 사무원은 노동의 대가로 임금(생활비)과 식량배급을 받고, 협동농장의 농민은 현금 및 현물분배를 받는다. '고난의 행군' 시기 이전 노동시장은 존재하지 않았다. 물론, 현재에도 북한에서 '공식적'인 노동시장은 존재하지 않는다. 그러므로 임금도 자본주의 사회에서의 임금과는 차이가 난다. 북한의 『경제사전 2』에서는 임금에 대해 이렇게 기술하고 있다.

사회주의하에서의 로임은 자본주의하에서의 로임과는 본질적으로 차이가 난다. 사회주의하에서는 근로자들이 생산수단과 사회의 주인으로 되여 있는 만큼 로동력은 상품으로 되지 않으며 따라서 로임이 로동력의 가격으로 되지 않는다. 자본주의하에서 로임이 자본가와 임금로동자간의 착취관계를 반영한다면 사회주의하에서는 그것이 인민생활에 대하여 책임지는 사회주의 국가와 사회의 개별적 일군들간의 사회주의적 관계를 반영한다.

북한에서는 법적으로 노동대가를 '임금'이라고 부르지 않는다. 공식적으로는 '생활비'이다. 의식주와 관련한 기본적 조건이 국가에 의해 보장되기 때문이다. 북한에서 임금은 생존과 직결된 것이 아니다. 김일성도 노동규율을 바로잡는데, 임금이 중요한 자극이 되지 않음을 지적한 바 있다. 이 지적을 통해, 북한에서의 임금이 남한에서와 같이 생존을 위한 절박한 문제는 아님을 알 수 있다.

무단결근자들을 없애기 위하여 무단결근한 사람들에 대해서는 식량을 자르는 것도 나쁘지 않을 것입니다. 무단결근자들을 통제하는데서 생활비를 자르는 것보다 식량을 자르는 것이 더 좋을 것 같습니다. 생활비를 몇푼 잘라서는 그들이 아무런 자극도 받지 않습니다. _김일성, "정무원 사업을 개선강화할데 대하여"(1976.4.30)

그러므로 자본주의 사회와 비교하여 임금으로 주민의 복지수준을 재려고 해서는 안 된다. 「사회주의 로동법」에 따르면 생활비는 "근로자들이 로동과정에서 소모하는 육체적 및 정신적 힘을 보상하고 그들의 생활을 보장"하는 차원에서 지급된다. 자본주의 사회에서는 노동이 생산에 투입되는 '상품'이다. 여타의 다른 요소와 마찬가지로 시장에서 노동력의 가격인 임금이 결정된다. 이에 반하여 북한은 국가가 정한 기준에 의한다. 이것 역시 '등가'인 것이다.

(1) 사회주의 분배원칙

공산주의가 성숙한 단계에 이르면, 풍요로운 유토피아가 펼쳐진다. 그리고 사회는 자신의 깃발에 다음과 같이 쓸 수 있게 된다. "각자 능력에 따라, 각자에게는 필요에 따라!" 이것이 공산주의가 그리는 분배의 모습이다. 능력에 따라 일하고 필요에 따라 분배받는 사회, 얼마나 이상적인가? 그러나 아쉽게도 인류는 아직도 서로를 목 조르지 않으면 기갈을 면하기 어려운 투쟁의 여울목을 지나고 있다. 마르크스에 따르면, 사회주의 체제에서는 노동자가 전 사회의 구성원으로서 생산수단의 주인이 된다. 그러므로 노동력은 더 이상 상품이 아닌 것이 된다. 이에 따라 임금의 본질도 달라진다. 노동력의 매매는 금지되어 임금은 노동력의 가격으로서의 성질을 상실한다. 그에 따라 임금은 개개의 노동자와 사회주의 국가에 의해 대표되는 전 사회의 관계를 나타내는 것으로 전화된다. 그러나 '풍요가 흘러넘치는' 사회를 인류는 아직 경험하지 못했다. '풍요가 흘러넘치는' 사회를 위한 조건은 마련했지만 아직 성숙한 수준에 이르지 못한 단계, 북한은 그들 사회를 이른바 '사회주의적 과도기'로 정의하고 있다. 사회주의적 과도기는 생산력이 충분히 고양되지 못하고 사회적 의식도 아직 미성숙하다. 그렇기 때문에 '과도기' 북한에서는 '필요'가 아닌 '노동'에 따른 분배를 원칙으로 천명한다. 구체적으로 말한다면, 근로자가 지출한 노동의 '양과 질'에 따라 분배하는 것이다.

사회주의 사회의 과도적 성격으로부터 우리나라에서는 로동의 량과 질에 의한 사회주의적 분배가 실시되고 가격과 같은 경제적 공간이 리용되지만 이런 경우에도 인민생활을 계통적으로 고르롭게 높이는 원칙에서 생활비와 가격을 정하고 있습니다. 우리나라에서는 근로자들의 생활비 차이를 적게 두고 그 차이를 더욱 더 줄이는 방향으로 나아가고 있습니다. 상품의 값도 대중 소비품 값은 낮게 정하며 특히 어린이들과 학생들의 필수품 값은 더 낮게 정하고 있습니다. 우리나라에서는 모든 근로자들에게 안정된 일자리를 보장하여 주며 창조적 로동

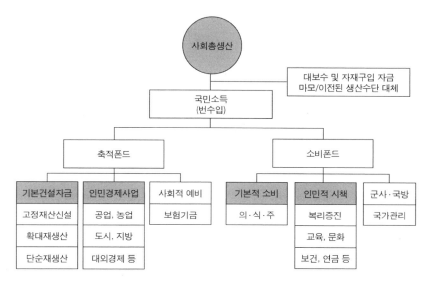

그림 1-10 사회총생산의 구성

조건을 훌륭하게 마련하여 주고 있습니다. 우리나라에는 실업자도 거지도 없으며 모든 근로자들이 보람찬 창조적 생활을 꽃피워 가고 있습니다. _김정일, "우리나라 사회주의는 주체사상을 구현한 우리식 사회주의이다"(1990.12.27)

생산은 고도로 사회화된 과정이다. 집적된 분업구조에서 한 개인의 노동은 하나의 작은 부품과도 같다. 임금은 사회가 생산한 가치물에서 개인이 기여한 '몫'을 분배받는 것이다. 그래서 '부분'보다는 '전체'의 생산성에 보다 더 의존한다. 동일한 맥락으로, 북한에서 임금은 사회총생산에 의존한다. 사회총생산 중 대보수 및 자재구입 자금 등 마모·이전된 생산수단을 대체하는 데 투입된 자원을 제외한 것이 국민소득이다. 국민소득은 두 종류의 폰드로 배분된다. 폰드란 어떤 목적에 쓰기 위하여 마련된 일정한 자금이나 노력, 물건을 말한다. 폰드가 일반적으로 말하는 자금이나 물자, 노력과 다른 점은 그것이 반드시 어떤 목적과 사업에 이용하기 위하여 마련된 일정한 몫을 가리킨다는 데 있다. 축적폰드와 소비폰드가 그것이다. 축적폰드는 국가에서 마련한 일정한 규정에 따라 크기가 결정된다. 소비폰드는 주민들의 물질적 및 문화적 생활수준을 높이기 위하여 분배된다. 여기에서 임금은 소비폰드에 속한다.

(2) 임금의 구성과 집행

노동에 의한 분배에 의거하여, 보수는 크게 생활비(임금)와 상금, 장려금 등이 있다. **그림 1-11**을 보면, 주민들의 소비를 위한 몫은 두 가지 원천이 있다. '실적(노동)에 의한 분배'와 '국가적·사회적 혜택에 의한 분배'이다. '인민적 시책'과 의식주의 상당 부분은 국가적·사회적 혜택에 의해 분배된다. 나머지 추가적 소비를 위한 것이 직접소득(임금)이다.

임금의 근간은 사회 전체의 생산물에 대한 노동자의 기여분이다. 구체적 결정은 '국가계획'의 일부이다. 북한은 1946년 6월 24일에 발표한 「북조선 노동자, 사무원에 대한 로동법령」에 임금에 관한 규정을 명시한 이후, 모든 주민들의 임금을 국가가 정했다. 경제발전계획의 맥락에서 '임금폰드'가 설정되며, 이것은 조선중앙은행을 통해 하부단위(공장·기업소 등)에 지급되었다. 공장·기업소 등도 '임금계획'을 작성했다. 전 국가적인 차원에서, 전 주민을 대상으로 하는 노동의 '등가표'가 만들어졌고, 이것에 근거하여 화폐임금이 지급되었다. 물론 여러 번의 부침은 있었지만, 1990년대 이전까지 북한은 임금을 도구로 노동생산성을 제고하려는 노력을 견지해왔다.

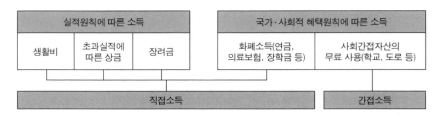

그림 1-11 분배원칙과 소득의 종류
자료: 박형중(2002: 157).

(3) 화폐임금의 역할

인민경제 차원에서 임금의 역할은 두 가지 정도로 집약된다. 첫째는 임금의 결정과 집행을 국가가 장악함으로써 인민경제계획의 목표를 달성하려 했다. 둘째는 경제건설 시기, 노동생산성을 높이고 경제발전의 동력으로 활용하기 위해 임금을 물질적 자극으로 활용했다. 두 가지의 의도는 어느 정도 성공했다고 볼 수 있다. 1950년대와 1960년대 전반까지 북한의 경제성장에 기여한 면이 없지 않았다. 그러나 그것은 오래가지 않았다.

1950년대 이후부터 점차 상공업의 국유화가 진행됨에 따라 임금으로 구매할 수 있는 상품의 종류와 수량이 제한되었다. 중공업에 치우친 국가발전전략도 생필품을 포함하는 경공업제품의 부족을 초래했다. 이에 따라 화폐임금의 사용범위는 점차 축소되었다. 허기를 면하기 위해 탱크를 먹을 수는 없다. 화폐임금으로 구매하는 대상은 소비품이다. 소비품의 부족은 임금의 역할을 현저하게 약화시켰다. 임금이 제대로 역할하지 못하게 되자 북한은 '정치적·도덕적 자극'을 강조하게 된다. 한때는 물질적 자극을 송두리째 부정한 적도 있다. 물론 이런 좌경적 경향을 순수한 경제적 계기만으로 설명할 수는 없다. 물질적 자극이나 임금의 역할을 부정했던 계기는 '갑산파 숙청'과 같은 정치적 사건을 둘러싸고 발생한 것이었다. 갑산파인 박금철, 김도만 등은 소련의 리베르만·코시킨 개혁의 영향을 받아 상품-화폐관계 및 가치법칙의 적극적 활용을 시도했다. '가(假)화폐'를 도입하여 물질적 자극을 시도한 것이다. 김일성과 김정일은 갑산파를 '수정주의자', '반당·반혁명 분자'로 몰아 숙청했다. 이 과정에서 화폐임금의 의미를 폄하했다. 이 무렵 김일성, 김정일의 발언은 다음과 같다.

오늘 우리나라 절대다수의 로동계급은 돈을 위하여 일하지 않으며 그 어떤 물질적 자극도 요구하지 않습니다. 그들은 국가에서 생활만 보장해준다면 그이상 아무것도 요구하는 것이 없으며 모두 성실하게 일하고 있습니다. 한때 일부

지도일군들이 사회주의사회에서 가치법칙을 옳게 리용할데 대한 문제를 똑똑히 깨닫지 못하고 황해제철소에 나가 잘못 적용하려다가 과오를 범한 일이 있습니다. 그때 지도일군들이 가치법칙 문제를 가지고 망탕 이러쿵 저러쿵하자 용해공들은 가치법칙이고 「까마귀법칙」이고 다 걷어 치우라, 우리에게는 물질적 자극이 필요없다……. _ 김일성, "로동행정사업에 대한 몇가지 문제"(1968.11.16)

로임을 올리고 상금을 주는 것과 같은 방법으로 생산의 끊임없는 장성을 이룩할 수 있다고 생각한다면 그것은 큰 잘못입니다. 사회주의 사회에서 돈으로 사람들을 움직이려 하는 것은 사회의 주인인 로동계급과 인민대중에 대한 모독으로 됩니다. 오늘 우리의 로동계급이 사회주의 건설에서 높은 창조력을 발휘하여 혁신을 일으키고 있는 것은 결코 돈을 더 벌기 위해서가 아닙니다. 한때 우리나라에서도 수정주의에 물젖은 일부 경제일군들이 가치법칙을 리용한다고 하면서 황해제철소에 나가 「가화페」를 만들어가지고 로동자들이 일한 결과를 매일 돈으로 평가하는 놀음을 벌린 일이 있었습니다. …… 사람들을 돈에 얽매여 일을 하게 하는 것은 자본주의적 방법이며 그렇게 하여 가지고서는 절대로 사회주의, 공산주의를 건설할 수 없습니다. _ 김정일, "정치도덕적 자극과 물질적 자극에 대한 올바른 리해를 가질데 대하여"(1967.6.13)

국가적·사회적 혜택은 양날의 칼로 작용했다. 공산주의적 시혜로 삶의 질을 높이기는 했으나 노동의욕을 꺾는 계기가 되었기 때문이다. 국가적·사회적 혜택이 주민생활의 커다란 부분을 차지함에 따라 임금이 가지는 의미는 점차 축소되었다. 임금이 주민에게 주는 동기부여의 역할이 약화된 것이다. 이러한 상황에서 '임금'은 절대생존이 아닌 보다 나은 생활의 질을 위한 부수적인 요소가 되었다. 사회주의 체제임에도 불구하고 북한 주민의 생활수준은 차이가 존재했다. 그 원인이 임금의 차이에서 비롯된 것은 아니었다. 사실상 임금의 차이는 크지 않았기 때문이다. 북한의 핵심 간부층이라 하더라도 노동자들이 받는 월급보다 월등히 높은 임금을 받지는 않았다. 차이가 발생한 원인은 배급의 수준이었다. 배급되는 의·식·주의 양과 질 차이에 따라 사회적 위세가 결정되었다.

3) 재분배시스템의 중심 고리: 배급제

국가적인 배급제는 근대 이후 발견하기 어려운 제도이다. 흔히 모든 사회주의 국가들이 전면적인 배급제를 시행한 것으로 여기는데, 이는 사실과 다르다. 구소련과 동유럽은 소비재의 배급제가 거의 없었다. 소비재는 국영상점에서 구입하는 것이 일반적이었다. 반면 북한, 특히 1970년대 이후 북한은 식량을 비롯해 필수소비재의 배급제가 보편적이었으며, 국영상점을 통한 구입은 보조적·제한적이었다.

배급제는 재분배의 패턴을 갖는 통합형태이다. 이는 '중심성'의 지지구조를 전제로 한다. 재분배구조는 재화가 중심을 향하여 이동했다가 다시 중심에서 바깥으로 이동하는 패턴이다. 이 운동은 실제의 이동일 수도 있고, 단지 처분권만 이동하는 것일 수도 있다. 재분배는 집단의 결속과 중앙기구의 권위를 드높인다. 집단에 대한 개인의 소속의식도 강화한다.

반면, 배급제는 화폐의 유통을 극도로 제한한다. 화폐가 가지고 있는 거의 모든 기능을 무력화시킨다. 주민들은 배급제를 통해 중앙권력에 철저히 종속된다. 그에 반하여 화폐는 어떠한 영향력도 얻지 못한다. 국가의 가격(등가) 제정은 화폐의 척도기능을 마비시키지만, 배급제는 화폐의 모든 기능을 결박한다.

(1) 배급제의 경과

배급제는 '전시공산주의'의 한 형태이다. 북한이 한국전쟁 이후에도 계속 배급제를 유지했던 이유는 비교적 자명하다. 어려운 경제여건 속에서 제한된 자원을 축적에 많이 투입하기 위해서이다. 결국 더 많은 축적을 위해서는 강력한 소비억제가 필요했고, 이것이 배급제로 나타났다.

북한의 배급제는 1945년 해방 직후의 식량난을 배경으로, 사회주의 계획부문에 종사하는 도시민을 대상으로 부분 도입되었다. 이후 점차 확산되어 1950년대 후반에는 전 경제주체로 확대되었다.

전후 배급제 폐지를 둘러싸고 혼선도 있었다. 1954년 제7차 최고인민회의에서 국가계획위원장 박창옥은 "식료품과 공업상품의 배급제를 철폐하고 자유상업으로 이행하기 위한 온갖 필수조건들을 조성시켜야 한다"고 역설했다. 김일성은 1955년 4월의 언급에서 배급제의 철폐를 공언했다. 다음해인 1956년 조선로동당 제3차 대회의 총화보고에서는 "제1차 5개년 계획기간에 로동자, 사무원들의 생활수준을 높이기 위하여 공업상품과 식료품에 대한 배급제를 없앨 것을 고려"하겠다고 발표했다. 1950년대 중반까지는 북한지도부도 배급제 폐지에 동조하고 있었다. 배급제는 전시와 같이 상품이 부족한 상황에서 임시적으로 시행되는 조치이다. 생산이 정상화되고 상품공급이 원활하게 된다면 지속될 이유가 없었다. 당시의 북한지도부는 배급제가 경제에 미치는 역기능을 인식하고 있었다. 제3차 당대회에서 리종옥은 배급제를 폐지하면, "노동의 양과 질에 따른 분배를 더욱 철저하게 하고 노동생산능률을 올릴 것이며, 기업소의 수익성 제고에도 강력한 자극"이 된다고 주장했다. 조선로동당 기관지 ≪근로자≫ 1956년 10월호에는 배급제의 문제점에 대한 다음과 같은 지적이 보인다. 배급제는 첫째, 노동생산성 제고에 영향을 미치는 화폐임금의 의미를 약화시킨다. 둘째, 배급제에 내포되어 있는 평균주의적 요소가 노동에 의한 분배법칙과 충돌한다. 셋째, 근로자들의 소득실현에서 원하는 사용가치를 자유롭게 선택할 수 없게 한다. 넷째, 배급제와 관련된 동일상품에 대한 2중가격의 존재가 각종 부정적 영향을 준다는 것이다. 그러나 배급제에 관한 부정적 분위기는 머지않아 사라졌다. 1956년 4월 개최된 제3차 당대회에서 '중공업 우선, 경공업·농업 동시발전'의 경제발전 총노선이 정식화되자 폐지될 듯 보였던 배급제는 더욱 강화되었다.

1957년 "식량판매를 국가적 유일체계로 할 데 대하여"라는 제목의 내각결정이 발표되었다. 내각결정에서는 당시까지 허용되던 식량에 대한 개인거래를 일체 금지했다. 또한 모든 식량거래를 국가기관을 통해서만 할 수 있도록 일원화했다. 이에 따라 식량을 생산할 수 없는 도시 주민들의 식량소비는 이후 철저하게 국가에 의존할 수밖에 없게 되었다. 곧이어 배급제에 관한 새로운 해석이 등장했다.

자본주의 국가들에서 실시하는 배급제는 근로 대중의 소비를 제한하며 자본가들의 리윤 추구를 보장하는데 그 목적이 있다. 그러나 해방 후 우리나라에서 실시한 배급제의 목적은 식량을 비롯한 생활필수품들을 로동자, 사무원들에게 렴가로 우선적으로 공급함으로써 그들의 생활을 안정 향상시키는데 있다. 그리고 우리나라 배급제의 기초에는 생활필수품이 아직 유족하지 못한 조건하에서 그에 대한 로동자 사무원들의 수요를 우선적으로 충족시키며 모리 간상배들의 투기의 유해로운 결과를 최소한으로 머물게 하여 투기로부터 로동자 사무원들의 생활을 보호함으로써 그들의 생활을 안정 향상시킴에 있어서 거대한 의의를 가진다. _ 조룡식, 「우리나라 상업의 발전」, 『우리나라의 인민경제 발전』(평양: 국립출판사, 1958), 240쪽

김일성도 곧 태도를 바꾼다.

지금 일부 사람들은 인민생활 개선문제를 식량제의 폐지와 기계적으로 결부시키고 있는데 인민들의 생활을 개선하는데서 식량배급제의 폐지가 필수적인 것은 아닙니다. 우리나라에서의 식량배급은 사실상 로동자, 사무원들에게 식량을 거저 주는 것이나 다름없습니다. 배급탈 때 무는 쌀값은 식량배급의 수수료에 지나지 않습니다. 식량배급제를 폐지하여가지고 량곡의 랑비를 가져오며 식

량예비를 조성하는데 지장을 주기보다는 식량배급제를 계속 실시하여 인민들이 언제나 식량걱정을 하지 않도록 하고 나라 살림살이를 잘 꾸려나가는 것이 더 낫습니다. _김일성, "경제사업에 대한 지도와 문화혁명 수행에서 제기되는 몇가지 문제에 대하여"(1959.10.22)

북한의 배급제는 크게 보아 세 가지의 부분적 경제제도가 결합되어 형성된 것이다. 첫째는 국가의 독점적 식량거래제도이다. 이는 이미 1957년의 내각 결정으로 완결되었다. 둘째는 도시민들을 대상으로 하는 국가 배급제도이다. 마지막은 협동농장이 주체가 되는 농민 배급제도이다.

도시민들은 1년치 식량을 미리 받는 농민들과는 달리 보통 한 달에 두 번 식량배급을 나누어 받는다. 도시민들이 식량배급을 받기 위해서는 우선 그들이 속한 직장이나 기관에서 발부하는 배급표를 수령해야 한다. 물론 각 직장이나 기관이 이러한 배급표를 발부하기 위해서는 국가 식량배급기구의 감독을 받아야 한다. 이러한 식량배급과 관련된 감독의 최종적 책임은 통상 도인민위원회 위원장이 지게 된다. 배급표를 받은 각 도시민들은 이를 가지고 자기가 속한 식량 배급소에 찾아가 매월 두 번씩 국가가 정한 가격으로 식량을 구매한다.

생필품의 경우, 초기에는 식량 등 일부의 품목을 제외하고, 대부분의 물건은 국영상점에서 자유롭게 구매할 수 있었다. 그러나 경제사정이 나빠지기 시작한 1970년대 말 혹은 1980년대 초부터 이른바 상품공급카드가 등장하면서 사실상 배급제로 전환된 것으로 전해지고 있다. 상품공급카드는 일종의 배급표이다. 국영상점에서 물건을 살 수 있는 권리라고 보아도 된다. 식료품 카드와 공업품 카드의 두 가지가 있다. 일반 주민들은 1년에 한 번, 12장으로 되어 있는 공급카드를 받는다. 그리고 1개월에 한 번씩 국영상점에 가서 공급카드를 제시하고 그 카드에 적혀 있는 양만큼, 즉 국가가 정한 배급량만큼 물건을 사도록 되어 있다. 예를 들어, 1인당 간장은 몇 리터, 된장은 몇 그램, 식

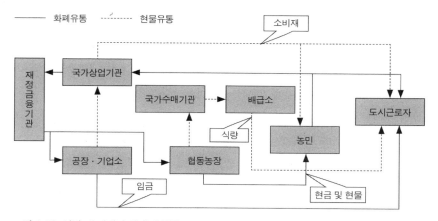

그림 1-12 식량·소비재와 화폐의 흐름
자료: 이영훈(2006: 110).

용유는 몇 그램, 신발은 몇 켤레, 양말, 속옷, 비누, 칫솔, 치약은 몇 개 하는 식이다.

농민들은 매해 가을 추수가 끝난 직후 협동농장에서 결산분배를 받는다. 결산분배 과정에서 농민들은 자신들이 생산한 곡물을 분배받는다. 이 가운데 향후 1년 동안 스스로가 소비할 식용 곡물은 현물로 분배받고, 나머지는 모두 화폐소득의 형태로 분배받는다. 농민 1인이 1년 동안 식용으로 소비할 곡물의 양은 국가가 산업부문 노동자들의 식량배급 기준을 감안하여 결정한다. 따라서 어느 농민이 전해에 비해 더욱 많은 곡물을 생산했다고 하더라도, 그가 현물로 받아 소비할 수 있는 곡물의 양은 국가가 정한 기준에 따라 동일하다. 늘어난 곡물량에 비례하여 화폐소득이 증가할 뿐이다. 협동농장은 농민들에게 식용으로 분배하고 남은 곡물 가운데 다음 해 농업생산에 필요한 종자용 곡물이나 사료용 곡물 등을 제외한 나머지 일체의 곡물을 국가에 매각하거나 기부한다. 도시민들에 대한 국가의 식량배급은 바로 이렇게 조달된 곡물을 토대로 이루어진다.

(2) 배급제의 의미

배급제는 매우 다목적인 기능을 수행한 것으로 보인다. 애초에는 축적을 위한 소비억제에 주된 목적이 있었다. 곧이어 노동규율의 수단으로 자리잡게 되었고 주민통제와 수령이데올로기의 내면화를 위해서도 작동되었다.

배급제는 인민경제계획화 체계에 대한 소비 측면의 부응이다. 전 주민이 필요로 하는 기본적 소비품목을 국가가 배급함으로써 생활을 직접 통제할 수 있게 되었다는 뜻이다. 배급제로 인해 주민들은 국가의 영향력에서 옴짝달싹 할 수 없게 된 것이다. 그 이유는 첫째, 국가의 배급시스템에 의존하지 않고는 주민의 기본적 소비생활이 보장되지 않기 때문이다. 둘째, 주민이 독자적인 경제행위로 소득을 얻는다 하더라도 배급시스템에 의존하지 않는다면 이것을 소비로 연결시킬 수 없기 때문이다. 결국 국가가 유통시스템을 독점했으므로 이를 통하지 않고는 생활수단 자체를 확보할 수 없게 된 것이다. 의식주와 관련한 배급제의 유지는 그 본래 목적에 더하여 '노동생산성 향상'이라는 목적이 추가되었다. 즉, 노동자들의 기본생활을 보장해줌으로써 노동조건을

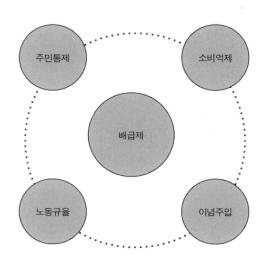

그림 1-13 배급제(유통의 국가독점)의 다목적 기능

개선시키고 이를 통해 노동생산성 향상을 꾀하고자 하는 '노동정책의 일환'이 기도 했던 것이다.

배급제는 현물동학의 가장 극단적인 사례라고 할 수 있다. 배급제하에서 화폐는 사회 밖으로 튕겨져 나가 매우 제한된 기능만을 맡게 된다. 화폐를 배제한 배급체계는 노동사회의 모든 생활 부분에 관여하면서 사회구조를 작동시킨다. 주민들에게 배급은 수령이 제공하는 일종의 선물로 주입된다. 주민들은 이에 대해서 조만간에 '충성', '지지', '동원'의 형태로 답례한다. 배급제는 감정적, 인격적 관계를 형성하는 힘이 있다. 따라서 배급제를 통해서 수령에 대한 숭배와 복종의 메커니즘이 형성된다.

돈이 지배하는 곳은 탐욕을 상징하는 악마인 맘몬(Mammon)이 주신으로 자리하지만, 북한의 배급제는 위대한 수령에게 후광을 씌운다. 배급제는 지도자의 신성(神性)이 발현되는 물질적 토대가 된다.

3. 사회주의 상업과 화폐유통의 체계 완성

1) 북한의 상업과 상품유통

상업(commerce)은 상품 판매를 목적으로 하는 여러 가지 인간 활동이다. 생산과 소비를 연결해주는 사회경제 현상인 것이다. 좁은 의미의 상업은 물품매매업에만 한정된다. 상인이 영리목적으로 행하는 경제활동이다. 넓은 의미의 상업은 생산자로부터 소비자에게 이르는 모든 과정을 포함한다. 상품의 사회적 배급활동, 생산 및 소비의 지도, 가격의 조정, 촉진적 보조활동 등을 포괄한다. 이것이 자본주의 시장에서 말하는 상업이다. 그러나 사회주의 체제의 상업은 이와 다르다. 상업은 그저 재화의 공급활동에 불과하다.

모든 인간이 차별받지 않으면서 풍요롭게 살아가는 것이 공산주의의 이상이다. 그러나 아직 그 정도의 생산수준에 이르지 못한 '과도기'로서 사회주의는 상품-화폐관계가 남아 있다. 스탈린은 「소련에서 사회주의 경제의 제문제」라는 논문에서 상품-화폐 관계가 존재한다는 것을 명확히 했다. 이것의 근거로 공업에서 전 인민적 소유인 국유형태와 농업에서 협동조합적 소유라는 서로 다른 소유형태가 존재한다는 것을 들었다. 그러므로 상품-화폐관계를 통하지 않고서는 생산물의 교환이 불가능한 것이다. 그래서 북한에도 상품의 공급활동인 상업이 존재한다. 상업을 통해 국가계획에 의해 생산한 재화를 유통망에 따라 계획적으로 분배한다.

(1) 상업의 사회주의적 개조

해방 직후 북한지역의 상품유통은 민간상업이 주도했다. 일제 강점기, 일제의 기관이나 일본이 차지한 조선의 상업자본은 80%에 달했다. 해방이 되어 그들이 물러가자 재빠르게 공백을 메운 것은 민간상인들이었다. 민간상업부문이 두드러질 수 있었던 이유는 당시 북한 정권이 민간상공업에 대하여 유화적인 접근을 하고 있었기 때문이다. 게다가 북한지역의 자본가들은 자본회수가 용이치 않은 제조업부문에 투자하는 것을 꺼리고, 이윤이 높고, 회전율이 좋은 상업부문에 투자하려 했다. 더구나 민주개혁으로 중요 산업이 국유화되자 투자위험이 적고 경영이 쉬운 상업·유통부문에 관심을 보이게 되었다. 민간상업이 이룩한 괄목할 만한 성과에 비해, 국영상업·소비조합상업의 소매상품 유통실적은 1947년경까지 매우 저조한 수준에 머물러 있었다. 김일성은 북조선로동당 제2차 대회의 보고에서 민간상업의 문제점을 지적했다.

소매상품류통에서는 개인상업이 84.5%, 국영 및 소비조합 상업이 15.5%를 차지하였습니다. 이것은 이 부문을 담당한 일부 지도일군들이 국가와 인민의 리익으로부터 출발하여 사업을 조직하는 것이 아니라 개인 기업가들과 결탁하여 쉬운 방법으로 일을 처리하려고 하는데서 온 결과라고 볼 수 있습니다. _김일

성, "북조선노동당 제2차대회에서 한 중앙위원회사업총화보고"(1948.3.28)

　문제는 북한 산업 중 소매상업 유통부문에서 개인상업이 84.5%를 점유했음에 반해, 국영 및 소비조합이 15.5%밖에 미치지 못했다는 사실이었다. 이것은 매우 엄중히 인식되었다. 뒤이어 국가가 적극적으로 개입하면서 상황이 급변하기 시작했다. 18세 이상 성인층의 의무가입을 강행한 국가정책에 힘입어, 소비조합은 급성장의 발판을 마련할 수 있었다. 조합원 수의 성장속도를 보면 1946년 말 222만 명, 1947년 말 488만 명, 1948년 6월 말 517만 명, 1949년 3월 말 565만 명 등의 급증추세를 보였다.

　표 1-4는 1946~1949년까지 국영상점·소비조합상점·민간상점의 증가 추세를 보여준다.

　김일성은 민간상업 부문을 몰아내는 과정에서 부정적 상인관을 갖게 된 것으로 보인다. 상인들의 각종 일탈행위가 해방 직후 북한이 처한 경제적 어려움을 가중시켰기 때문이었다. 국가자산 횡령, 상품 은닉을 통한 시장물가 교란, 소비자 기만, 거래금지 상품의 밀매, 국영공장 생산품의 되넘기 판매, 탈세 등이 그 대표적 사례였다. 당국의 관점에서 상인들의 일탈행위는 1947년

표 1-4 국영·소비조합·민간 상점망의 증가추세

(단위: 개소)

구분	1946년 말	1947년 말	1948년 6월	1948년 말	1949년 말
A: 국영상점	1	104	275	—	1,095
B: 소비조합상점	950	1,259	1,409	1,501	1,708
A+B	951	1,363	1,684	—	2,803
민간상점	22,414	—	32,000	—	—

자료: 『조선중앙연감 1949』(평양: 조선중앙통신사, 1949), 115쪽; 조선민주주의인민공화국 국가계획위원회 중앙통계국, 『1946~1960 조선민주주의인민공화국 인민경제발전통계집』(평양: 국립출판사, 1961), 135쪽; 변경, 「직장상점망 강화운동을 더욱 활발히 전개하자」, ≪소비조합≫, 1949년 1월호(『사료집』 32, 373쪽); 한림대 아시아문화연구소, 『1946·1947·1948년도 북한경제통계자료집』(춘천: 한림대출판부, 1994), 90쪽; 김재웅, 「북한의 민간상업 통제정책과 상인층의 대응(1945~1950)」, ≪한국근대사연구≫ 제55집(한국근현대사학회, 2010), 213쪽에서 재인용.

표 1-5 소매상품 유통 총액과 점유율

[단위: 억 원(%)]

구분	1946년	1947년	1948년	1949년
A: 국영상업	0.185(0.1)	17.780(3.6)	40.033(14.2)	89.818(28.0)
B: 소비조합	7.992(3.4)	58.050(11.9)	78.370(27.8)	91.139(28.5)
A+B	8.177(3.5)	75.830(15.5)	118.403(42.0)	180.957(56.5)
민간상업	225.451(96.5)	413.396(84.5)	163.509(58.0)	139.321(43.5)
계	233.628(100)	489.226(100)	281.912(100)	320.278(100)

주: 1948년 유통 총액의 감소는 유통규모의 감소를 반영한다기보다, 화폐개혁에 따른 신화폐 가치의
　　상승에서 비롯된 결과였다. 화폐교환사업 이후 신화폐의 가치가 구화폐의 2배 가까이 상승했다.
자료: 한림대 아시아문화연구소, 『1946·1947·1948년도 북한경제통계자료집』(춘천: 한림대출판부,
　　1994), 88쪽; 리정수, 『상업독본』(평양: 조선로동당출판사, 1959), 38쪽; 조홍희, 「북조선소비조
　　합 창립 삼주년에 제하여」, ≪소비조합≫, 1949년 5월호, 5쪽; 장시우, 「북조선인민회의 특별회
　　의 회의록」, 『사료집 8』(1948.4.28), 290쪽; 조룡식, 「우리나라 상업의 발전」, 『우리나라의 인
　　민경제발전 1948~1958』(평양: 국립출판사, 1958), 241쪽; 박헌영, 「조선소비조합 제10차 중앙
　　확대위원회에서 진술한 연설」, ≪인민≫, 1952년 2월호(『사료집』 41, 383쪽); 김재웅, 「북한의
　　민간상업 통제정책과 상인층의 대응(1945~1950)」, ≪한국근대사연구≫ 제55집(한국근현대사
　　학회, 2010), 213쪽에서 재인용.

12월에 단행된 화폐교환 사업 시 절정에 달했다. 김일성은 상업활동에 종사
하는 주민을 '간상(奸商)·모리배' 등으로 자주 폄하했다.

　　이 시기, 국영상점·소비조합상점이 비록 민간상점에 비해 수적인 열세는
보였지만, 시장 점유율에서 괄목할 만한 성장을 보였다. **표 1-5**에서와 같이
1948년~1949년에 국영상업·소비조합의 유통점유율이 민간상업부문을 추월
한 것이다. 1949년이 되었을 때, 국영상업·소비조합의 소매상품 유통액 점유
율이 56.5%에 달했다. 이렇게 단기간에 유통점유율을 높인 것은 국가가 민간
상업을 적극적으로 통제했기 때문이었다. 상인들이 물자를 확보할 수 없도록
구입원을 봉쇄하는 것이 대표적 방법이었다. 그뿐 아니라 상인들의 판매활동
을 압박해 소비자로부터 소외시키는 방법 등도 구사했다.

　　전후, 북한 상업의 사회주의적 개조는 1955년 4월 전원회의 이후 '반탐오·
반낭비 운동'과 함께 본격화되었다. 당시는 농업집단화가 진행되는 과정이었
기에 개인상공업의 정비는 매우 중요한 요소였다. 1955년 8월 「개인상공업허

가에 관한 규정」 공포, 금지업종과 허가업종 정비, 신규허가 실시 및 기등록자의 재교부 조치 등을 통해 상업의 개조에 박차를 가했다. 북한 상업의 사회주의적 개조는 1950년대 말~1960년대 초에 완성되기에 이른다.

(2) 북한의 상품유통

북한에서 주민들에 대한 소비물자의 공급활동은 상업적 방법에 의해 이루어졌다. 즉 상업망을 통하여, 지불능력에 따른 수요에 의거하여 상품을 판매하는 형태로 이루어졌다. 소비물자의 기본적인 부분이 아직도 상품의 형태를 취하고 있고, 주민들이 노동의 보수를 대부분 화폐형태로 받기 때문이었다.

북한이 주장하는 사회주의 상업의 역할은 다음과 같다. 첫째로 생산과 소비를 계획적으로 맞물리게 하는 고리로서 양자 간의 균형을 도모하고 국민생활을 풍요롭게 한다. 둘째, 도시와 농촌 간의 경제적 연계를 강화한다. 셋째, 사회주의 분배원칙을 부드럽게 실현시킨다. 마지막으로 사회주의 상업은 국가의 재정수입을 보장한다. 북한에서 상업형태를 구분하는 기준은 소유형태이다. 사회주의 제도가 확립된 후에는 민간상업은 없어지고 국영상업과 협동단체 상업(협동조합 상업)만이 남게 되었다. 여기에 북한이 뒤떨어진 것으로 간주했던 상업형태로서 농민시장이 더해진다.

식량 유통의 경우, 농민들은 협동농장에서 현물의 형태로 직접 분배를 받으며 도시근로자의 경우는 배급소에서 매우 낮은 가격으로 배급을 받는다. 식량배급은 보통 식량사정이 어려울 때 나타나게 되는데, 북한에서는 이것이 상시적이며, 주민들에 대한 통제의 수단일 뿐 아니라, 도시근로자의 부족한 임금을 보충하는 기능을 하고 있었다. 결국 근로자나 농민 모두 현금뿐만 아니라 현물(주로 식량) 형태로 노동의 대가를 취득했다.

소비재 유통의 경우, 근로자와 농민은 근로소득으로 공장·기업소가 생산하고 국가상업망을 통해 판매되는 소비재를 구입한다. 국가상업망은 판매한 수익금을 재정금융기관에 납부한다. 이는 다시 공장·기업소와 협동농장의 생

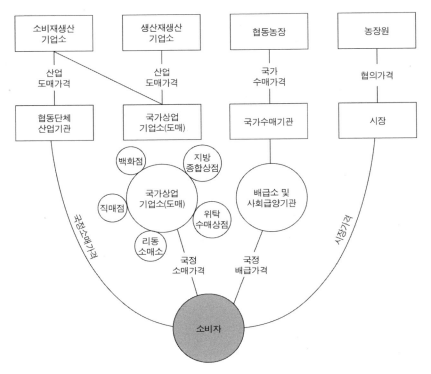

그림 1-14 1990년대 중반 이전 소비재 유통체제
자료: 홍익표 외(2004: 71).

산 및 운영자금으로 배분된다. 그런데 소비재 중에서도 식량과 일부 생필품이 다른 사회주의 국가들과 달리 장기간 배급제로 공급되어왔기 때문에 현금유통영역은 더욱 제한되었다. 이러한 점에서 북한 경제는 화폐경제와 대비되는 현물경제라 할 수 있었다.

생산재 유통의 경우는 국영기업소들 사이에 거래된다. 소유권 변동을 초래하지 않기 때문에 상품과 다른 '상품적 형태'로 취급한다. 생산재는 거래에 있어서도 무현금거래를 원칙으로 하고 있다. 즉 생산재의 거래는 현금으로 이루어지는 것이 아니라 공장·기업소가 거래하는 은행의 계좌상 차감결제로 이루어졌다. 이처럼 북한에서 현금은 생산재 거래에는 배제되고, 임금지급과 소비재 거래에 국한되어 사용되었다.

북한의 상업유통은 이 사업을 지도하는 내각 상업성과 도·시·군(구역)인민 위원회의 상업행정부서, 실무를 담당하는 상업유통기관으로 조직되어 있다. 내각 상업성에는 도매상업을 지도하는 도매관리국과 소매상업을 지도하는 지방상업지도국이 있다. 도매상업은 공장·기업소 등에서 생산된 소비품을 소매기관들에게 나누어주는 상업의 한 형태이다. 도매상업은 상품이 생산기업소로부터 도매상업 기업소로, 도매상업 기업소로부터 소매상업 기업소로, 도매상업 기업소 상호 간에 유통할 때 이루어진다. 도매상업은 주민들에 대한 소비품 공급사업을 잘하기 위해 생산자로부터 상품확보와 소매상업에 대한 상품의 계획적 공급을 보장하는 것을 기본 사명으로 한다.

(3) 농민시장

1990년대 이후 북한 시장화의 맹아가 되는 것이 바로 농민시장이다. 농민시장은 해방 이후부터 합법적으로 존재한 소규모 소비재시장이다.

농민시장은 협동농장의 협동경영과 협동농민의 개인부업 경영에서 생산된 농산물·축산물의 일부를 일정한 장소에서 직접 주민들에게 판매하는 상업의 형태이다. 북한은 농민시장을 비사회주의적 유통망으로 간주해왔다. 자본주의의 '찌꺼기'로 본 것이다. 김정일이 농민시장을 폄하하는 발언은 이러한 의식의 일단을 보여준다.

어떤 농장원들은 개나 닭을 길러서 국가수매기관에 파는 것이 아니라 농민시장에 내다가 비싸게 팔고 있으며 지어[심지어] 상점에서 닭알을 사서 농민시장에 가지고 나가 되거리 장사까지 하고 있다고 합니다. 아직도 우리 협동농장원들 속에 이런 사람들이 있다는 것은 참으로 상상하기 어려운 일입니다. _김정일, "농촌경리부문에 대한 당적지도를 강화하여 올해 농업생산에서 새로운 앙양을 일으

키자"(1976.2.6)

그러나 2000년까지 북한은 농민시장을 폐쇄하지는 않았다. 협동경영과 개
인부업 경영이 이루어지고 있는 상황에서는 농민시장을 없앨 수 없다고 본 것
이다. 농민시장에서는 주로 농산물을 거래했다. 그러나 농산물이라 해도 쌀,
옥수수 등 식량은 제외되었다.

북한의 농민시장은 그 지역에 뿌리를 내리고 사는 사람들이 일상생활에 필
요한 것을 서로 나누기 위해 자생적으로 존재한 것이다. 이윤을 획득하기 위
한 것은 아니었다. 농민시장은 구매자와 판매자가 친밀하게 대면하여, 주로
농산물이나 소박한 식료품 등을 사고파는 '장소'로서의 의미가 강했다. 즉, 사
회에 '묻혀' 있었다. 그러므로 자본주의적 가격결정시장으로 본다면 실수를
하는 것이다. 농민시장은 서로 고립되어 존재했고, 전국적 단위의 단일한 시
스템을 구성하고 있지 않았다. 하나의 체계로 통합되어 있지 않았다. 다시 말
해 '동일수급권'으로 포섭되어 있지 않았던 것이다. 농민시장은 수요-공급의
메커니즘이 작동하는 가격결정시장이 아니었다. 북한에서 1990년대의 위기

표 1-6 농민시장의 시기별 명칭 및 운영방식의 변화

기간	명칭	개설빈도
해방~1950년	인민시장	- 상설시장(도시) - 3일 또는 5일장(농촌)
1950~1958년	농촌시장	- 매일장(도시) - 3일 또는 5일장(농촌)
1958~1969년	농민시장	- 10일(매월 1, 11, 21일)
1969~1989년	농민시장	- 상설시장화(1982년) - 1985년 5월부터 숫자 확대
1987년~ 1990년대 초	농민시장 (장마당, 야시장 등)	- 주일장으로 전환 후 다시 10일장으로 전환
1993~2002년	농민시장 (장마당, 야시장, 자유시장 등)	- 매일장(상설장)으로 전환(1993년) - 1990년대 중반 경제난 심화로 농민시장 기능 이 급격히 강화

자료: 통일부 정보분석실(1999: 16).

이전까지는 가격결정시장이 존재하지 않았다고 보아야 한다. 그런데 농민시장이 1990년대 경제위기를 거치면서 거대한 암시장으로 바뀌게 되었다. 그 무렵부터 북한 주민들은 농민시장을 장마당이라고 부르게 되었다.

(4) 북한의 대외교역

1990년대 이전 북한의 무역은 '국가 독점' 원칙에 의해 수행되었다. 이를 '국가유일 무역체계'라고 이름 지었다. '무역의 국가독점'은 1990년대 이전까지 '생산의 완전계획화', '소비의 배급제'와 더불어 북한 경제시스템을 이루는 토대였다.

국가유일 무역체계는 국가(중앙)가 직접 또는 국가의 감독하에 해당기관이 무역을 수행하는 것이다.

국가유일 무역체계에서 국가는 먼저 전문적인 무역기관을 창설한다. 다음으로, 대외시장과의 연계를 직접 맺으면서 무역기관들이 취급할 상품과 그들의 활동지역을 설정한다. 상품수출과 수입, 외화관리 등 무역사업 전반을 국가가 장악하는 시스템이다.

북한에 있어서 대외무역은 '자립적 민족경제를 건설하는 기초 위에서' 이루어지는 것이다. 무역은 자립적 민족경제를 건설하기 위한 보조수단으로만 의

그림 1-15 1990년대 이전 북한의 경제시스템

미를 가진다. 이러한 대외무역의 지위를 잘 표현한 것이 '유무상통(有無相通)'의 원칙이다. 즉, '없거나 부족한 일부 물자를 원만하게 해결하기 위해' 대외무역이 요구된다는 것이다.

1950년대의 북한무역은 자급자족의 경제기반을 구축하기 위한 하나의 보조적 수단이었다. 그 내용도 북한에 대한 사회주의 국가들의 원조형태로 이루어진 것이 대부분이었다. 1960년대 이후부터 구소련과 중국으로부터 원조가 삭감되자 대외무역의 필요성이 커지게 되었다. 그래서 대상국과 거래품목을 다양화하는 시도가 있게 된다. 그에 대한 결실이었는지, 1970년대에 들어서면 서방세계에 대한 부분적 개방을 이루게 된다. 서방선진국을 통한 자본설비의 도입이 성사된 것이다. 그러나 오일 쇼크 등으로 인해, 시도는 실패하게 되고 심각한 외채문제가 발생했다. 1980년대의 북한은 대외경제관계의 다변화와 무역확대를 위해 제도적 전환을 추구한 시기였다. 1984년 '합영법'을 제정하는 등 대외경제 협력에 많은 노력을 기울였다. 그러나 가시적인 성과를 얻기도 전에 사회주의 경제권의 붕괴로 심각한 도전에 직면하게 되었다. 북한은 1990년대의 체제위기 속에서 대외무역에 대한 새로운 변화를 시도하게 된다.

(5) 자재유통 시스템

북한에서 자재공급이란 생산에 필요한 원료, 자재, 설비 등을 국가가 보장해주는 것이다. 자재공급 시스템은, 북한의 경제관리체계인 '대안의 사업체계'에 의해 자재를 공급해주는 시스템이다. 즉, 모든 자재를 상부(성·관리국 등)가 책임을 지고 하부(공장·기업소 등)에 '현물'로 공급하는 체계인 것이다. 자재공급체계는 중앙의 자재상사로부터 분상사, 지구도매소, 연합기업 자재공급소 등의 일원화된 공급시스템으로 구성되었다. 자재상사는 생산에 필요한 원자재·설비 등을 매입하여 공장·기업소 등에 공급해준다. 공장·기업소에서 생산한 제품을 팔아주기도 한다. 중앙기업에서 생산한 주요 자재는 성

(省) 자재상사를 거치고, 기타 자재는 분상사 혹은 지구공급소를 거쳐 수요자 기업에 공급된다.

북한에서 자재유통은 수요와 공급에 따라 자연발생적으로 진행되는 것이 아니다. 자재공급계획과 배정계획에 의거한다. 자재공급계획은 공급자기업소들에서 수요자기업소별로 공급할 자재의 양을 품종, 규격, 재질, 시기별로 규정하는 법적인 과제이다. 자재배정계획은 수요자기업소들에서 공급자기업소별로 보장받아야 할 자재의 양을 밝히고 이용범위를 규정한 것으로 역시 법적 구속력을 가진다. 이와 같이 공급자기업은 자재공급계획을, 수요자기업은 자재배정계획을 이행할 의무가 있다.

2) 재정·금융을 통한 경제과정 통제

북한의 재정은 국가의 모든 노동과 자원을 조직하여 생산에 동원하고 분배를 수행하는 계획적 경제활동이다. 자본주의 국가의 재정개념을 가지고 북한의 재정을 파악하려고 하면, 혼란만 일어날 뿐이다. 북한의 재정을 올바르게 숙지하기 위해서는 개념을 다시 정립할 필요가 있다.

북한의 재정은 계획경제의 핵심이다. 재정계획의 하부개념으로 금융이 존재한다. 금융은 재정에 딸린 부속업무를 수행한다. 자금중개보다는 화폐통제의 기능이 더 강하다. 은행은 주민들에게 금융서비스를 제공하는 것보다 기관·기업소의 경리·회계부서의 역할을 한다. 화폐는 이중적으로 유통된다. 기관·기업소 등은 무현금거래가 제도화되었다. 현금유통은 교환의 일부에 불과했다. 그나마 그 현금 거래도 자유로운 것이 아니었다. 모든 생산물이 국가가 제정한 가격, 즉 등가로 매겨져 있었기 때문이다. 북한에서 생산되는 재화에는 등가표가 붙어 있고, 화폐로 구입할 수 있는 대상은 제한되어 있었다. 화폐는 등가대상을 만나 거래됨으로써 유통에서 빠져 나와 발행처로 돌아간다. 유통화폐총액은 주민에게 공급된 재화의 등가총액과 일치해야 했다. 그러나 주민들에게 공급된 재화는 유통화폐량보다 적었다. 북한 당국은 재화의 공급을 늘리기보다 유통화폐량을 줄이는 방법을 택했다. 지속적으로 유휴화폐의 은행집중, 즉 저축을 강요했다. 화폐교환도 통화감소를 위해 긴요한 방법이었다.

(1) 재정을 통한 경제통제

재정이란 나라의 '살림살이'이다. 부연하면, 국가와 같은 공적 주체가 구성원들의 공동필요를 충족시키기 위하여 재화를 획득·관리·사용하는 공공경제이다. 자본주의 국가의 재정은 가계, 기업 등과 구분되는 독립적인 영역으로 존재한다. 또한 정부가 시장에 개입하더라도 시장의 실패, 규모의 경제와 같은 경제적 문제를 해결하거나 사회보장, 형평성 추구와 같은 정치적 기능을 수행하기 위한 것으로 한정한다.

사회주의 국가의 재정은 이와 다르다. 북한은 재정을 '국가, 기관, 기업소가 각자의 기능수행을 위해 필요한 화폐자금을 조성하고 이를 분배, 이용하는 과정에서 이루어지는 제반 경제관계'로 규정하고 있다. 재정의 영역이 국가뿐 아니라 기업에까지 미침을 명시한 것이다. 정부의 기능을 수행하는 것에 한정하는 자본주의 국가의 재정과는 큰 차이를 보인다.

북한의 재정은 정부영역뿐만 아니라, 기관과 기업소의 재정계획을 포함하는 영역까지 담당한다. 사회주의 국가에서는 생산수단이 원칙적으로 국가의 소유이며 기업의 생산, 투자 등을 포함한 모든 경제활동이 국가계획을 중심으로 이루어진다. 기업 등의 경제활동에 필요한 자금도 국가계획에 따라 중앙은행에서 통일적으로 공급된다. 모든 생산수단이 사회화된 북한이므로 이런 소유제도로 인해 국가예산, 각종 보험 및 신용뿐만 아니라 국영기업소와 협동농장의 예산까지도 국가재정에 포함시키게 된다. 국가가 모든 기업의 소유주인 것이다. 주민들의 임금을 결정하는 것도, 생존을 위한 식량의 배급도 국가가 담당한다. 작은 공장의 살림살이도 국가의 재정계획에 반영된다. 국가는 전 주민의 사용자인 것이다. 당연히 북한의 재정이 국민총생산(GNP)에서 차지하는 비중은 자본주의 국가들보다 월등히 높다. 사회주의 국가의 경우, 국가가 국영기업소의 자본 형성 및 투자뿐만 아니라 운영 자금까지 부담하고 의료, 교육, 주택 등 '사회적 소비(social consumption)'도 모두 책임지기 때문이다. 소련의 경우, GNP에서 재정이 차지하는 비율이 1980년 기준으로 65% 수준이었다. 북한은 다른 사회주의 국가에 비해서도 이 비중이 매우 높다.

북한의 재정을 기능적인 측면에서 살펴보면, 분배적 기능과 통제적 기능을 수행하고 있다. 재정의 분배적 기능이란 "사회총생산물과 국민소득의 많은 부분을 기업소 사이, 인민경제부문 사이, 생산영역과 비생산영역 사이, 그리고 축적과 소비 사이에 합리적으로 분배하는 것"이다. 재정의 통제적 기능이란 "재생산과정에서 화폐자금의 운동을 물자재산의 운동과 계획적으로 맞물리게 하는 것"이다.

북한 재정의 특징은, 첫째 중앙집중적인 방식에 의해 관리되고 있다는 것이다. 북한은 이를 '재정의 유일관리제 원칙에 의한 관리' 또는 '국가의 통일적 지도와 통제하에 이루어지는 관리'라고 표현하고 있다. 둘째, 독립채산제와 지방예산제를 채택하고 있다는 것이다. 독립채산제는 기업관리 방식으로서 1946년부터 시행되고 있으며, 지방예산제는 1973년부터 시행되고 있다. 독립채산제나 지방예산제는 모두 국영기업이나 지방정부의 상대적 독자성을 부여한다는 의미로 사용되고 있으나 실상은 경제적 계산단위에 불과하다. 독립채산제나 지방예산제 시행에도 불구하고 개별 기업이나 지방 행정기관은 계획 수립 및 집행에서의 자율권이 거의 없으며 단지 편성된 예산의 집행상황을 관리하는 단위에 불과하다. 셋째, 북한의 재정은 균형예산 편성을 원칙으로 하고 있다. 여러 가지 균형을 내세우고 있으나 김일성은 특별히 축적과 소비의 균형을 강조했다.

당이 내세운 정치경제적 과업에 맞게 축적과 소비의 균형을 계획적으로 맞추어 나가겠는가 하는데 있습니다. 인민경제를 계획화 하는데서도 그렇지만 특히 재정사업에서는 이 균형을 바로 잡아나가는 것이 무엇보다도 중요합니다. _ 김일성, "사회주의건설에서 재정의 기능과 역할을 강화할데 대하여"(1968.10.31)

넷째, 북한의 재정은 경제규모에 비해 규모가 상당히 크다. 북한의 국가 예산이 경제 전체에서 차지하는 비중은 1980년대까지는 70% 수준이었으나 1990년대 들어 크게 높아져 1993~94년에는 90%를 넘기도 했다.

북한은 재정을 매우 엄격하게 통제했다. 예산은 국가계획으로 편성되고 집행한다. 재정을 통제하고 감독하는 방법은 크게 두 가지에 의한다. '재정총화제도'와 '원에 의한 통제'가 그것이다. 재정총화제도는 '기관·기업소 등에서 일정 기간 동안 수행한 재정예산집행에 대한 총화'이다. 인민경제의 하위단위부터 내각의 최상위 단위까지 모든 기관·기업소가 수행한 예산집행실적을 분석 평가하고 결과를 공개하는 제도이다. 원에 의한 통제는 주로 재정은행기관들이 화폐거래의 상대방인 기관·기업소 등으로부터 자금을 수령하거나 공급하는 과정이 계획에 잘 부합했는가를 평가하는 화폐적 통제이다.

재정은 예산을 통해서 조성되고, 경제에 투입되며, 또 분배하는 전 범위를 아우른다. 북한에서 예산은 "수입과 지출을 따져 쓸 것을 예견하는 재정계획으로 화폐를 매개로 하는 재정관계"라고 규정한다. 예산수입은 사회순소득을 기본 원천으로 한다. 거래수입금, 국가기업이익금, 사회협동단체 기업이익금, 봉사료 수입금, 기타수입 등으로 이루어진다. 예산수입 중 가장 큰 비중을 차지하고 있는 것은 거래수입금과 국가기업이익금이다.

예산수입은 경제에 투입된다. **그림 1-16**의 '경영자금의 가치적 순환'이 바로 예산이 투입되어 가치적으로 분배되는 것을 보여준다. 국가예산은 첫 단계로 생산의 3요소에 투입되어 최종적으로 판매수입금의 형태로 회수된다. 전체 국가의 판매수입금의 총액이 사회총생산물(GSP; Gross Output Value of Social Product)이다. 사회총생산물에서 생산과정 중 소비된 생산수단을 보상

표 1-7 거래수입금과 국가기업이익금

구분	거래수입금	국가기업이익금
납부의무자	생산재 및 소비재의 생산·유통 부문(상업편의 봉사부문 제외)의 국영기업소나 협동단체의 기업소	소비재, 생산재, 유통부문을 포함하는 모든 국영기업소
부과율 또는 부과금액	도매가격의 일정 비율에 해당하는 금액	국영기업소 순소득 중에서 국가가 미리 정한 기업 유보액을 공제한 후의 잔액 전액
부과대상	중앙집중적 순소득	국영기업소 순소득(이윤)
조세적 성질	소비재 거래 시 부과되는 간접세	기업이윤에 부과되는 직접세 (법인소득세)

자료: 북한경제포럼(2005: 349).

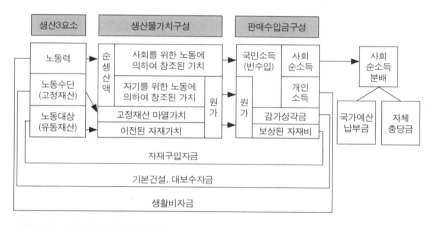

그림 1-16 경영자금의 가치적 순환
자료: 백과사전출판사(2010: 280).

하고 남은 부분이 국민소득(NMP; Net Material Product)이다. 국민소득은 북한에서 가장 중시하는 총량지표이다. 국민소득을 기초로 재분배가 이루어진다. 국민소득 중 '자기를 위한 노동에 의해 창조된 가치'는 개인소득이 된다. 국민소득 중 '사회를 위한 노동에 의해 창조된 가치'가 사회순소득이다. 바로 이 사회순소득에서 국가예산수입이 다시 확보되며 나머지는 기업에 유보되는 충당금이 된다.

북한의 재정은 국가적으로 조성된 자금의 순환을 통해 경제를 운용하는 통일적 과정이다. 이 과정에서 김정일이 다음처럼 강조한 북한 재정의 세 가지 임무가 수행된다.

축적과 소비의 균형의 법칙, 사회주의 경제발전의 끊임없는 높은 속도의 법칙, 로동에 의한 분배법칙을 정확히 구현하는 것은 사회주의 재정의 중요한 임무입니다. _김정일, "재정은행사업을 개선강화할데 대하여"(1990.9.18)

(2) 재정의 보조수단인 금융

북한에서 은행은 자본주의 국가의 은행과는 다르다. 북한 은행의 주업무는 자금중개 등 일반적인 은행의 그것이 아니다. 자본주의 국가의 은행이 수행하는 자금 동원 및 분배를 북한에서는 재정이 담당한다. 그러므로 금융은 독립적인 자금중개 기능을 수행하지 못한다. 금융은 주민들의 유휴자금 동원, 기업 등의 일시적인 자금 과부족 처리 등 극히 제한된 기능만을 수행할 뿐이다. 금융이 재정을 보완해주는 수동적 기능만을 수행하기 때문에 자본주의 금융에 비해 역할이 미약하다. 그 대신 북한의 은행에서는 기관이나 기업소에 대한 재정적 통제기능을 주로 한다. 코르나이(János Kornai)는 사회주의하에서 은행을 이렇게 설명한다.

사회주의하에서 은행은 이윤에는 명목적 이해관계조차 갖고 있지 않다. 사회주의 은행은 공식적인 권한을 부여받은 엄격하게 중앙집권화된 위계적 기구이다. 은행은 사회 곳곳에 침투하는 관료기구의 부속물 역할을 한다. 은행을 관리하는 기구로서 중앙은행은 정치-경제 지도부(정부의 형태)에 종속되어 그 지시사항을 따라야만 하기 때문에 명목적인 자치권조차 갖고 있지 못한다. _Kornai, *The Socialist System*(Princeton: Princeton University Press)

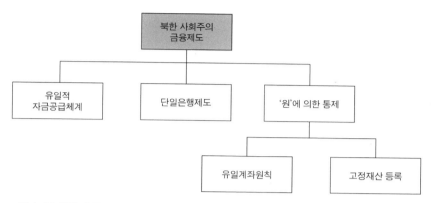

그림 1-17 북한의 금융

북한의 금융제도는 세 가지 특성이 있다. 첫 번째는 '유일적 자금공급체계'이다. 기관 및 기업의 운영에 필요하고 국가계획수행에 필요한 모든 자금을 국가가 재정계획에 의거하여 유일적으로 보장하는 것이다. 경제운영에 필요한 자금 공급은 주로 국가재정이 맡고 실제로 자금을 수납하는 것은 금융이 담당한다. 결국, 금융은 재정의 일부에 불과한 것이다.

두 번째는 단일은행제도(monobank system)이다. 사회주의 계획경제에서는 자금 동원 및 관리의 효율성을 중시한다. 그래서 하나의 국가은행(중앙은행)이 국가계획에 의해 자금을 독점 관리하는 단일은행제도를 채택했다. 북한도 1945년 은행을 국유화하고 단일은행제도를 도입하여 1964년에 완료했다. 북한의 중앙은행인 조선중앙은행은 기업대부, 가계여신 등을 담당하는 상업은행의 역할도 동시에 수행한다. 또한 조선중앙은행은 기업 간의 자금흐름을 감시, 통제하는 권한도 가지고 있다. 북한이 이렇게 단일은행 체제를 실시하는 것은, 단일은행제도가 기관·기업소에 대한 일사불란한 자금공급과 경영통제에 효율적이기 때문이다. 조선중앙은행은 북한 금융의 핵심이다. 중앙은행이 직접 정부, 기업 및 가계와 화폐를 매개로 경제관계를 맺고 그 기능을 수행하기 때문이다.

세 번째는 '원에 의한 통제'이다. 금융의 통제기능이란 국가은행이 기업으로부터 예산수입금을 거두어들이거나 기업에 예산자금을 공급하는 과정에서 기업 활동의 타당성이나 재정계획과의 적합성 등을 점검하는 기능이다. 화폐를 매개로 한 통제라는 점에서 법적, 행정적 통제와 구별하여 '원에 의한 통제' 또는 '자금에 의한 통제'라고 불린다. 원에 의한 통제는 두 가지 원칙에 의해 실효성이 확보된다. 우선 모든 기관·기업소·단체는 은행에 1개의 계좌만을 보유해야 하며, 모든 수입과 지출은 이 계좌를 통해 결제해야 한다는 유일 계좌 원칙이다. 또 하나는 기업 등이 보유한 고정재산 등록이다. 북한의 기관·기업소 등은 모든 고정재산을 은행에 등록하고 정기적으로 점검을 받아야 한다. 이를 통해 기업의 모든 거래는 실질적으로 은행 감시하에 놓이게 된다. 은행이 '고정자산 감시소'가 되는 것이다. 각 공장·기업소는 은행에서 회계관리를 한다. 엄격한 규칙이 있어, 한 기업이 독자적으로 관리할 수 있는 통화량은 정해져 있고 또 어디에 쓰일지도 정해져 있다. 다른 모든 돈은 중앙은행에서 담당하는 해당 기업의 계좌에 예치되어야 한다. 돈의 '소유주'로서 기업은 은행에 맡긴 돈을 마음대로 처분할 수도 없다. 은행은 중앙에서 정해진 규칙에 따라 거의 자동적으로 다양한 비용을 지불하게 된다. 각 계좌는 다양한 "하위 계좌"로 구성되어 각 하위 계좌 간에는 돈의 흐름이 차단된다. 원자재나 반제품을 구입하도록 할당된 돈으로 임금을 지불할 수 없다. 임금 지불을 위한 돈으로 자재를 사서도 안 되는 식이다. 각 분야에 들어갈 돈은 '지정(earmarked)'되어 있다. 은행은 화폐의 '출입처'라기보다 '유배지'가 된다.

북한은 금융을 국내금융과 국제금융으로 구분하고 있다. 국내금융은 다시 자금공급, 신용, 화폐유통의 세 가지로 구분된다. 자금공급은 기업의 경제활동에 필요한 자금을 국가가 예산으로 지원하는 재정집행기능을 의미한다. 신용은 유휴화폐자금을 동원하고 이용하는 예금 및 대출 업무를 말한다. 북한 은행의 신용기능은 취약하다. 북한 주민들은 유휴자금을 은행에 잘 맡기지 않는다. 인출하기 어렵기 때문이다. 또한 대출도 활성화되지 못하여 자금중개기능은 거의 작동하지 않는다. 원래 북한의 금융제도하에서 일반 주민들은 은행에서 대출을 받을 수 없고, 주민 간 금전거래는 금지되어 있었다. 다만 농민의 경우에는 농촌금융을 담당하는 협동농장 '신용부'로부터 공식적으로 자금을 대출받을 수 있었다. 화폐유통은 일종의 지급결제제도를 의미하는 것으로서, 현금결제와 무현금결제로 구분된다.

(3) 이중적 화폐유통제도

북한의 화폐유통은 이중적이다. 현금과 무현금으로 구분하면서 이를 국가가 정한 기준에 따라 선별적으로 사용하도록 규정하고 있다.

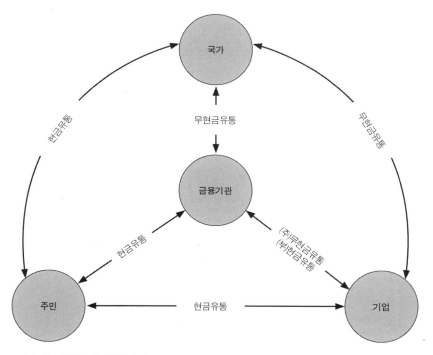

그림 1-18 이중적 화폐유통제도
자료: 안재욱(1991: 100).

표 1-8 현금 또는 무현금 적용 유형

구분		기업	개인
생산수단	생산목적	무현금	×
	기타목적	〃	×
소비상품	생산목적	〃	현금
	기타목적	무현금 및 현금	

자료: 문성민(2005: 9).

표 1-9 무현금결제방식과 적용범위

결제방식	내용	적용대상
즉시지불청구서	공급자의 대금청구에 의해 은행이 대금을 즉시 지불 결제하는 방식, 선 물자공급 후 대금청구 방식(신용장 방식)	계획에 의한 물자거래, 봉사
지불청구서	공급자의 지불청구문건을 수요자가 확인한 다음 공급자에 대금을 지불하는 결제방식(추심방식)	위약금, 연체료, 보관료 등
지불위탁서	수요자의 지불위탁에 의해 공급자에 즉시 대금을 지불하는 결제방식	시제품, 견본품, 기관 사이 자금 지불
무현금행표	공급자의 지급청구에 의해 즉시 대금을 지급하는 결제방식	운임, 도서 대금, 소비상품 대금
즉시지불서	은행이 수요자에 즉시지불서를 발행해주면서 그에 상응하는 금액을 수요자 기업의 계좌에서 먼저 차감하는 방식	물자거래 및 봉사

자료: 한국개발연구원(2009: 654).

거래되는 물건 기준으로 보면 상품(소비재) 거래에는 현금을, 생산수단 거래에는 무현금을 사용하도록 규정하고 있다. 또한 거래주체의 소유형태 기준으로 보면 사회주의적 소유형태의 경제주체 간 거래는 무현금으로, 그리고 개인적 소유형태(일반주민)와 사회주의적 소유형태의 경제주체 간 거래는 현금으로 하도록 되어 있다. 현금거래에 이용되는 화폐는 "주민과 국가 및 협동단체, 기관, 기업소 사이에 소규모 지불거래와 상품유통을 매개하여 주민들 상호 간의 상품거래에 봉사하는 것"이라고 설명한다.

무현금결제에는 공급자 기업이 은행을 통하여 대금지불을 청구하면 즉시 돈을 받게 되는 '즉시지불청구서에 의한 결제'(신용장방식과 유사), 공급자 기업이 수요자 기업으로부터 무현금행표(일종의 은행 수표)를 받아 은행에 제출하

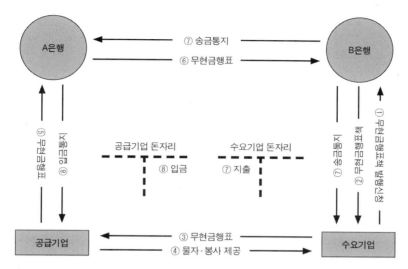

그림 1-19 무현금행표 거래 방식
자료: 『금융학』(평양: 김일성종합대학, 1985), 176~187쪽.

면 즉시 대금을 받게 되는 '무현금행표에 의한 결제', 돈을 받을 기업이 은행을 통해 대금지불을 청구한 데 대해 돈을 지불할 기업이 이를 확인하면 돈을 받게 되는 '지불청구서에 의한 결제'(일종의 추심방식), 돈을 지불할 기업이 은행에 지급을 위임하여 결제가 이루어지는 '지불위탁서에 의한 결제'(일종의 송금방식) 등이 있다.

(4) 북한의 통화조절사업

자본주의 경제에서 통화정책은 중앙은행이 수행한다. 주요한 수단으로 삼는 것은 지급준비제도, 국채를 이용한 공개시장 조작, 기준금리의 조절, 외환시장 개입 등이다. 그러나 사회주의 북한은 이러한 다양한 방법을 쓸 수 없다. 자본주의 경제에서는 중앙은행이 정부로부터 국채를 인수하고 그것을 담보로 본원통화를 발행한다. 은행으로 유입된 본원통화는 지불준비금만큼 동결되고 나머지가 대출됨으로써 통화량이 증가한다. 그러므로 정부가 통화량을

표 1-10 유통화폐량, 필요화폐량, 현금환류속도

유통화폐량 = 현금발행총량 − 현금의 고정적 잔고
필요화폐량 = 상품 및 서비스 총액 ÷ 화폐(현금)유통속도

$$현금환류속도 = \frac{일정\ 기간\ 은행의\ 현금수입총액}{해당\ 기간의\ 현금발행\ 평균잔액}$$

줄이기 위해서는 통화승수를 억제하는 준비금 규제, 화폐의 기회비용을 높이는 금리상승, 국채를 매각하여 시중통화량을 환수하는 방식 등을 다양하게 사용할 수 있다. 그러나 북한의 통화발행방식은 자본주의의 그것과 완전히 다르다. 일원적인 은행체계(one tier banking system)하에서 조선중앙은행은 국채도, 우량의 실물자산도 아닌 국영공장·기업소의 채권을 담보로 통화를 증발시킨다. 북한원화는 처음부터 '올바른 화폐'로 간주되지도 못한다. 이런 이유로 북한은 자본주의적 통화조절 정책을 쓸 수 없다.

북한에서 통화조절사업은 매우 절박한 과업이다. 억압된 인플레이션(suppressed inflation)이 상존하기 때문이다. 일반적으로 경제 안에서 공급되는 소비재보다 통화량이 많으면 가격이 상승한다. 북한에서는 인플레이션 압력이 존재하지만 가격규제(등가; 국정가격)나 배급제 등을 통하여 억제되므로 공식적으로는 나타나지 않는다.

북한에서 통화조절사업은 현금통화만을 대상으로 하고 있다. 무현금(일종의 예금통화)은 국가의 계획에 의해 유통되며 계획에 없는 지급·결제는 이루어지지 않기 때문에 관리의 필요성이 없다. 유통화폐량은 상품구입 등을 위해 사용되고 있는 현금통화 총량으로서 중앙은행의 현금발행총량에서 현금의 고정적 잔고, 즉 퇴장된 화폐를 제외하는 방식으로 계산된다. 또한 필요화폐량은 상품유통에 필요한 화폐량으로서, 거래되고 있는 상품 및 서비스의 총액을 화폐유통속도로 나누는 방식으로 계산된다. 이때 화폐유통속도는 일정기간 동안 액면이 같은 단위화폐의 회전수를 의미한다. 계산상의 편의를 위

하여 중앙은행을 통해 현금이 발행 또는 회수되는 횟수를 의미하는 현금환류 속도가 대신 사용된다.

통화조절을 위한 정책수단으로는 조선중앙은행의 현금계획 수립 및 집행, 화폐유통 구조개선, 화폐교환 등이 사용된다. 현금계획은 현금수입과 지출의 규모와 방향을 계획으로 수립하여 집행하는 것이다. 화폐유통 구조개선은 현금유통과 무현금유통의 구분을 명확히 하고, 유통경로별로 현금을 은행기관에 흡수할 수 있는 대책을 마련하는 것이 주요 내용이다. 마지막 정책수단으로 화폐교환이 있다.

(5) 2009년 이전의 화폐교환

1947년 화폐개혁 이후 2009년 이전까지 북한에서는 세 차례의 화폐교환이 있었다. 물론 공식적으로는 부인하지만 지나치게 팽창한 유동성을 환수하는 것이 주된 목적이었다. 북한 당국은 유휴화폐를 은행에 집중시키기 위해 저축을 유도하지만 주민들은 인출이 제한되는 저축을 꺼린다. 퇴장화폐가 임계상태라고 판단되었을 때, 북한은 화폐교환사업을 시행했다.

표 1-11 2~4차 화폐교환사업

구분	시기	내용
2차	1959. 2 (교환: 2.13~17)	- 목적: 한국전쟁으로 인한 인플레 방지, 새로운 재정 금융 토대 구축 및 　　새 경제계획 실시에 따른 투자 재원 확보 - 구화폐 100원 : 신화폐 1원 비율로 교환 * 내각결정 11호 「새로운 화폐를 발행할 데 대하여」 근거
3차	1979. 4 (교환: 4.7~12)	- 목적: 유휴 화폐 회수, 경제 건설 자금 확보 - 금액의 제한 없이 1 : 1 비율로 교환 - 교환한도를 두지는 않았으나 저금을 적극 권장·강제 * 중앙인민위원회 정령에 근거
4차	1992. 7 (교환: 7.15~20)	- 목적: 화폐 제도의 공고화, 화폐 유통의 원활화 - 신·구권 교환비율은 1:1 - 교환 한도: 가구당 399원, 나머지는 은행에 예금 후 지불하도록 하고, 　　3만 원 이상은 저금마저 불허 * 중앙인민위원회 정령에 근거

자료: 이용화(2013: 77)에서 일부 발췌.

1947년에 이은 1959년의 두 번째 화폐교환은 주민들의 소득분배에 영향을 미치지는 않도록 무차별, 무제한 교환방식으로 시행했다. 1979년의 화폐교환도 한도를 정하지 않았다. 다만 저축을 유도하거나 강제했다는 특징을 갖는다. 네 번째 화폐개혁은 부분 몰수형 화폐교환 사업이었다. 1992년은 북한 경제가 위기의 조짐을 보이고 있을 시기였다. 경제의 활력이 떨어지고 배급제는 흔들렸다. 재화의 공급이 차질을 빚자 상대를 찾지 못한 화폐는 나날이 과잉되었다. 북한은 파괴적인 방식으로 과잉화폐를 청산했다. 당국은 교환의 한도를 강력하게 제한했다. 금액에 따라 일정 기간 동결, 5년간 동결의 조건으로 저축을 강제했다. 더구나 일정 금액(30,000원) 이상은 저축도 교환도 허용하지 않았다. 4차 화폐교환은 2009년의 약탈적 화폐개혁의 전조였다. 1992년 무렵이 되었을 때, 북한의 경제는 제대로 작동되지 못했고 화폐는 정상경로에서 유출되어 침전되고 있었다. 국가의 권위로 발행된 화폐는 주민들에게 재화로 갚아야 하는 채무증서였다. 채무증서가 쌓이자 부담을 느낀 당국은 그것을 주민들로부터 빼앗아버린 것이다. 1992년 화폐의 일부 몰수는 북한이 앞으로 화폐를 길들일 수 없다는 것을 보여주는 징조였다.

3) 중앙집권적 계획경제의 완성

해방 이후 북한은 식민지 경제의 편파성과 전쟁의 폐허 위에 강력한 중앙집권적 계획경제를 건설했다. 사회주의적 개조는 경제뿐만 아니라 사회구조에도 엄청난 변화를 가져왔다. 식민지와 전쟁의 흔적은 차츰 지워졌고, 사상·기술·문화의 영역에서 변화의 물결이 밀려왔다. 노동과 자원이 집단적으로 조직되었으며, 의식주의 필요는 중앙을 통해 배급의 형식으로 충족되었다. 반면 화폐는 점점 기능을 상실해갔다. 공동체에서 용인되지 않는 사적 거래는 불법화되었고 도덕적으로 지탄받았다. 화폐의 자리에 수령이 들어섰다. 1960년대 후반부터 등장한 '주체사상'은 김일성의 정치적 지배를 합리화하는 수단이 되었다. 개인숭배를 포함한 강력한 정치제도가 수립되었다. 한편, 완성된 집단화는 일사불란한 군중동원 체제를 갖추게 되었다. 관료조직은 상호견제와 감시가 가능한 집단지도체제를 채택함으로써 수령은 인민 위에 신성한 권위로 군림하게 되었다.

공동체는 자기충족적 경제(autarchy)를 추구했다. 이른바 '자립적 민족경제'가 그것이다. 북한의 자립적 민족경제는 "생산의 인적 및 물적 요소들을 자체로 보장할 뿐 아니라, 민족국가 내부에서 생산–소비 연계가 완결되어 독자적으로 재생산을 실현해나가는 경제체계"이다. 대외 종속적 경제체제로부터의 독립적 경제구조를 갖추는 것으로 이해할 수 있다.

주민들은 '혁명적 동지애'로 결속되었고 '선의의 공동체(koinonia)'에 편입되었다. 등가체계, 배급제 등을 통해 공평과 나눔을 구현했다. 수령공동체의 정치적·도덕적 자극제로 이데올로기가 주입되었다. '혁명적 수령관'과 '사회정치적 생명체론'이다. 혁명적 수령관은 수령·당·대중의 관계에서 수령이 차지하는 지위와 역할에 대한 관점을 의미하며, 수령의 지위는 "인민대중의 최고 뇌수이며 통일단결의 중심이며 자주성을 위한 투쟁의 최고 영도자"로 규정된다. 사회정치적 생명체론은 수령·당·대중이 '사회정치적 생명'을 매개로 하여 하나의 유기체를 이루고 있다는 주장으로, "육체적 생명은 끝나도 그가 지닌 사회정치적 생명은 사회정치적 생명체와 더불어 영생"하며, "사회정치적 생명은 최고뇌수인 수령으로부터 받는다"고 규정된다. 수령공동체는 화폐가 작동하지 않더라도 집단적 생산과 재화분배, 나아가 강력한 연대감까지 가능하도록 설계되었다. 1960년대에 이미 주민들은 돈이 필요 없다고 외치는 정도가 되었다.

한때 우리의 일부 경제지도 일군들이 가치법칙을 옳게 리용할데 대한 당의 의도를 똑똑히 깨닫지 못한데로부터 황해제철소에 내려가서 가화폐를 만든다, 더 번 것은 다 나누어준다, 어쩐다 하면서 로동자들에게 시끄럽게 군 일이 있습니다. 그러자 그곳 로동자들은 우리에게는 그런 것이 필요 없다, 우리는 그저 먹여주고 입혀만 주면 당과 조국과 인민을 위하여 몸바쳐 일할테니 가치법칙이고 「까마귀법칙」이고 다 걷어치우라고 하였습니다. _김일성, "국가재산을 애호절약하며 수산업을 더욱 발전시킬데 대하여"(1969.6.30)

경제적 영역에서 공동체를 유지·강화하기 위해 북한은 독특한 운영체제를 채택했다. 첫 번째는 강력한 중앙집권적 계획경제이다. 법적 구속력이 있는 국가계획은 반드시 달성해야만 하는 '명령'이었다. 두 번째는 집체적 경제관리체계이다. 군중노선을 핵심으로 하는 '대안의 사업체계'가 전형(典型)이다. 두 개의 소프트웨어가 북한의 거시경제를 작동시켰다.

사회주의 경제체제는 모두 계획경제라고 오해하는 경우가 많다. 물론 스탈린 집권기까지 소련과 주변국은 엄격한 '고스플란(Gosplan: 국가계획위원회)' 체제였음이 분명하다. 그러나 스탈린 사후, 소련을 중심으로 효율적인 계획 수립을 위해 도입된 최적계획이론은 경제개혁 논의를 확장시켰다. 그 결과 가격자유화와 분권화로 나아가는 국가들이 대세를 이루었다. 북한은 1960년대 당시 이를 수정주의라 비판하며 중앙집권적 계획화를 두둔했다. 그러면서 계획화를 강화하는 조치를 취했는데 이른바 '계획의 일원화·세부화'가 그것이었다.

북한에 있어 경제의 계획화란 당과 국가가 생산수단과 노동력을 경제의 각 부문에 계획적으로 배분하고 생산과 분배를 과학적으로 조직하는 것이다. 북한은 1950년대 중반부터 1960년대 중반에 이르는 시기에 중앙집권적인 경제관리체계를 심화해 나갔다. 이러한 초중앙집권화는 행정 및 산업 관료기구에 대한 당의 우위, 계획의 일원화 및 세부화, 당 및 수령의 지도와 적극적, 창발적 대중의 결합을 주요 내용으로 했다. 초중앙집권적 경제관리체계는 수령제의 전개와 조응하면서 형성되었다. 북한 경제관리체계는 계획경제가 의도대로 작동되지 못하는 근본원인을 제도의 불완전성보다 이기적인 인간성 개조

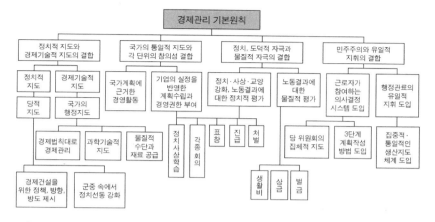

그림 1-20 북한 사회주의 경제관리체계
자료: 북한경제포럼(2005: 449).

가 불충분한 데서 찾았다. 경제가 발전하고 복잡해질수록 완벽한 계획이 더욱 불가능함에도 불구하고 북한은 더욱 계획의 완벽화를 시도했다. 이는 다른 사회주의 국가들이 이기적 인간 본성을 인정하고 그에 맞도록 제도적 '합리화'를 시도한 것과 확연히 대비된다.

북한의 극단적 계획경제는 공동체의 모든 부분에서 전체와 부분이 유기적 관계를 가지고 있음을 전제하는 것이다. 북한의 계획경제가 제대로 작동하려면 모든 경제단위들이 조금의 오차도 없이 역할을 수행해야만 한다. 만약 조금의 오차라도 발생하면 전체가 기능을 멈출 수 있기 때문이다. 이런 시스템은 이상적이라기보다는 위험한 것이다. 북한의 경제가 세계경제의 환경변화에 능동적으로 대응하지 못하고 침체의 늪에 빠졌던 것은 계획경제의 경직성에 큰 원인이 있었다. 1990년대 중반, 경제위기로 '계획'이 무력해질 때까지 중앙집권적 계획경제는 수령공동체의 중요한 운영원리였다. 계획경제가 절룩거리자 수령공동체도 흔들리는 운명을 맞게 되었다.

경제영역에서 수령공동체를 유지·강화하기 위한 두 번째 운영체제는 집체적 경제관리체계이다. 북한의 경제관리는 군중노선을 기초로 한다. 군중노선은 "대중을 교양, 개조하여 당의 두리에 묶어 세우며 대중의 힘과 지혜를 동원하여 혁명과업을 수행하는 당활동의 근본원칙"이라 규정한다. 경제관리에 군중노선이 처음 제기된 것은 '청산리방법'에서부터이다. 1960년 2월, 평남 강서군 청산리에서 김일성이 발기한 경제관리 방법이다. 상급기관의 하급기관 지도, 현지지도 방식 등을 주된 내용으로 한다. 군협동농장관리의 이론적 근거가 된다. 북한의 대표적인 경제관리 방법인 '대안의 사업체계'도 군중노선을 경제관리에 관철한 것이다. 이를 통해 혁명적 군중노선을 제도화하여 당과 국가에 자발적으로 복종하는 인간형을 창출하고 생산현장에서 집단주의를 실현하고자 했다.

북한의 경제관리제도는 노동자에 대한 정치적·도덕적 자극에 기본을 두고 물질적 자극을 유기적으로 결합시킨 것이다. 근로자 대중의 혁명적 자각과 창조적 열의에 기초를 두고 있다고 설명한다. 이를 달성하기 위해 무엇보다 정치활동에 선행성을 둔다. 정치활동(사람들과의 활동, 대인활동)이란 근로자 대중에게 혁명 과제의 목적과 의의, 그 수행방법과 전망 등에 대해 정확히 이해시켜 그들을 자발적으로 혁명과제의 수행으로 조직·동원하는 대중공작 방법이다.

수령공동체는 독특한 생산관계의 총체 위에 서 있다. 이것이 현실적 '토대'가 된다. 이 토대 위에 일정한 상부구조가 서게 되고, 여기에 '사회적 의식'이 조응한다. 수령공동체는 경제적 토대와 법, 제도와 같은 상부구조, 그리고 이를 당연히 받아들이는 이데올로기의 구성체이다. 또한 수령공동체는 화폐의 기능이 발현되는 시장교환을 배제하는 구성체이다. 수령공동체는 재분배나 호혜관계가 지배적인 제도로 구조화되었다. 그러므로 화폐의 기능이 최대한 발현되고 그 가치가 시장에서 실현되는 제도를 용인할 이유가 없다. 자원과 소비재가 부족한 상태에서 수령공동체는 시장을 배제한 채, 연대와 권위에 의한 분배를 했다.

수령공동체에서 수령으로 대표되는 국가는 모든 인적, 물적 자원을 틀어쥔

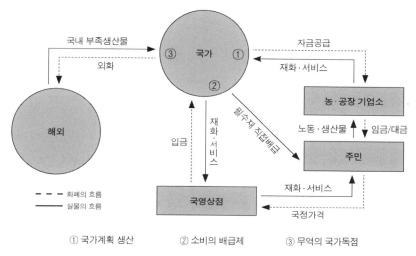

그림 1-21 수령공동체의 자원 흐름

다. 그리고 모든 자원을 계획적으로 경제과정에 투입한다. 노동을 제공한 주민들에게는 계획된 화폐를 나누어준다. 생산된 재화 중 필수재는 강제 할당 메커니즘인 배급을 통해 공급한다. 배급된 재화는 수령의 '선물'로 받아들여진다. 한편으로, 국정가격이 매겨진 다른 재화는 국영상업기관에 보내진다. 주민들에게 나누어진 화폐가 재화의 '등가'에 따라 지불된다. 매매되는 순간, 재화와 화폐는 유통에서 물러나면서 '청산'이 이루어진다. 수령공동체는 이러한 자원의 흐름이 내부만으로도 충족되는 경제를 추구한다. 그러나 내부적으로 조달할 수 없는 재화는 해외에 의존한다. 이때도 대외교역은 국가가 독점한다. 국가는 필요한 재화를 수입하기 위해 외화를 확보해야 한다. 그래서 무역을 통해 외화를 획득한다. 외화 역시도 국가가 독점한다. 수령공동체는 이렇게 '소비의 배급제', '경제의 완전계획화', 그리고 '무역의 국가독점'으로 구성되어 있다. 그리고 이러한 제도는 1990년대 이전까지 유지되어왔다.

수령공동체의 주민들은 정치적·도덕적 요구에 매몰되었다. 경제영역에서의 사적 계약은 용인되지 않았다. 자신만을 위한 이윤추구, 이익만을 위한 교환은 공동체의 가치를 훼손하는 것으로 여겨졌다. 공동체 안에서 주민들은 전인격적으로 만나고, 진실한 내면을 나누며, 항구적 우애를 다지는 참된 인간관계를 추구할 것을 요구받았다. 상호 간의 소박한 호의와 나눔의 감정을 돈으로 정산하는 것은 불쾌감과 분노만을 자아낼 것이므로 배격되었다. 수령공동체에서 돈은 결코 적절한 매개물이 될 수 없었다. 화폐로 서로의 의무감을 청산하는 것은 인간관계 중에서 상대가 상대를 단순한 수단으로 전락시키는 가장 대표적인 경우이다. 공동체는 개인적, 물질적 이해가 아닌 전체의 도덕적 가치에 의해 생산과 배분을 조직했다. 이른바 '도덕경제(moral economy)'이다. 도덕경제에서 개인의 가치는 다른 사람들, 즉 공동체 전체와의 관계 속에서 도덕적으로 정당화된다. 수령공동체 내부에서 물적 재화의 생산과 분배는 정치·사회관계와 일체화된다. 제도적으로 분리된 경제시스템은 없다. 경제제도의 독자성은 부정된다. 수령공동체는 수령을 중심으로 한 온갖 종류의 감성적, 전통적 유대로 강력하게 결합되었다. 주민들의 공속성(共屬性)을 바탕에 둔 사회적 관계는 더욱 결속력을 높여갔다.

드디어 공동체를 떠나서 존재하는 개인은 없어졌다. 공동체 전체가 위협받는 상황이 아니라면 인민은 결코 굶주림의 위협을 받지 않게 되었다. 수령공동체가 완성된 것이다.

제2장

공동체의 붕괴와 새로운 질서의 확장

수령공동체는 중앙을 향한 강한 구심력(centripetal force)을 근간으로 한다. 전 사회의 모든 생산물은 중앙으로 모이고 이것은 다시 배급의 형태로 주민들에게 이동되었다. 중앙계획자는 전 사회적으로 단일하고 세부적인 계획을 '명령'하고 주민들은 일사불란하게 명령을 따랐다. 수령은 여러 가지 복지제도(사회적 임금)를 통해 '시혜'를 베풀었다. 식량과 같은 필수재는 배급으로 주어지기 때문에 나머지의 필요는 '생활비'로 명명된 화폐임금으로 충족할 수 있었다. 화폐임금은 그러므로 크게 중요한 의미를 지니는 것은 아니었다. 공동체에서 자체적으로 조달할 수 없는 재화는 대외교역을 통해 해결했다. 이 경우에도 국가가 독점하여 무역을 수행했다. 전국은 중앙과 지방이 적절한 균형을 이루고 있었다. 평양과 산골도 필수적인 재화의 소비수준으로 비교하면 크게 차이가 벌어지지 않았다. 재분배행정은 주민들 삶의 곳곳에 깊이 간여하고 있었다. 개별적이고 특수한 경우 '농민시장(local market)'을 통해 필요를 해결했다. 그러나 이것은 재분배질서를 보완하는 정도의 수준이었다. 농민시장은 그저 유무상통(有無相通)의 정신으로 소박하게 호혜적 관계를 나누는 장치였다. 농민시장은 지역에 분산되어 독자적으로 존재했을 뿐, 전국적 단위로 조직되지 못했다. 가격도 정교한 메커니즘에 의해서 결정되지 않았다. 협의에 의해 공동체의 화목을 깨뜨리지 않도록 조정되었다. 수령공동체는 강력한 카리스마로 여러 제도를 체제유지에 복무시켰다. 주민들은 수령과 유기적인 한 덩어리를 이루면서 일정한 자유를 누리고 있었다.

1990년대가 들어서자 위기가 찾아왔다. 선전대의 노랫소리를 들으며 출근했던 공장이 문을 닫았다. 수령의 배급이 끊겼다. 옛적의 공동체는 붕괴되기 시작했다. 공동체가 아닌 자신의 생존을 위해서 나라에서 금지한 땅을 몰래 일구었다. 살기 위해 팔 수 있는 모든 것을 팔았다. 절도와 약탈이 횡행하고 국경선에서는 야음을 틈탄 월경자가 끊이지 않았다. 절박하지 않았던 화폐가 필요하게 되었다. 굶주린 사람들이 시장으로 몰려들었다. 주민들은 전에는 천하다고 여겼던 장사꾼이 되었다. 등짐을 지고 시장을 옮겨 다녔다. 지역시장은 하나로 연결되었다. 재화는 싼 곳에서 비싼 곳으로 옮겨지고 수요자는 비싼 곳에서 싼 곳으로 이동했다. 시장이 삶의 중심이 되었다. 그것은 불가역적 추세가 되었다. 주민들은 화폐에 의존하게 되었다. 꽁꽁 묶어두었던 화폐의 기능이 살아났다. 8.3인민소비품은 이윤을 위한 상품으로 완전히 바뀌었다. 시장가격이 바뀔 때마다 화폐는 척도로 작용했다. 소비품을 살 때마다 교환수단이 되었다. 좌판의 자릿세를 치를 때마다 지불수단이 되었다. 그리고 소중하게 말아 장롱 속에 감출 때마다 축적수단이 되었다.

수령공동체는 바뀌어야 했다. 지탱해주던 모든 것을 잃었다. '생산의 완전계획화', '식량의 배급제', '무역의 국가독점', 어느 하나도 유지할 수 없었다. 생산과 유통, 분배를 조직했던 메커니즘이 붕괴한 상태에서 국가는 주민을 움직일 지렛대를 잃었다. 지배권력은 새로운 제도를 통해 수령공동체의 재구성을 시도했다. 첫 번째의 공식적 시도가 '7.1경제관리개선조치'였다. 그들은 더 이상 유지할 수 없는 등가체계를 포기했다. 그리고 재정 확보를 위해 시장에 촉수를 꽂았다. 국가권력은 그들의 힘으로 시장을 없앨 수 없다는 것을 알았다. 그 대신 불가피한 시장을 인정하고 그 시장에 개입해서 통제하려고 했다.

국가는 식량을 배급하는 것이 아니라 시장을 배급하기 시작했다. 국가는 계획체제가 붕괴한 공백을 시장을 통해 메우려고 했다.

시장이 커질수록 화폐관계는 확장되고 화폐권력은 자라났다. 화폐권력은 자신들의 유지와 번영을 위해 필연적으로 지배세력과 유착되었다. 그 결과 화폐를 매개로 이루어지는 인간관계가 사회 전체로 확장되었다.

1. 화폐의 사회학적 함의

화폐는 한 개인에게만 국한되어 버린다면 완전히 의미를 상실하는, 전적으로 사회적인 제도이다. 화폐의 기능이 수행된다는 것은, 단순히 화폐가 현물과 교환됨으로써 액면에 표현된 추상적 가치를 실현한다는 정도의 의미가 아니다. 화폐는 모든 사물들을 무자비한 객관성으로 측정하고, 그렇게 측정한 가치서열로 대상들의 관계를 결정한다. 그러므로 인간 삶의 모든 개인적 측면들과 객관적 측면들은 화폐라는 수단에 의해 통합된 관계망을 형성하게 된다.

씨앗이 발아하기 위해 적당한 토양과 수분, 그리고 일조 등이 필요한 것과 같이, 화폐가 어떤 기능을 수행하기 위해서는 특정한 사회적 상황이 조성되어야 한다. 사회적 상황이 조성되었을 때, 기능하는 화폐는 단순히 사물만을 매개하는 것이 아니다. 화폐는 또한 인간관계도 매개한다. 화폐가 화폐로 존재하기 위해서는 그것이 한 개인에게서 다른 개인에게로 옮겨져야 한다. 지속적인 움직임만이 기능과 생명을 보존할 수 있게 한다. 이 과정에서 화폐는 주민들의 사고, 감정, 의지를 변화시킨다. 나아가 사회적 의식도 변형시킨다. 화폐는 한 사람의 만족을 다른 사람에게 의존하게 만드는 사회적 관계의 표현이자 중개물이기 때문이다.

화폐는 인간 삶에 있어서 표면상으로는 실재세계와 무관한 듯하면서도 실재세계를 확실히 지배한다. 가치는 화폐를 통해서 가장 순수한 형태로 표현된다. 수령공동체가 제시하는 가치세계, 즉 주민들을 지배했던 도덕담론은 화폐에 의해 표현되는 가치세계에 질식당하고 있다. 그러므로 북한은 화폐의 기능을 억제하기 위해, 기능의 발현을 조건 짓는 사회적 상황을 봉쇄했다. 그러나 이러한 제약이 체제의 위기를 겪는 과정에서 완화되었고, 화폐의 기능이 발아했다. 화폐가 많은 기능을 수행한다는 것은 그만큼 사회적 관계를 조직할 수 있는 능력이 뛰어남을 의미한다.

1) 사회적 관계의 계량화

화폐는 모든 특수한 내용으로부터 분리되어 있다. 또한 순수하게 양적으로 존재한다. 그러므로 돈 자신에게나 오직 돈에만 이끌리는 사람들에게 무특성의 색채를 부여한다. 만약 돈이 유통될 때 거래당사자의 출신성분, 신분, 직업, 개인적 욕망 등에 따라 차별을 둔다면, 기능을 상실하게 될 것이다. 돈은 사용자의 사회적, 개인적 구별을 무위로 만드는 사회적 도구이다. 화폐는 거래당사자를 무차별하고 동질적으로 만든다. 화폐의 사용은 상대방과 인격적 관계를 요구하지 않는다. 비개성적 관계를 전제하는 것이다. 화폐를 통한 상호작용은 공동체의 도덕적 담론, 사회적 의무감 등의 뿌리를 제거해버린다. 거래 시의 비교조건은 화폐보유량과 지불의사일 뿐, 신분이나 한계에 얽매이지 않는다. 이처럼 화폐가 가진 해방적 성격은 공동체가 주입한 심리적 기준점(anchor)을 해체하는 경향을 보인다.

2) 합리성의 확장

화폐를 통해 교환의 개인적, 주관적 준거는 상실한다. 자연적 교환의 경우처럼, 대상에 대한 특별한 의미를 부여하는 일은 배제된다. 화폐는 교환과정의 개별적인 동기나 특수성을 탈색시킨다. 화폐를 통한 사회적 상호작용은 감정적으로 불편부당하며, 합리적 기준만을 지향한다. 동일한 시장조건에서 동일한 상품은 동일한 가격이 매겨진다. 돈은 교환관계를 합리화, 규격화, 단순화한다. 시장의 합리성은 먼저 화폐에 의해 표현된다. 화폐가 유통에 투입되면 상품과 상품, 상품과 서비스의 직접교환은 점차 사라진다. 화폐는 대응하는 상품과 서비스의 가치를 측정한 후, 화폐단위에 수량을 부여하여 가격을 생성한다. 이 과정에서 주관적, 감정적, 전통적 구속은 개입되지 않는다. 만약 개입이 존재한다면 그것은 올바른 가격이 아니다. 그렇기 때문에 북한 권력이 제정한 '국정가격'은 진정한 가격이 아닌 것이다. 화폐가 가치척도로 작용한 후에 매개적 교환이 등장한다. 이러한 과정이 끊임없이 반복되면서 화폐를 통한 사회적 관계의 합리화가 지속적으로 확장된다.

3) 상호의존성의 심화

화폐는 무형적·비물질적·추상적인 것이다. 우리가 만지거나 볼 수 있는 것은 '1달러'가 아니다. '1달러'라고 불리는 양만큼의 '약속'일 뿐이다. 실체적 가치를 전혀 갖고 있지 못한 화폐가 모든 사람들에게 받아들여지는 조건은 바로 신뢰이다. 교환행위의 담지자인 개인들과, 유통화폐를 발행하고 보증하는 국가권력 사이의 신뢰는 화폐시스템의 근간이다. 물론, 화폐의 유통에 화폐발행 권력과 주민과의 신뢰만이 필요한 것은 아니다. 화폐는 사회 전체를 상호의존적으로 만든다. 화폐는 사회학적 현상이기 때문이다.

화폐의 사용은 또한 상호작용의 한 국면이다. 화폐를 통해 사회적 관계들은 보다 긴밀해진다. 화폐가 토대를 이루는 구속적인 사회적 관계는 언제나 의사소통적인 측면을 지닌다. 돈을 지불하는 것은 다른 사람의 행동이 돈을 지불하는 원인이 되었거나, 본인의 행동으로 돈을 지불할 의무가 생겼기 때문이다. 이런 맥락에서 돈은 의사소통의 기회이며 수단이다. 화폐는 의사소통 수단으로서 사회적 관계를 일으키며 이 사회에서의 다양한 기대와 욕구 사이를 중개하게 된다. 상징으로 인식되는 화폐는 화폐화가 심화될수록 의사소통의 성격이 더욱 강력히 발현된다. 결국 화폐를 통한 상호작용은 교환행위 당사자뿐 아니라 사회 전체의 간여가 필요하게 된다.

4) 문화적 보편성의 확대

인간이 만든 추상물은 화폐에서 정점을 이루었다. 화폐는 가장 순수한 상호작용을 가장 높은 수준에서 구현한 것이기 때문이다. 화폐는 인종, 문화, 신분 등을 뛰어넘는 순수한 상호작용의 표현이다. 동시에, 상호작용의 가장 높은 추상수준을 표현한, 가장 구체적인 상징물이다.

합리적이며 계량적인 수단으로서의 화폐의 성격은 보편적이다. 화폐는 지방적 시장의 한계를 넘어선다. 예컨대 달러와 같이 돈이 보편화되면 될수록, 협소한 공동체의 문화적 한계를 초월할 수 있게 된다. 달러의 소유는 거의 모든 나라의 사람과 종족, 언어를 뛰어넘는 사회적 연결을 가능케 한다. 화폐가 재화뿐만 아니라 문화의 매개수단이 되는 것이다. 화폐는 다양한 사회, 다양한 주민과 관계를 가능하게 한다. 이를 통해 그 문화를 체험하고 공유할 수 있다. 화폐에 의하여 문화적 접변과정이 자리매김되고 강화된다. 문화적 접변과정은 문화적 상호작용이다. 다른 문화와 상호 영향을 주고받음으로써 특수한 형태의 생활양식에서 벗어나 점차 삶의 방식이 보편성을 획득하게 만든다.

5) 개인적 기회의 확대

화폐의 가치는 고정적이지 않다. 고정된 가치를 찾는 것은 불가능하다. 화폐의 본질은 그 어떤 사물과도 결부되어 있지 않고 오직 모든 임의적인 사물들이 맺을 수 있는 관계에 결부되어 있다. 태어나면서 신분적 질서에 종속되고, 개인의 자유가 극도로 억압되는 사회에서는 화폐적 관계가 구축될 수 없다. 화폐가 경제적 수단이기는 하지만 화폐의 본성은 결코 '경제적'인 것에만 뿌리 내리고 있지 않기 때문이다.

'선'은 그 자체로 '길이'를 갖고 있지 않다. 선의 길이는 선 안에 들어 있는 것이 아니라 선과 선의 관계에서 드러난다. 인간의 가치는 태어날 때부터 내재하는 것이 아니다. 화폐 자체에 가치가 내재하지 않은 것처럼 인간의 지위는 선천적으로 주어지는 것이 아니다. 화폐의 가치가 교환과 같은 화폐적 관계에서 드러나듯, 인간의 지위도 사회적 관계에서 드러난다. 화폐가 유통되는 사회에서는 선천적으로 주어지는 귀속지위가 약화된다. 화폐적 관계가 확대되면, 개인적인 기대의 층위가 확대된다. 화폐의 소유는 다양한 교환가능성을 무한정으로 제공한다. 화폐의 소유는 임의의 용역과 재화를 사용할 수 있는 기대를 상승시킨다. 화폐의 소유로 기회는 물론 권력까지 획득할 수 있다. 화폐는 전에는 욕망되지 않았던 많은 대상들을 욕망하게 만든다. 화폐로 획득할 수 있는 대상들이 많아짐으로써 사람들은 화폐에 대한 집착을 키운다. 과거에는 소외되었던 사람들이 승자가 된다. 권위와 신분에 억눌린 사람들이 화폐를 통해 개인적 기회를 확장한다. 화폐를 통해 기회, 권력, 개인적 바람, 해방 등을 얻을 수 있는 사회라면, 사람들은 기꺼이 치열한 경쟁에 참여하게 된다.

6) 권력의 창출 기능

화폐는 사회적 관계의 총화이고 역동적인 것임에도 불구하고 우리에게 자연적으로 주어진 것처럼 보인다. 우리가 얼마간의 화폐를 사적으로 전유한다는 것은 그만큼 사회에 대하여 몫을 주장할 수 있다는 것이다. 몫은 채무가 청산되는 시점에 사회가 그 화폐에 대하여 비준하는 권력의 크기에 의해 결정된다. 그러므로 화폐가치도 '자연적'인 것이 아니라 권력투쟁의 결과물이다.

화폐는 가치를 축장하고 이전시키는 기능을 수행하는데 이러한 기능이 화폐 자체에 내장된 것은 아니다. 이러한 기능들을 수행하기 위해서는 이것이 작동되기 위한 여러 '장치'가 마련되어야 하고, 이 장치의 유·무형적 토대가 바로 '통화공간'이다. 통화공간은 '사회적 조직'이다. 화폐와 통화공간은 물고기와 물의 관계로 비유될 수 있다. 투명한 물이 우리 눈에 잘 보이지 않는다고 해서 중요성이 덜해지지 않는다. 사회적 관계로 구성된 통화공간이 없다면 화폐는 질식할 것이다. 그런데 이 통화공간은 권력에 의해 분점되어 있다. 통화공간은 아주 뚜렷한 사회적·정치적 조건을 가지고 있다. 화폐는 '구성 규칙들(constitutive rules)'을 가지고 있는 일종의 '제도적 사실(institutional fact)'이다. 화폐가 여러 가지 기능을 수행할 수 있게 되는 방식은 사회적·정치적인 여러 과정의 결과이다.

화폐가 자나 저울과 다른 것은 화폐를 둘러싼 이해관계자들의 손익이, 화폐의 가치결정에 따라 달라지기 때문이다. 그래서 통화량, 금리 등의 화폐정책을 사이에 놓고 갈등하고 분열한다. 화폐의 배후에는 치열한 권력투쟁이 전개되고 있다. 화폐의 실질가치인 구매력은 화폐를 무기로 삼아 벌어지는 인간 대 인간의 투쟁 결과물이다. 사람들의 상호작용을 통해서 생성되는 지불약속들은 화폐제도의 유지와 재생산 속에서 불평등하게 실현된다. 그리고 그 결과, 경제적·사회적 위계가 형성된다.

7) 시간적 제약의 극복

일상 속에서 직면하는 '선택의 문제'는 화폐화로 인해 발생한다. 고립된 개인과 물질적 조건 사이에 화폐가 존재하게 되면 개인의 필요(needs) 충족은 화폐의 범위로 제한되게 된다. 여기에서 희소성의 문제가 발생한다. 인간은 모든 재화에 대하여 무한한 욕망을 가지고 있지는 않다. 배고픔을 해결하기 위해 빵을 한 조각 먹을 때, 한계적으로 느끼는 만족감은 매우 클 것이다. 하지만 한 조각씩 더 먹게 한다면 추가적인 만족감은 줄어들 것이고 임계점을 넘어가면 포만감을 넘어 극심한 고통을 느끼게 될 것이다. 이것은 거의 모든 재화에 동일하게 적용된다. 대개 재화에 대한 욕망은 포화점이 존재하므로 어느 정도 이상을 소비할 수 없다. 실물로 존재하는 재화의 소유 욕망은 결코 무한하지 않다. 그러나 화폐라면 이야기가 다르다. 화폐의 소유욕은 제한이 없다. 이것이 바로 '불포화성'이다. 왜일까? 화폐는 '얼려놓은 구매력'이기 때문이다. 화폐를 이용하면 얼마든지 욕망을 미래로 연기할 수 있다. 그러므로 돈은 사회적 시간의 전망을 확대시킨다. 돈은 시간을 분할한다. 과거, 현재, 미래를 임의로 쪼갤 수 있다. 그다음 '얼려놓은 구매력'을 원하는 시기로 보낼 수 있다. 신용을 통해 미래의 구매력을 현재로 당겨오기도 하고, 예금이나 투자를 통해 현재소비를 미래로 유보하기도 한다. 이렇게 시간을 임의로 분할하고, 분할된 구간에 화폐의 구매력을 배정할 수 있게 됨으로써 전 생애에 걸친 욕망의 최적화를 추구할 수 있다.

화폐는 장래에 대한 체계적 대비를 함으로써 시간의 영역을 확대한다. 일반 재화로는 단지 제한적으로 미래에 대한 대비를 할 수 있지만, 화폐는 미래를 확실하게 대비할 수 있도록 만든다. 종교를 통해 안식과 위로를 제공받았던 과거와는 달리, 오늘날은 화폐가 그 자리를 대신한다.

화폐는 미래에 대한 사회적 보장수단이 되었다. 그러므로 화폐의 축적을 통해 미래를 대비하는 사람은 당연히 발생하지 않은 장래의 사태에 관심을 갖지 않을 수 없다. 화폐화가 많이 진행된 자본주의 사회일수록 사람들은 뉴스에 관심이 많아진다. 매일 주가와 환율을 확인한다. 변화에 민감해지는 것이다. 근대 이전 사람들의 시간은 세분화되지 않았다. 시간이 분과 초로 나뉘어졌다는 사실도 모르는 사람이 많았다. 분과 초를 구별할 필요가 없었기 때문이다. 현대는 다르다. 이것은 근대적 사회구조의 결과이기도 하겠지만 화폐화의 영향도 크다. 사람들은 시간에 대해 민감하게 반응한다. 아직 일어나지 않은 일에 대해 주의를 기울인다. 새로운 발전에 대한 관심이 고조된다. 미래 정보는 즉각적으로 현재의 자산가격에 반영된다. 기업에 대한 불확실한 소문

만으로도 해당 기업의 주가가 급등락한다. 이것은 시간이 자본화되었기 때문이다. 화폐는 시간에마저도 돈 냄새를 배게 했다. 화폐를 통해 시간적 지평을 넓힌 '투자가'들은 현재와 미래를 변화시킬 수 있는 모든 사건을 나침반처럼 추적한다.

8) 기타 사회적 기능

화폐는 사회적 욕구를 재분배한다. 특정한 용도에 화폐를 사용했다는 것은 여러 가지 욕구 중 하나의 욕구를 충족했다는 것이다. 즉, 화폐를 통해 다양한 사회적 욕구 중에 어느 하나를 실현하고 나머지를 유보한 것이다. 이는 화폐가 사회적 욕망과 재화를 재분배하는 수단으로 기능하는 것이다.

화폐는 소유자를 계몽시킨다. 보유한 화폐를 잃지 않고 경제적 성공을 유지하는 것은 지속적인 학습을 요구한다. 그러므로 화폐소유자는 자신을 둘러싼 경제적·사회적 환경을 지속적으로 관찰하고 변화가 도래했을 때 취해야 할 태도를 연구한다.

화폐는 사회적 신분을 만든다. 많은 화폐를 축적한 사람은 사회적 명망과 위신도 획득한다. 화폐는 전근대사회를 깨뜨리고 산업사회를 열었다. 표면적으로는 사회경제적 진보를 가져왔으나, 인간 삶의 양식을 바꾸고 인간성의 상실을 유발했다. 전통적인 유대관계는 무너지고 인간 삶이 황폐화되는 데에 결정적으로 기여한 것도 사실이다. 화폐는 전통적 질서의 폐허 위에 새로운 신분제를 구축했다. 계급의 최상층은 화폐적 관계에서 주도권을 쥔 새로운 지배자들이 차지했다.

2. 상품-화폐관계의 부활

상품은 인간의 필요를 충족시키는 사물이다. 자본주의 사회에서 인간들을 둘러싼 일반적인 삶은 상품의 매매로 지탱된다. 상품은 노동생산물이 사회화된 형태이다. 자신이 사용하기 위해서 또는 가족들이 사용하기 위해 만든 생산물은 상품이 아니다. 상품의 가치는 타인을 지향해야 한다. 즉, 사회적 가치여야 하며, 가치는 사회적으로 규정된, 완벽히 사회적인 것이다. 사회주의 사회인 북한은 상품도 사회주의적이다. 이윤동기가 탈색되고 계획적 생산과정을 수행해야 한다. 이렇게 생산된 상품은 등가표가 붙어, 예정된 화폐와 만나야 한다. 그런데 1980년대 북한에서 새로운 상품이 등장했다. 8.3인민소비품이다. 그것은 볼품없었다. 거창하지 않았다. 양적으로 부족하고 질적으로 조악했다. 주제넘게도 거대한 중앙집권적 생산조직 바깥의 작은 무정부적 공간에서 '화폐적 이익'을 목적으로 태어났다. 8.3인민소비품은 잠자는 공주인 '화폐'를 깨워줄 '왕자'였다. 만약 이 운동이 벌어지지 않았다면 북한은 1990년대의 어느 한 시기, 무력한 모습을 드러내며 급속히 붕괴했을지도 모른다. 8.3인민소비품생산운동은 북한에 비사회주의적 풍조를 살짝 주입함으로써, 1990년대의 급속한 환경변화가 체제붕괴를 일으키지 않도록 한 예방주사였다.

1980년대부터 사회주의 경제체제의 비효율은 누적되고 있었다. 북한의 대내외 환경은 우호적이지 않았고, 피로감은 쌓여가고 있었다. 급기야 사회주의권이 붕괴했다. 북한은 고립무원이 되었다. 자연재해가 닥쳤다. 구원의 손길을 내민 곳은 없었다. 1994년 위대한 수령이 역사의 무대에서 퇴장할 무렵 배급제도 와해되고 있었다. 기나긴 '미공급기'가 닥쳐왔다. 계획부문의 거대한 공장들이 멈춰 섰다. 그나마 주민들의 생명선을 연장한 것은 '8.3'의 경험이었다. 생존을 위해 주민들은 온 힘을 다했다. 국가는 '자력갱생'의 구호만을 복창하게 했다. 국가에 대한 주민들의 신뢰는 약해졌다. 주민들은 텃밭을 일구었다. 시장은 확장되었다. 장사, 도둑질, 밀수 등 무엇이든 자신과 가족을 위한 것이라면 가리지 않았다. 이 과정에서 화폐유통은 급속히 팽창했다. 이중적 화폐유통질서가 허물어져 갔다. 현금유통이 점점 늘어났다. 국영기업의 신용대출이 통화공급의 기제가 되었다. 화폐가 점점 흘러넘쳤다. 경제는 위태롭게 흔들렸다. 주민들의 삶도 촛불처럼 어위어갔다.

1) 자본주의적 상품의 맹아, 8.3인민소비품

상품은 사적 생산의 고유한 범주이다. 상품은 사적 소유의 사회적 관계를 물상적으로 반영한 것이다. 그러므로 사적 소유가 사라지면 상품도 사라지는 것으로 생각할 수 있다. 북한은 사회주의 체제이다. 사적 생산은 사라졌다. 그러나 여전히 상품은 남아 있다. 그 이유는 무엇일까? 북한은 상품과 화폐가 남아 있는 이유를 '소유권'에서 찾는다. 북한에도 국가적 소유와 협동적 소유가 있고, 소비품에 대해서는 개인적 소유도 있기 때문에 서로 다른 소유주체 간의 교환대상은 상품일 수밖에 없다고 본다. 그러나 자본주의 사회와 사회주의 사회의 상품에는 차이가 있다. 김정일은 그 특징을 세 가지로 언급했다. 첫째, 사회주의 상품은 이윤 목적이 아니라 주민의 복리를 위해 생산된다. 둘째, 상품의 범위가 제한된다. 즉, 주로 소비재와 일부 생산수단에 국한된다. 셋째, 계획적으로 생산된다. 사회주의하에서는 생산, 분배, 교환, 소비 등 경제생활의 모든 분야가 국가에 의해 조직되고 계획된다.

이 기준은 사회주의 상품이 가져야 할 조건이다. 그런데 이를 바꾸어 말해, 북한에서 어떤 상품이 이윤을 목표로 생산되거나, 범위에서 벗어나거나, 계획의 영역 밖에서 생산된다면, 사회주의적 상품이 아닌 것이 된다. 8.3인민소비품이 그것이다.

(1) 1980년대의 정체와 피로
1970년대의 북한은 '사회주의 공업국' 건설이 완료되었음을 공식화하면서도 선진기술 및 외자유치를 모색했다. 국내의 필요성과 1971년 데탕트의 영향으로 서방의 자본과 기술을 이용해 '내포적 공업화(Intensive Industrialization)'를 추진했다. 1972년부터 서방 선진국가와의 무역을 확대하고 차관을 도입하는 등 자립경제노선을 완화했다. 그러나 북한의 차관 및 무역확대 시도는 대규모의 무역적자 급증으로 외채문제를 발생시켰다. 1차 오일쇼크의 여파로 선진자본주의 국가들의 비철금속에 대한 수요가 감소했다. 북한의 수출은 크게 타격을 입었다. 1974년 대서방 무역적자는 북한 총 무역적자액 6억 6700만 달러의 약 80%를 차지했다. 북한은 서방국가로부터 차관도입을 전면적으로 중단했다. 1976년이 되었을 때, 채무불이행 사태(default)를 맞았다. 북한은 수출확대를 통해 외채문제를 해결하려 했다. 그러나 생산능력이 뒷받침되지 않는 수출확대·수입축소 정책은 곧바로 한계에 직면했다.

1980년대에 이르러서도 북한의 경제여건은 나아지지 않았다. 1950년대 확충한 사회기반시설은 노후했고, 기간산업의 설비·기계 등도 교체가 시급했다. 체제경쟁을 위해 유치한 1989년 '제13차 세계청년학생축전'을 대비하여 대형 건축물과 주거시설 등도 신축해야 했다. 북한은 경제부문의 정체를 해방 이후 지속되어온 '혁명적 군중노선'에 의지해야 했다. 그러나 수십 년 동안 지속되어온 '혁명'에 대한 피로는 이미 누적되고 있었다. 그럼에도 불구하고 북한은 집중적인 대중운동을 강행했다. '80년대 속도창조운동'과 '200일 전투' 등 수많은 캠페인이 발기되었다.

1980년대는 사회주의권이 점점 성세(盛勢)를 잃고, 개혁·개방의 '수정주의' 바람이 대세를 이루던 시기였다. 대외교역이 위축되고 수입이 여의치 않아지자, 내부에서 자원을 동원해야 했다. 오랫동안 강행해온 중공업우선의 발전전략은 자원배분을 왜곡시켰다. 군수산업 등의 비대화는 오랫동안 주민들의 소비를 희생시킨 결과였다. 주민들의 소비생활은 양적, 질적 측면 모두에서, 질곡으로 빠질 수밖에 없었다. 내부예비는 고갈된 상태였다. 문제를 해결하기 위해 김정일은 '8.3인민소비품생산운동'을 발기한다. 어려운 환경에 대처

하기 위한 일종의 고육지책이었다.

8.3인민소비품생산운동은 1984년 8월 3일, 평양에서 열린 경공업제품 전시회를 방문한 김정일의 지시에 의해 시작되었다. 생산조직은 각 공장·기업소 내에 가내작업반이 맡았다. 원료는 기업의 부산물, 폐기물, 지방 차원에서 모은 유휴원료 등을 활용했고 생활필수품을 생산했다. 판매는 기존의 상업기관이 아닌 '8.3직매점'을 설립하여 담당하게 했다. 생필품 부족을 타개하기 위해 진행시킨 소비품 생산증대운동이었다. 이 운동은 급속히 확대되었다. 각기업·가정은 '생활필수품 직장작업반', '가내작업반', '부업반' 등을 조직했다. 1989년 6월부터는 '8.3인민소비품생산 모범군' 칭호를 제정해 이 운동의 전국적 확산을 도왔다. 운동은 북한 전역에 확대되었고, 북한 주민들이 필요로 하는 일상 소비품은 8.3인민소비품 생산단위들이 책임지게 되었다.

최근 우리 당은 인민들의 늘어나는 물질문화적 수요를 원만히 보장하기 위하여 8월3일인민소비품생산운동을 발기하고 이 운동에 광범한 군중이 참가하도록 하였습니다. 8월3일인민소비품생산운동은 군중적으로 내부예비를 효과적으로 동원리용하고 그들의 창발성에 의거하여 여러가지 인민소비품 생산을 획기적으로 늘이게 하는 폭넓은 대중운동입니다. 우리 당에 의하여 발단된 8월3일인민소비품생산운동이 시작된 이후 지난 몇 해 사이에 전국적으로 8월3일인민소비품을 전문적으로 생산하는 작업반과 소비품생산자 대렬이 급격히 확대되고 소비품의 량과 가지수도 획기적으로 늘어났습니다. 우리는 앞으로 8월3일인민소비품생산운동을 계속 힘있게 벌려 여러가지 질좋은 인민소비품을 더 많이 생산하여야 하겠습니다. _김정일, "경공업혁명을 철저히 수행할데 대하여"(1990.6.2)

8.3인민소비품 생산을 하고자 하는 사람에게 특별한 자격제한은 없었다. 소속에 관계없이 읍·노동자구·동·리 사무소에 등록만 하면 자격을 얻었다. 등록 후에는 허가증을 발급받았다. 이렇게 해서 받은 허가증을 소속 공장·기

업소·협동농장에 제시하고 출근을 면제받을 수 있었다. 1980년대 말에 이르면 8.3인민소비품 생산단위들이 급격히 증가했다. 곧이어 운동의 부작용이 나타났다. 8.3운동은 가내에서 소규모로 생산하여 판매하는 무등록 개인수공업으로 변화하기 시작했다. 계획 밖의 생산, 독립적인 판로는 개인적 부의 축적으로 이어졌다. 그러나 김정일은 이러한 비사회주의 현상에 대하여 대수롭지 않게 여겼다.

　　가내작업반과 부업반을 조직운영하고 가내편의 봉사사업을 벌린다고 하여 우리나라에서 자본주의가 되살아나지는 못합니다. 우리나라에는 자본주의가 되살아날 수 있는 사회경제적 조건이 없습니다. 가내작업반, 부업반 성원들과 가내편의 봉사원들이 8월3일인민소비품을 생산하여 실현시키는 과정에 수입을 좀 많이 얻을 수도 있지만, 그것은 자기의 로동의 대가로 얻은 것이기 때문에 크게 문제될 것이 없습니다. 가내작업반과 부업반을 조직운영하고 가내편의 봉사사업을 벌리는 과정에 일부 사람들속에서 지나치게 많은 수입을 얻고 개인 리기주의를 부리는 현상을 비롯하여 부정적인 요소가 나타나는 경우에는 사상교양사업을 잘하고 해당한 경제적 조치를 취하면 얼마든지 극복할 수 있을 것입니다. _ ≪로동신문≫, 1990년 9월 7일

김정일은 문제를 가볍게 생각했다. 8.3생산방식은 더욱 비사회주의적으로 치달았다. 개인들이 공장·기업소의 원·부자재를 빼돌려 생산·판매하는 경우가 발생하기 시작했다. 8.3인민소비품 직매점에서 다량으로 물건을 구입하여 농촌에 나가 2~3배의 높은 가격으로 팔아 중간이익을 취하는 등 불법적인 상행위도 일어났다. 벌이가 좋아지자, 주민들은 아예 직장에 매월 얼마간 돈을 내고 8.3노동자로 등록했다. 출근을 하지 않고 장사를 하면 더 많은 돈을 벌 수 있기 때문이었다. 1990년대 중반의 '고난의 행군' 이전부터 노동규율은 조금씩 이완되고 있었다.

(2) '8.3인민소비품운동'의 의의

'8.3인민소비품 생산운동'은 몇 가지 획기적 의의를 갖는다. 첫째로 8.3생산의 조직적 측면이다. 8.3조직은 사회주의적 생산체제가 아니었다. 그것은 주민들이 주도적으로 조직하는 생산체제였다. 둘째는 중앙계획 이외의 영역에서의 생산이라는 점이었다. 셋째는 생산과 유통과정에 이윤동기가 개입했다는 점이었다. 이러한 것들은 북한의 전일(全一)적인 경제구조하에서는 매우 혁명적으로 볼 수 있는 것이다. 특히 8.3인민소비품이 자본주의적 성격을 갖는 '상품'이라는 점을 분명히 해야 한다.

북한의 계획(명령)경제 밖에서 무정부적으로 생산된 8.3인민소비품은 타인의 효용을 지향했다. 즉, 시장을 지향했던 것이다. 상품은 주민들의 구매의사와 필요를 반영하여 생산되었다. 이 과정에서 화폐유통, 현금유통이 확대되었다. 시장생산, 즉 상품유통이 확대될수록 더욱 많은 화폐가 필요하기 때문이다. 계획경제하에서 생산되는 '상품'에서 화폐는 '교환권'의 의미로 축소되어 있었다. 8.3소비품에 이르러서야 상품생산과 유통이라는 상품생산사회의 원리와 현상이 나타나기 시작했다.

8.3인민소비품운동은 계획경제의 영역 밖, 비교적 자립적인 영역에서 유연한 노동계층을 형성시켰다. 역설적으로, 이 계층은 1990년대의 극단적인 경제난 속에서, 극도의 내핍을 견뎌낼 수 있는 주역이 된다. 김정일이 8.3운동의 비사회주의적인 측면에 대해 전향적인 태도를 취한 것은 사회주의체제에 대한 그의 '과신' 때문인 것으로 보인다. 결과적으로 그의 유화적 태도는 1990년대의 풍전등화 속에서 북한을 급속한 안으로부터의 붕괴, 즉 내파(implosion)로부터 보호하는 완충 역할을 했다.

2) 위기의 시작, 고난의 행군

북한 경제는 이미 1980년대 중반부터 침체되기 시작했다. 사회주의 경제체

표 2-1 북한의 경제성장률

(단위: %)

1987	1988	1989	1990	1991	1992	1993	1994	1995	1996	1997	1998	1999	2000	2001	2002
3.3	3.0	2.4	-3.7	-3.5	-6.0	-4.2	-2.1	-4.1	-3.6	-6.3	-1.1	6.2	1.3	3.7	1.2

자료: 한국은행, 「북한 GDP 추정결과」, 각 연도.

제의 비효율이 노정되고 집단적 노력경쟁운동은 피로를 더했다. 1980년대 말 사회주의 경제권의 해체로 대외무역이 급감했다. 에너지를 비롯한 주요 자원의 부족은 경제를 무력화했다. 그 결과 북한이 공식적으로 실패를 인정한 3차 7개년 계획(1987~1993년)의 중반 무렵인 1990년부터 마이너스성장 상태에 빠진다. 더구나 1990년대 중반에는 자연재해가 겹쳤다. 심각한 식량난이 발생했다. 굶주림이 폭풍처럼 밀려왔고 아사자가 속출했다. 공장가동률이 30% 미만으로 떨어졌다. 흔히 '3난'으로 표현되는 식량난, 에너지난, 외화난은 북한 체제 자체의 존립을 위협할 정도로 북한 경제를 위기상황으로 몰아갔다.

(1) 배급제의 붕괴

재앙의 시작은 배급제의 무력화였다. 배급제는 사실 1987년부터 파행적으로 이어오던 중이었다. 1973년부터 변화 없이 유지했던 배급제는 1987년에 후퇴한다. 식량배급량을 10% 줄인 것이다. 그 대신에 줄어든 식량을 대체하기 위해 각 부문의 산업노동자들에게 소규모 텃밭의 경작을 허용했다. 더불어 기업체를 통해 노동자들이 주어진 텃밭에서 영농활동을 할 수 있는 시간을 배려하게 했다. 줄어든 만큼의 식량을 '자력갱생'으로 마련하라는 뜻이었다. 이 와중에 1991년 소련의 해체와 1994년 중국쇼크가 발생했다. 두 가지 쇼크는 기존의 북한 경제시스템을 근저로부터 뒤흔들게 된다. 이때부터 배급제가 사실상 작동을 멈췄다. 배급에 전적으로 의존하던 사회계층에게 절망적 상황이 닥친 것이다.

1990년대에 들어서면 근로자의 임금은 '생활비'로서의 의미를 상실했다.

식량은 1980년대까지만 해도 성인 1일, 600g 정도 배급되었지만 1990년대 들어서면서 급격히 줄었다. 줄어든 식량은 시장에서 구입해야 했지만 1달 임금으로는 2kg의 쌀을 구할 수 있을 뿐이었다. 물론 쌀의 1/2~2/3 정도의 가격을 유지하는 옥수수를 구입한다 하더라도, 1달 임금으로는 성인 1인의 1주일 식량조차 구입할 수 없었다. 더욱이 1992년 초에는 김정일이 "국가가 손해 보는 한이 있더라도 정상노임의 60% 수준을 유지하라"고 할 정도로 노동자의 임금조차 정상적으로 지급되지 않고 있었다. 1992~1993년경에 시·군이 자체적으로 식량문제를 해결하도록 지시가 내려왔다. 1995~1996년경에는 공장·기업소가 자체적으로 식량문제를 해결하도록 지시가 내려왔다. 드디어 배급이 완전히 끊긴 것이다. 그리고 북한 주민들이 '미공급기'라고 부르게 된 '고난의 행군'이 시작되었다.

(2) 생존을 위한 투쟁

당에서 ≪고난의 행군≫ 정신으로 살며 투쟁할데 대한 구호를 내놓은 것은 모든 간부들과 당원들과 근로자들이 항일혁명선렬들이 ≪고난의 행군≫ 시기에 발휘하였던 수령옹위정신, 자력갱생의 정신, 난관극복의 정신, 혁명적 락관주의 정신을 가지고 오늘의 어려움을 이겨 내며 혁명과 건설의 모든 분야에서 새로운 앙양을 일으키도록 하기 위해서입니다. 다시 말하면 모든 사람들이 부닥친 애로와 난관을 용감하게 뚫고 사회주의 경제건설을 비롯한 모든 분야에서 새로운 전진을 이룩함으로써 우리의 일심단결의 위력, 우리식 사회주의의 위력을 더욱 높이 떨치도록 하기 위해서입니다. 「고난의 행군」 정신으로 살며 투쟁하자면 어려움을 참고 견디기만 할것이 아니라 시련을 뚫고 힘차게 전진하여야 합니다. _ 김정일, "일군들은 「고난의 행군」 정신으로 살며 일해야 한다"(1996.10.14)

배급이 멈추자 공장·기업소도 국가로부터 자금 및 물자를 정상적으로 공급받지 못하게 되었다. 공장·기업소를 가동시키기 위해 자체적으로 운영자금을 마련하고 물자를 구입하지 않을 수 없었다. 8.3작업반, 부업지 경작, 외화벌이 등 계획 외의 경제활동을 통해 얻은 수입으로 자체 운영자금을 확보하고 일부는 소속노동자들에게 제공하기도 했다. 그러나 군수공장, 수출기업소, 주요 기간산업의 공장·기업소 등을 제외하고는 공장·기업소 차원에서 해당 근로자들의 생계를 책임질 수는 없었다.

식량난은 쓰나미처럼 공동체를 휩쓸었다. 집단적 재앙에 주민들은 속수무책이었다. 선의와 공평으로 묶여진 수령공동체는 구성원을 굶주림에서 구해낼 수 없었다. 1994년 여름 '위대한 수령'이 세상을 떠났다. 이미 지역에 따라 식량이 끊긴 시기였다. 수령은 인민들에게 입버릇처럼 했던 약속을 결국 지키지 못했다.

> 우리 인민들은 멀지 않은 앞날에 이밥에 고기국을 먹으며 비단옷을 입고 기와집을 쓰고 살게 될 것입니다. 이것은 공상이 아니라 래일의 현실입니다. 착취제도 하에서는 이것이 꿈같은 일이지만 우리 제도 하에서는 눈앞에 내다보이는 현실입니다. 기와집도 보이고 욱실거리는 돼지떼도 보이고 과일이 주렁진 과수원도 보입니다. _김일성, "농업협동조합을 정치경제적으로 강화할데 대하여" (1957.12.20)

주민들은 한줌의 식량을 구하기 위해 귀중품을 팔기 시작했다. 점점 살림살이가 줄어들었다. 옷장을 팔고 이불을 팔았다. 그래도 나아지지 않았다. 산에 올라가 풀뿌리와 나무껍질을 벗겼다. 배급은 재개되지 않았다. 살아서 만나기를 소망하는 가족들은 흩어져 유랑에 나섰다. 꽃제비(집 없이 떠돌면서 구걸하거나 도둑질하는 유랑자. 러시아어 '코체비예'에서 유래)가 도시의 하수구와 시장 어귀에 모여들었다.

여건이 되는 주민들은 텃밭과 뙈기밭 등 합법, 비합법, 불법의 모든 토지를

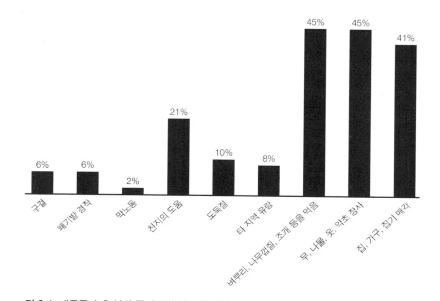

그림 2-1 배급중단 후 북한 주민들의 생존 방식(총 472명)
자료: 우리민족서로돕기 불교운동본부(1998), "식량난민 472명이 증언한 북한식량난 실태보고"; 임수호 (2009: 11)에서 재인용.

사적으로 개간했다. 경작 작물 역시 이제까지는 사적으로 재배가 금지되었던 옥수수 등의 배급곡물에 집중되었다. 당국의 묵인 아래 사적인 토지개간 행위는 비단 농업협동조합 조합원뿐만 아니라 도시의 산업부문 종사자들에게까지 확산되었다. 1990년대 중반, 당국은 농업부문에서 식량생산 증대를 목표로 새로운 협동농장 관리제도를 도입했다. 기존의 협동농장 관리제도를 대체한 신(新)분조관리제였다. 새로운 제도는 국가 생산목표를 초과한 생산분에 대해서 농장원들의 처분권을 인정한 것이다. 일대 위기를 맞은 북한은 1952년 이후 유지해왔던 독점적 곡물통제권을 스스로 포기할 수밖에 없었다. 이에 더하여, 1997년부터는 기존의 주체농법을 재해석했다. 쌀과 옥수수 위주의 농업생산을 감자나 보리, 콩 등 기타 작물에 대한 생산으로 다변화시킨 것이다. 각 협동농장의 작물선택권을 협동농장에 일부 이양하는 조치도 실시되었다.

사적 경작행위를 할 수 없는 도시가구들은 시장을 통해 곡물을 구입해야
했다. 시장은 북한 주민들에게 가장 중요한 식량 확보 경로가 되었다. 시장이
주민들의 식량 확보 채널로 등장하면서 경제행위는 변모된다. 시장에서 곡물
을 획득하기 위해서는 화폐가 필요했다. 그런데 시장 곡물가격은 국정가격과
는 비교할 수 없을 정도로 비쌌다. 공식적인 임금만으로 감당할 수 있는 수준
이 아니었다. 주민들은 식량을 구입할 수 있는 화폐적 소득이 절박하게 되었
다. 그들은 화폐를 얻기 위해 장사에 매달렸다. 식량과 생활필수품이 전달되
는 경로가 배급이 아닌 시장이 되자 화폐 수요는 크게 증가했다. 화폐는 가장
중요한 생존수단 중 하나가 되었다. 계획경제가 생존을 담보할 수 없게 되자
주민들은 시장에 기대었고, 시장은 다시 계획경제를 약화시켰다. 수령의 선
물인 식량이 배급되어 내일을 걱정하지 않는 한, 지긋지긋한 장마당의 고함소
리와 돈을 향한 탐욕은 그칠 수 없게 되었다. 화폐는 매일매일 필요한 양식이

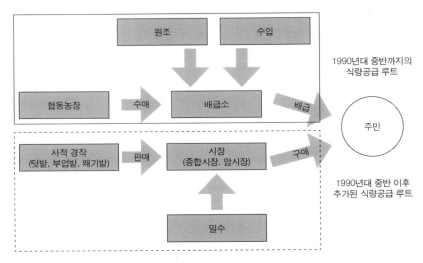

그림 2-2 1990년대 전후 북한 주민들의 식량확보 루트 비교
자료: 임수호(2009: 13).

되었고, 화폐유통은 폭발적으로 늘었다.

(3) '고난의 행군'이 일으킨 변화

고난의 행군은 주민들의 의식을 변화시켰다. 개인주의와 기관 본위주의는 두드러진 현상으로 대두되었다. 1990년대의 경제위기를 극복하는 과정에서 국가가 제시한 해법은 '자력갱생'이었다. 사회주의 경제건설을 '앙양'시킨다는 거창한 국가계획도 있었다. 1998년부터는 '선군(先軍)정치를 통한 강성대국 (强盛大國)의 건설'을 발전전망으로 제시하기도 했다. 그러나 이런 레토릭으로 는 주민들을 위무할 수 없었다. 주민들의 삶이 피폐해지고 생존이 위협받는 상황에서 국가는 무능했다. 주민들은 점점 국가를 믿지 않게 되었다. 오직 자신의 능력에 기댔다. 기업도 마찬가지였다. 경제위기로 재정이 없는 국가는 기업에게 오히려 성가신 짐이 될 뿐이었다. 오히려 국가는 엄혹한 시기, 주민들에게 마지막 남은 삶의 기회마저도 앗아가려 했다. 1991년의 농민시장 단속과 1998년의 시장규제가 그것이다. 1991년 비사회주의 현상의 확산 차단이라는 명분으로 농민시장 단속을 강화하면서 그동안 완화했던 농민시장을 모두 10일장으로 환원했다. 장날은 월 3회로 엄격히 제한하고 반입된 물건의 양에 따라 2원 내지 5원의 장세를 징수했다. 그러다 1993년 들어 이 같은 조치를 다시 완화하여 매일장을 재허용했다. 북한은 노동자들의 공장복귀조치 등을 통해 시장경제의 확산을 막으려 하기도 했다. 비사회주의적이라는 이유였다. 그러나 총을 들고 장사행위를 막아도 주민들은 말을 듣지 않았으며 저항까지 했다. '눈물의 골짜기'를 지난 주민은 옛적 그 '착한 백성'이 아니었다.

공동체의 이완은 종래 개인적 차원의 암시장을 집단경쟁 매매방식의 반 (牛)공식적 구조로 바꾸었다. 사회주의하에서 국가가 독점적으로 거머쥐었던 부(富)는 개인·기업소 등의 사적영역으로 불평등하게 이동되었다. 화폐형태로 부를 축적한 새로운 계층은 자신의 화폐가치를 언제든지 현물형태로 실현시킬 수 있는 시장을 원했다. 처음에는 배급제 붕괴로 발생한 식량확보의 절박함에서 시작한 시장거래는 점차 확대되었다. 중국과의 밀무역, 국가재산의 전유·약탈·탈취 등 상품 유입경로도 다양화되었다. 화폐는 증식되었다. 극한 상황에서 성공한 능력자도 나오기 시작했다. 상행위는 다양해지고 규모도 확대되었다. 초라한 '등짐장사'에서 지역 간 부족한 물자를 유통시켜 이익을 얻는 '되거리 장사', 철도·차량을 이용한 도매상인 '달리기 장사' 및 '차판 장사' 등으로 분화되었다. 장마당에서의 소득이 생산단위에서의 노임에 비해 수십, 수백 배에 이르게 되면서 경제생활의 중심은 기업소나 공장이 아니라 장마당으로 바뀌게 되었다.

국영기업소나 생산 단위들은 계획지표를 따르지 않게 되었다. 어차피 달성할 수 없었기 때문이었다. 기업은 현실적인 지표를 스스로 설정하고 활동했다. 현물지표가 아닌 화폐액으로 표현된 금액을 지표로 삼았다. 국영기업소마저도 돈벌이가 된다면, 본래 수행해야 할 업무가 아닌 다른 영역에 진입했다. 국가에는 납부금을 내는 것으로 역할을 다하고, 생산활동이라기보다는 영리활동에 종사하기 시작했다. 이 과정에서 화폐거래는 확대되고 시장은 세력을 급속하게 넓혔다.

3) 범람하는 화폐

북한 당국이 주민들에게 필요한 최소한의 물자도 공급하지 못하자, 사회주의 분배시스템은 껍데기만 남았다. 설상가상으로 배급제마저 와해되자 주민통제는 작동하지 않았다. 굶주림에 내몰린 주민들은 이른바 '자력갱생'에 나서게 되었다. 그간 상품의 보장 없이 지급되어 쌓이기만 했던 화폐는 계획의 영역을 넘어 유통되기 시작했다. 생존에 필요한 최소한의 재화도 보장되지 않는 현실에서, 국가에 의해 임금 등으로 지급된 화폐가 대거 장롱 밖으로 출현했을 때 맞닥뜨린 당연한 현상은 인플레이션이었다. 사회주의 계획경제에서 계획당국은 공급한 상품의 유통에 필요한 화폐량 이상은 환수해야 했다.

그렇게 해야만 화폐의 구매력을 유지할 수 있다. 상품의 공급이 보장되지 않은 상태에서 화폐의 지속적인 누적은 가치의 희석화로 나타날 수밖에 없다.

(1) 1992년 화폐교환: 화폐범람의 선제적 대응

사회주의 계획경제에서 운용했던 화폐유통 시스템은 화폐의 자본전화를 막기 위해 주민들의 화폐축장을 억압하고 통화가 가지고 있는 기능을 제한해 왔다. 북한의 통화정책은 화폐공급의 조절을 통한 통화가치의 안정과 임금관리 및 물자관리에 중점을 두고 있었다. 종합재정계획과 물자생산계획을 결합시켜 경제 전체에서 실물과 화폐흐름의 균형을 맞춘다는 것이다. 화폐는 원칙적으로 생산수단의 거래에는 유통되지 않으며 소비재 거래 등을 할 경우에만 수반된다. 국영상점이든 시장에서의 상행위에 있어서든 원칙적으로 수취한 화폐는 즉시 은행계좌(돈자리)에 입금해야 한다. 계획당국은 유통되는 화폐량과 상품(재화와 서비스)의 총가격을 일치시켜야 한다. 이 원칙은 너무나 중요하기에 지속적으로 강조되었다.

> 사회주의 사회에서 일정한 시기 생산된 소비품과 봉사는 크게 군수용, 인민생활용, 국가관리 및 공공소비용, 예비조성과 기타 목적에 리용되며 여기에서 인민생활용 소비품과 봉사는 로동에 의한 분배와 추가적 혜택에 리용된다. 따라서 전사회적 범위에서 지불되는 로동보수의 총규모는 생산된 소비품 및 봉사 중에서 군수용과 국가관리 및 공공소비용, 예비 등을 공제하고 추가적 혜택을 위한 몫을 타산한 나머지 소비품 및 봉사규모와 일치하여야 한다. _ 량준, "로동보수규모와 소비품류통의 균형을 바로 설정하는데서 나서는 중요한 문제", ≪경제연구≫ 2012년 2호, 17쪽

그러나 사회주의 경제운용의 특성상 화폐총액과 상품총액은 대개 일치하지 않는다. 상품은 화폐유통량보다 부족한 모습을 보이게 되는데 이른바 '부족

의 경제(shortage economy)'이다. 코르나이에 의하면 연성예산제약(soft budget constraints)하에서 사회주의 기업은 계획을 달성하기 위해 국가로부터 투입물을 최대한 확보하고 목표산출량을 최소로 보고하려는 유인을 갖게 된다. 그 결과 한편에서는 축장과 다른 한편에서는 부족(공급부족)이 초래된다는 것이다. 그는 이러한 경향이 사회주의 시스템에 구조적으로 내재되어 있는 것으로 보았다. 북한 당국은 경제위기 이전까지 이러한 화폐의 상대적 과잉을 강제저축 등으로 조절해왔다.

1990년대 중반까지 북한의 통화과잉은 공급의 부족에 기인한다. 1980년대 말부터 해외교역이 축소되고 수입이 감소했다. 공장과 기업소의 가동률은 급락했고 생산이 정상화되지 못하자 공급부족이 심화되었다. 국영상점으로 유입되어야 할 상품이 끊어지기 시작했다. 이때부터 주민들은 식량과 생필품을 확보하기 위해 농민시장을 이용했다. 생필품가격은 국정가격보다 월등히 높았다. 화폐는 시장으로 흘러들어갔고, 유입된 화폐는 국가에 환수되지 못했다. 일부 상인들은 국정가격 수준으로 상품을 확보해 시장가격으로 처분하여 큰 수익을 얻었다.

이러한 비사회주의 현상에 대해 당국은 먼저 시장단속으로 대응했다. 1991년 농민시장의 거래를 억압하고 시장을 단속했다. 그러나 그런 대증요법으로는 문제를 치유할 수 없었다. 근본적 해법은 생산과 공급의 정상화이다. 공급의 부족은 외면하고 시장만을 단속한다는 것은, 맹장염 환자에게 수술은 하지 않고 해열제만 처방하는 것과 같다. 시장을 통제하는 방식은 성공할 수 없었다. 그러자 당국은 시장으로 흘러들어가는 자금을 차단하기 위한 조치를 단행한다. 바로 화폐개혁이다. 북한은 중앙인민위원회 정령 발표를 통해 화폐개혁 취지를 "근로자들의 수입이 훨씬 늘어나고 나라의 화폐유통규모가 커지고 있는 현실에 맞게 화폐제도를 강화하고 화폐유통을 원활히 하기 위해 화폐개혁을 취한다"고 밝혔다. 그러나 이것은 겉치레일 뿐이었다. 교환한도를 정한 세부적 지침에서 당국은 통화량을 줄여 화폐유통을 위축시키려는 의도를 숨기지 않았다. 당국은 화폐개혁을 통해 두 가지를 노렸다. 먼저 유통화폐량의 축소로 시장의 확산을 저지하는 것이다. 다음으로 교환한도 이상의 화폐를 국가가 몰수함으로써 재정의 확충을 기했다. 당시에는 사적인 경제영역이 크게 팽창하지 않은 상태였기 때문에 주민들에게 미치는 영향은 그리 크지 않았다. 그러나 1992년 7월의 화폐교환은 뒤이어 닥칠 통화무질서와 인플레이션의 어두운 전조였다.

(2) 비정상적인 통화팽창

1990년대 중반 이후 북한 재정은 바닥을 드러내 보였다. 재정집행이 불가능하게 되자 조선중앙은행을 통한 자금공급은 대폭 축소되거나 중단되었다. 재정수입을 받아들이고 지출하는 역할을 담당하는 중앙은행의 재정관리 역할 수행이 어렵게 된 것이다. 재정이 고갈된 북한은 1995년 전후와 2002년에 재정제도를 개편했다. 국가가 지원하던 예산지출 중에서 유동자금공급과 대보수자금공급은 사실상 없어졌다. 중앙은행은 기업에 대한 자금 제공을 재정, 즉 예산이 아닌 신용대출로 바꿨다. 특히 독립채산제 기관은 필요한 자금을

표 2-2 기업의 자금조달방식 변화

구분		1990년대 중반 이전	1990년대 중반 ~2001년	2002년 이후
경영을 잘못하여 발생한 추가적 자금 수요		은행 대출	자기자금 또는 은행대출	자기자금 또는 은행대출
경영상 잘못이 아니면서 예상치 못한 자금 수요		유동자금 조절펀드		
유동자금(운영자금)		국가예산에 의한 자금공급		
고정재산 보수자금				
고정재산 건설자금	단순재생산		국가예산에 의한 자금공급	
	확대재생산			국가예산에 의한 자금공급
	신설			

자료: 문성민(2007: 19~20).

은행의 대부자금을 통해 해결하도록 했다. 그 결과 기업에 대한 자금보장 책임이 국가재정에서 기업과 은행으로 전환되었다.

기업을 비롯한 각 생산주체는 비공식 시장에서 독자적 생존을 모색하기 시작했다. 기본건설자금 공급도 대폭 축소됨에 따라 기업 신설의 경우를 제외하고는 독립채산제 기업에 대한 자금공급제도가 사실상 폐지되었다. 독립채산제 기업의 경우 경영상 독자성을 보장한다는 명분하에 경영활동을 위하여 필요한 자금을 자체로 조성하고, 기업 활동을 위한 모든 지출을 자체의 수입으로 충당하며 모자라는 경우에는 은행으로부터 차입하도록 했다.

통화증발은 기업에 대한 신용대출에 원인이 있었다. 신용계획에 따라 어떤 공장·기업소에 대출을 해주면 공장·기업소 예금계좌의 잔고가 증가한다. 기업은 계좌의 잔고 범위에서 원료나 중간재를 매입하여 생산활동을 한다. 이때 기업 간 거래는 무현금유통이다. 무현금유통이란 간단히 말해 상대기업 간 계정거래이다. 매매를 한다고 했을 때, 매입기업의 계좌에서 잔고가 줄고 매도기업의 예금 잔고가 늘어나는 방식으로 청산이 이루어진다. 그러므로 공장·기업소에 대한 대출은 통화량 증가로 바로 이어질 수 없다. 어느 기업의 대출증가는 다른 기업의 예금증가로 상쇄되어 균형을 이루기 때문이다. 그러나 계획부문이 작동하지 않는 상태라면 문제가 달라진다. 국영공장·기업소에서 원료를 확보할 수 없게 된 기업은 다른 경로를 통해 자원을 확보할 수밖에 없게 된다. 시장이다. 시장에서는 현금거래가 이루어지므로 공장·기업소의 신용대출은 시장에 대한 현금방출로 나타난다. 신용대출로 늘어난 예금잔고는 인출되어 임금지급, 농업생산물 구입, 원료·중간재 매입 혹은 사적인 경제단위와의 거래를 위해 사용된다. 이때의 결제방식은 모두 현금청산이다.

계획부문이 작동한다면 공공부문의 대출과 예금은 정확히 일치한다. 무현금유통의 영역이기 때문에 통화량 증가가 없다. 그러나 1990년대 경제위기 상태의 북한은 이러한 시스템이 작동할 수 있는 기반이 모두 무너졌다. 재정이 파탄 난 상태에서 예산은 투입되지 않았다. 국가는 공장·기업소의 자력갱생을 강조하며 예산투입 없이 필요한 자원을 대출받아 확보하라고 주문한 것이다. 대출을 받아 자원을 확보하려 해도 계획부분에서 목적을 달성할 수가 없었다. 그렇다면 시장을 이용할 수밖에 없고, 그만큼 현금은 유출된다. 공공부문에서 대출은 급증하는데 예금이 늘지 않는다면 대출과 예금의 차이만큼 통화량이 늘어난 것이 된다. 공공부문에서 은행 대부와 은행 예금 사이의 불균형이 현금유통과 현금공급의 변화를 초래한다. 새로운 은행 대부가 은행예금 증가를 초과하면 그 차이는 자동적으로 동일액만큼 현금 공급의 증가를 초래한다. 화폐가치는 희석되고 시장은 교란된다. 과거 북한은 이러한 문제를 강제저축이나 임금통제를 통해 상쇄시켰다.

임금통제는 노동생산성과 보수의 균형을 이룬다는 명분 아래 임금을 제한하는 것이다. 그러나 임금통제는 실효성이 거의 없다. 더구나 경제위기 상황에서 임금통제로 인플레이션을 잡는다는 것은 불가능한 일이다. 한 달 임금으로 쌀 1Kg도 구입하지 못하는 상황에서 임금을 통제한다고 화폐의 구매력이 개선될 수 없었다. 다른 방법인 강제저축도 여의치 않았다. 저축을 인출하는 것은 거의 불가능했기 때문에 주민들은 저축을 하지 않았다. 장롱 또는 장판 밑에 숨기거나 항아리에 돈을 담아 땅에 묻었다. 화폐는 발행처인 중앙은행으로 돌아갈 수 없었다.

텅 빈 국영상점을 통해 화폐가 환수되지 못하는 가운데, 공장·기업소는 신용대출로 늘어난 돈자리에서 예금을 인출하여 화폐를 유통시켰다. 그러나 정작 조업정상화는 못했고, 생산물 판매를 통한 화폐환수에는 무능했다. 은행은 국영기업에 회수가능성이 거의 없는 부실대출을 남발했다. 채무불이행이 되어도 망할 일이 없기 때문이다. 국가소유인 은행, 기업은 도산할 수 없다. 김일성이 강조한 원칙은 지켜지지 않았다.

공장, 기업소, 협동농장들에서 경리를 운영하는 과정에는 일시적으로 유휴화폐자금이 생길 수도 있고 자금이 모자랄 수도 있습니다. 은행은 유휴화폐자금을 제때에 거두어들여 필요한 부문에 돌려주고 자금이 모자라는 데는 대부를 주어 경영활동을 원만히 할 수 있도록 보장하는 역할을 수행합니다. _김일성, 『김일성전집』 68권, 542~543쪽

기업의 대출재원은 유휴화폐지만, 경제가 작동하지 않는데 유휴화폐가 공급될 리 없었다. 대출은 유휴화폐를 '준비금' 삼아 발생되지 않았다. 그냥 '남발'되었다. 통화량은 폭증했다. 환수되지 않은 채, 사적영역으로 주입된 화폐는 '계획경제'를 벗어났다. 억제된 인플레이션(repressed inflation)은 시장공간에서 폭발했다. 2009년의 화폐개혁 당시 ≪조선신보≫와 인터뷰한 조선중앙은행의 책임부원은 1990년대 후반의 통화팽창이 비정상적인 현상이었음을 슬쩍 고백했다.

1990년대 후반 '고난의 행군' 시기에 통화가 팽창되고 인민경제발전에서 불균형이 생기는 비정상적인 현상이 나타나게 되었으나 현재는 전반적 경제가 상승의 궤도에 확고히 들어섰으며 비정상적인 통화팽창현상을 근절해 버릴 수 있는 물질적 토대가 마련됐다. _조선중앙은행 조성현 책임부원의 발언, ≪조선신보≫ 2009년 12월 4일 자 인터뷰 기사

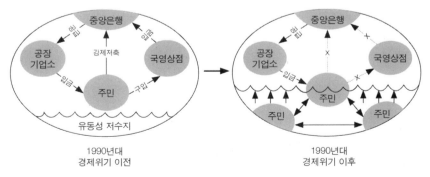

그림 2-3 북한의 화폐환류시스템과 고질적인 과잉유동성

1992년 화폐교환 이전의 통화팽창은 주로 공급부족으로 나타난 것이었다. 그러나 그 이후 현재까지의 통화팽창은 공급부족과 함께 통화증발도 원인이다. 독립적 중앙은행과 다원화된 금융시스템을 가진 국가에서는 중앙은행이 무위험채권(국채)을 인수하는 방식으로 통화가 발행된다. 북한에서는 이와 달리 기관이나 기업소의 계좌에 잔고를 늘려주면 통화량이 증가한다. 사실상 부실채권을 담보로 화폐가 발행되는 것이다. 준칙에 따라 넘나들지 않았던 화폐유통질서도 문란해졌다. 무현금결제로 규정된 거래가 현금이 아니면 홍정조차 못하는 것이 되었다. 북한의 만성적 인플레이션은 공급이 정상화되던가, 가격을 자유화하지 않으면 근본적으로 치유할 수 없게 되었다. 현금수요의 증가는 화폐적 관계를 확장시키고 화폐의 숙주인 시장을 키워갔다.

3. 7.1조치와 경제질서의 재편

'고난의 행군'을 통해 주민들은 수령공동체의 무력함을 목도했다. 북한의 공식경제는 곳곳에서 균열이 생겼고 항상성이 파괴되었다. 주민들은 상품과 유휴화폐를 가지고 스스로 경제관계를 만들어 나갔다. 무너진 국영유통망 대신 주민들의 사적 네트워크가 확장되었다. 미약한 점선이 실선으로, 그리고 두터운 유통망으로 확장되었다. 기존의 농민시장은 거미줄처럼 연결되었다. 지역시장은 전국적인 단위로 상품과 화폐, 그리고 정보를 실어 날랐다. 화폐적 관계는 팽창되었다. 화폐가 오가는 현금거래에서 가격은 폭등했다. 그러나 공식부문의 등가는 고정되어 있었고, 가격편차는 갈수록 벌어졌다. 처음에는 생존을 위해 국가물자를 빼돌리던 일탈행위가 점점 더 화폐적 이익을 획득하기 위한 영리행위로 나아갔다. 자석에 이끌리듯 국가물자는 시장으로 유출됐다. 재정은 집행되지 않았다. 예산수입은 거두어지지 않았다. 구조화된 이중가격으로 차익거래는 멈추지 않았다. 경제위기가 다소 진정되고 정국이

안정될 즈음 당국은 개혁조치를 단행했다. 이른바 7.1경제관리개선조치이다. 7.1조치로 배급제는 소수 특권계층을 제외하고 사실상 사라졌다. 무상 식량은 과거의 추억이 된 것이다. 그 대신 무서운 가격현실화가 시행되었다. 식량을 비롯한 소비재 가격은 하루아침에 상승했다. 노동자들의 임금도 조정되었다. 북한 당국은 시장을 인정하고 거래 전반에서 현금거래를 용인했다. 기업은 양적 생산보다 수익을 중시하는 평가체제로 바뀌었다. 주민들은 공동체의 도움 없이 스스로 돈을 벌어 생활수단을 조달해야 했다. 평균주의는 없어졌다. 모두가 고르게 물질적으로 충족하면서 살 수 없게 되었다. 국가제정가격은 주민생활 속에서 의미를 잃었다. 등가체계는 와해되고 매일매일 바뀌는 어지러운 시장가격이 삶을 지배했다. 만성적인 공급부족으로 시장가격은 쉼 없이 상승했다. 당국은 국가의 자원을 지키고, 주민의 불만을 잠재우며, 화폐권력을 제어하기 위해 새로운 가격제도를 마련했다. 시장가격을 통제할 '한도가격'이 도입되었다. 새로운 가격은 쌀을 가치표준으로 삼아 제정되었다. 한도가격은 시장으로부터 국가자원을 지키는 방어선이 되었다. 한도가격은 일정 기간마다 조정되고 국내시장과 국제시장의 가격정보를 반영하여 정해지는 것이기에 과거의 등가와는 다른 것이었으며, 시장가격의 폭주를 막는 방파제 역할을 의도했다. 과거의 국정가격처럼 유일가격이 아닌 '범위' 개념의 가격이었다. 더구나 과거의 등가인 국정가격과 한도가격은 강제력에서 현저한 차이가 났다. 이제 주민들의 실제 삶을 지배하는 것은 시장가격이 되었다. 주민들은 시장경제에 적응해야 했고, 화폐경제에 의해 재구성되었다. 과거에는 소박한 현물로 대가를 치르거나 무료로 주어지던 것들도 이제는 가격이 매겨졌다. 주민들은 거래 시마다 가격을 가늠해야 했다. 삶을 둘러싼 많은 생활수단들은 철저히 화폐의 비준을 받아 가격표에 채워졌다.

1) 이중가격과 차익거래

　동일한 상품에 두 개 이상의 다른 가격이 생길 때, 차익거래(arbitrage trading)가 발생한다. 일물일가(一物一價)시장에서는 차익거래가 발생할 수 없다. 동일한 물건에 복수의 가격이 성립하는 대표적인 경우가 암시장의 존재이다. 가격규제가 존재하는 경우, 규제된 가격수준에서 청산되지 못한 거래자들이 암시장을 만든다. 암시장가격은 규제가격보다 높으므로 동일한 상품에 다른 가격이 형성된다. 싼 가격에는 매수(long)주문이, 비싼 가격에는 매도(short)주문이 쇄도한다. 물은 수평을 구한다. 높은 곳에서는 내리흐르고, 낮은 곳에서는 차오른다. 그리고 수평이 되었을 때 멈춘다. 동일한 원리이다. 규제된 시장에서는 매수 주문이 많아짐에 따라 가격이 오른다. 암시장에서는 매도 주문이 많아져 가격이 떨어진다. 두 시장의 가격이 같아지면 더 이상 차익거래가 없어진다. 상품가격이 같아질 때까지 차익거래가 계속된다. 만약 규제시장에서 가격상승을 억누른다면 매수 주문은 지속되고 차익거래는 멈추지 않는다. 규제된 시장에서 재화가 끊임없이 빨려 나간다. 규제된 가격수준에서 수요는 초과상태이다. 그러므로 초과수요가 해소될 때까지 매수주문이 집중된다. 그런데 규제된 시장에서 가격상승을 억제하므로 과매수 상태가 유지된다. 따라서 규제시장의 자원은 계속해서 유출된다.

(1) 불법적 차익거래를 통한 치부

　1990년대를 지나면서 농민시장은 암시장화되었다. 거래가 금지된 품목이 오가고, 국정가격을 지키지 않으므로 암시장의 성격이 될 수밖에 없었다. 계획경제는 규모가 현저하게 줄었다. 계획영역의 재화는 국정가격에 거래되었다. 계획영역의 국정가격과 암시장의 시장가격, 이중가격의 발생이었다. 동시에 엄청난 부의 기회가 펼쳐졌다. 화폐의 본성과 용법을 재빠르게 터득한 주민들은 새롭게 펼쳐진 환경에 적응하기 시작했다.

지금 국가가격이 농민시장가격보다 눅은데로부터[싸기 때문에] 장사행위가 성행하여 국가에는 상품이 부족하나 개인들에게는 상품이 쌓여 있는 현상이 초래되고 있다. 농민시장에 가보면 쌀을 비롯한 식료품으로부터 공업품 …… 지어[심지어] 차부속품과 국가적인 주요 원자재들까지 많이 거래되고 있다. 그 대부분이 눅은 가격공간을 리용하여 국가물자들을 뭉텅이로 빼내여 비싸게 팔고 있는 것들이다. 생산은 국가가 하는데 상품이나 돈은 거의 다 개인들의 손에 들어간다. 개인들이 국가돈주머니를 털어 낼 수 있는 공간이 조성되였다. 솔직히 말하여 지금 국가에는 돈이 없지만 개인들에게는 국가의 2년분 예산액이 넘는 돈이 깔려 있다. _ 북한군 강연자료, "가격과 생활비를 전반적으로 다시 제정한 국가적조치에 대한 리해를 바로 가질데 대하여"(2002.7)

암시장과 같은 비공식 시장에서는 수요와 공급에 의해 가격이 결정된다. 항상 공급이 부족한 암시장에서는 그만큼 가격인상이 따를 수밖에 없다. 1990년대를 지나면서 북한에는 중앙계획경제와 (암)시장이라는 두 개의 자원할당 메커니즘이 병존하게 되었다. 두 개의 기구는 필연적으로 이중가격을 낳는다. 생산자와 판매자는 좀 더 높은 수익을 위해 차익거래(arbitrage)를 반복한다. 암시장 확대는 중앙계획경제의 축소로 이어진다. 수령공동체는 외부적 위기에 더해 내부적 도전을 맞이했다.

경제위기는 공동체의 도덕적 담론을 무력화시켰다. 사람들은 지위고하를 가리지 않고 계획부분의 물자를 국정가격에 확보해 비싼 가격으로 시장에 팔았다. 1990년대 양정(糧政)이 마비되고 미공급이 확산된 원인 중 하나는 권력자들의 횡령 때문이었다. 배급되어야 할 쌀이 빼돌려져 장마당으로 흘러나갔다. 작동을 멈춘 계획부문의 기업체에 종사하는 노동자들은 자신들의 직장자산을 임의로 절취하여 시장에 유통시켰다. 이것을 밑천삼아 중국 등과의 밀무역에 나서거나 시장 활동에 참여하는 현상도 벌어졌다.

북한에서 인기가 있는 뇌물은 국정가격으로 현물을 제공하는 것이었다. 국정가격으로 현물을 제공할 경우, 이를 농민시장 등에서 암거래가격으로 판매하여 몇 배의 매매차익을 올릴 수 있기 때문이었다. 농업협동조합이나 여타의 산업부문 기업체들 역시 마찬가지였다. 이들도 공식가격을 크게 웃도는 시장가격을 겨냥해 곡물 등의 생산물을 국가기관이 아닌 시장에 유통시키는 행위를 빈번하게 저질렀다. 기업의 지배인 등 경영간부에 의한 사적인 횡령과 함께 공장을 가동시키기 위한 자재 구매 등을 목적으로 하는 공적인 횡령도 만연했다. 이 과정에서 당이나 사법의 묵인 대가로 지분을 나누거나 뇌물을 받는 행위도 흔했다. 노동자들의 절도 행위, 만연한 검열과 그 과정에서의 뇌물수수 등의 메커니즘에 의해 개인적 축재가 이루어졌다. 이러한 일탈행위는 비사회주의적 범죄로 분류될 수도 있을 것이다. 그러나 이러한 범죄는 이중가격이라는 경제적 조건이 아니면 이루어질 수 없는 행위이다. 즉, 북한의 자원배분 메커니즘이 분열되어 있다는 것이 일탈행위의 토양이 되었다는 점이 중요하다. 새로운 사회경제적 조건은 화폐의 용법을 확장시킨다. 화폐적 이익을 획득하는 방법이 다양화되고 있는 것이다. 차익거래가 불법으로 규정됨에 따라 권력을 가진 세력과의 연합이 중요하게 되었고 뇌물과 같은 헤지비용이 발생했다. 북한의 사회적 변화는 다양한 권력-화폐 조합을 만들어냈다.

(2) 권력기관의 차익거래기법

일반적으로 국가 권력기관이 차익거래를 통해 이익을 획득하는 방식은 단순했다. 시장가격으로 통용되는 물품에 대해 국정가격을 지불하고 구매하는 것이다. 시장가격은 법적으로 따지면 불법가격이어서 국가가 물품을 구매할 때는 국정가격으로 지불할 수 있기 때문이었다. 그런데 국정가격과 시장가격의 격차가 큰 만큼 이러한 행위는 사실상 '강탈'이었다. 구매기관이 국가인 경우, 기업은 생산물의 일부를 국정가격으로 납품하고 나머지 재화를 시장에 판매하여 손해를 상쇄했다. 국가도 이를 묵인하는 태도를 보였다.

차익거래는 더욱 정교하고 지능적으로 이루어졌다. 대표적인 것이 '무현금

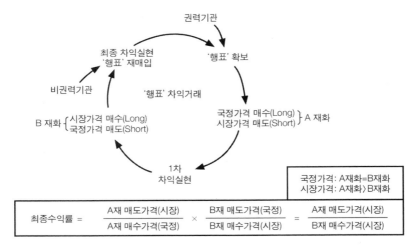

그림 2-4 권력기관의 '행표'차익거래

행표'를 이용한 차익거래이다. 특권기관들의 간부들은 먼저 행표(은행이 지급을 약속한 유가증권, 수표와 유사)를 이용하여 국정가격으로 물품을 구입하여 그 물품을 시장에 되팔아 이익을 챙긴다. 그 돈으로 다시 시장가격의 절반 이하에 불과한 다른 물품의 행표를 구입한다. 첫 번째 거래와 두 번째 거래를 반대 방향으로 맺은 다음 차익을 획득하는 것이다. 이러한 거래는 시장가격에서는 큰 차이가 발생하지만, 국정가격은 같은 두 개의 상품이 존재하기 때문에 가능한 것이다. '행표'를 많이 확보할수록 더 많은 차익거래를 할 수 있고, 더 큰 화폐적 이익을 얻을 수 있다.

힘있는 기관들은 행표로 물자를 구입할 수도, 현금으로 인출할 수도 있다. 그러나 힘없는 기관들은 행표가 있다 해도 물건을 쉽게 구입할 수도 없고, 실제로 은행에는 해당한 돈이 없어 현금으로 되돌려 받을 수도 없다. 그래서 힘없는 내각 산하 기업소들은, 어차피 국정가격으로 현물을 확보할 수도 없는 행표를 싼값으로 힘센 권력기관에 넘긴다.

북한에서 이중가격과 해소되지 않는 차익거래는 2000년대 초반까지 지속되어왔다. 산업시설은 절취되고, 산림은 남벌되고, 계획부문은 침식되고, 국부는 유출되었다. 북한 당국의 7.1조치 실시 배경에 대한 설명에서도 적대적인 시장관이 드러난다. 이들은 7.1조치는 시장의 '비사회주의 현상을 없애기 위한 것'이라고 하면서, 시장이 "이제 더는 가격공간을 리용하여 롱간질을 하면서 국가물자를 가지고 돈벌이를 할수 없게" 하여, "건달꾼, 거간꾼, 장사꾼들이 더 잘 살게 되는 비정상적인 현상"을 없앨 것을 주장했다. 7.1조치는 시장의 도전으로 균열하는 기존 체제의 위기와 그에 대한 응전(應戰)의 성격이 반영되어 있었다.

2) 7.1조치, 그리고 재분배질서 와해

북한은 1990년대 말부터 경제분야에서 내부 개혁을 위한 준비를 추진했다. 그 결실로 2002년 7월 1일 '경제관리개선조치'라는 이름의 개혁을 단행한다. 거의 무상으로 제공하던 식량 등의 가격을 현실화하고, 근로자의 임금을 재조정하여 평균주의를 극복하며, 기업활동의 근간을 생산에서 수익성으로 전환하려는 시도였다. 2002년의 7.1조치는 기본적으로 가격·임금개혁, 기업의 자율권 확대, 배급제의 단계적 폐지 등으로 구성되어 있었다. 7.1조치의 목표는 세 가지이다. 첫째, 실질적인 화폐개혁 조치의 효과를 노렸다는 것이다. 극적인 가격조정을 통해 인플레이션 압력과 국가 재정압박을 완화하고자 했다. 둘째, 공식부문에 시장원리를 도입하여 비공식부문의 자원 및 화폐를 흡수하고자 했다는 것이다. 셋째, 임금의 인상과 독립채산제 강화로 생산성을 높여 국가 전체의 공급 확대를 도모했다는 것이다. 당국은 뒤이어 7.1조치의 핵심 내용인 가격·소득 정책 및 경제관리 정책을 뒷받침했다. 상업·농공업·재정·금융 분야에서 후속 조치가 뒤이었다. 소비재 및 생산재 시장 도입, 가족단위 영농제도 도입, 기업개혁, 재정수입 강화, 금융제도 개선 등의 조치가 그것이었다. 이렇듯 7.1조치는 2005년 10월경까지 추가되고 보완된 조치를 해나가며 시행되었다. 주요 내용은 다음과 같다.

(1) 가격·임금개혁

먼저 가격은, 쌀 550배를 비롯하여 평균 25배에 이르도록 국정가격을 올렸다. 암시장 가격에 근접하는 수준이었다. 가격현실화는 국정가격과 시장가격의 차이인 이중가격이 가장 큰 원인이었다. 주민들은 국정가격으로 국가물자를 빼돌려 농민시장에서 고가로 매도하는 차익거래를 했다. 이 과정에서 정부는 막대한 재정을 퍼부어 손실을 보전해야만 했다. 계획경제는 위축되고 시장경제가 확산되어 경제 질서가 교란되었다. 당국은 문제의 근원인 이중가격을 근절하기 위해 가격을 현실화했다. 생필품의 국정가격을 암시장 가격에 접근시켜 비공식부문에 몰려 있었던 자원을 공식부문으로 흡수하고자 한 것이다. 가격현실화를 통해, 당과 국가가 계획경제하에서 억제되고 충족되지 못한 '사회적 수요'를 공식적으로 시인했다고 볼 수 있다.

7.1조치 시행 3개월 경과 후 2002년 9월의 군중강연에서 새로운 조치의 효과와 과거 정책의 문제점을 다음과 같이 설명하고 있다.

얼마 전까지만 해도 국가물자나 소비품 가격이 너무 눅다보니[싸다보니] 원료나 자재를 망탕써버리는 현상이 많았다. 그러나 이제는 값이 높아지고 모든 것을 돈으로 엄격히 계산하기 때문에 적은 원료, 자재로 더 질 좋게 만들기 위해 애쓰고 있다. 상품을 사는 사람들도 이제는 꼭 필요한 량만큼 사가고 있다. …… 전에는 소비자만 보고 상품가격을 눅은 가격으로 정하다보니 생산을 추동하는게 아니라 오히려 억제하는 제동기적 역할을 했다. 가격에 국가보상이 너무 많아 그 돈만 해도 한 해에 무려 수십억원이나 되었다. 농민들은 농산물값(쌀수매값 82전)이 눅으니 농장일보다 개인부업이나 장사에 더 신경을 썼다. 석탄도 국가적으로 중요한 전략물자이지만 1t값이 발열량이 제일 높은 경우라야 34원 정도에 불과했다. 청량음료 값보다 더 눅었다. 탄부들이 깊은 갱속에서 아무리 힘들게 탄을 캐내도 그 덕을 별로 볼 수 없게 되어 있다. _군중강연자료, "가격과 생활비를 개정한 국가적 조치를 잘 알고 더 큰 은이 나게하자"(2002.9)

임금은 평균 20배 올렸다. 노동자에 대한 물질적 자극으로 노동의욕을 제고하려는 의도가 있었다. 주민들은 조정된 가격에 맞춰 인상된 임금을 받게 되었다. 인상된 임금으로 새로운 가격체계에 맞춘 지출구조를 짜서 경제생활

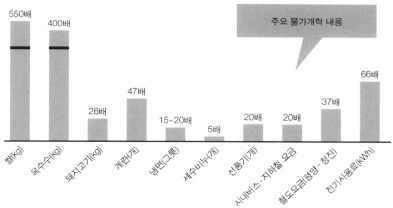

그림 2-5 7.1조치 가격인상 내용(물가)
자료: 김영윤·홍순직(2003: 226)에서 발췌 작성.

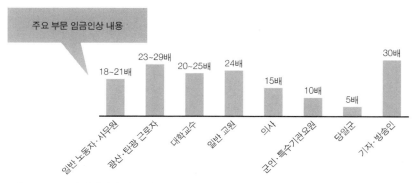

그림 2-6 7.1조치 가격인상 내용(임금)
자료: 김영윤·홍순직(2003: 226)에서 발췌 작성.

을 운영하라는 의미이다. 이러한 요구는 북한 주민들의 경제에 대한 기본 인식을 바꾸어버렸다. 일종의 가계차원의 경성예산제약은 가격기구의 작동과 시장경제 영역의 확대에 따라 이익을 계산하고 실리를 추구하는 경제인이 되기를 요구한 것이다.

가격과 임금에 대한 파격적 변화는 전면적 '화폐화'를 의미하는 것이었다. 이는 질적 전환이다. 북한의 계획경제가 시장경제를 기초로 수립된다는 것을 의미한다. 7.1조치를 전환점으로 북한 경제의 성격이 변화한 것으로 평가할 수 있다. 경제생활 전반에서 화폐의 정상적 작동은 비가역적인 단계로 진입한 것이다. 북한 무역성 부상 김용술은 이렇게 말한다.

> 7월 조치의 핵심은 가격의 대폭 인상과 독립채산제의 확대이다. 가격의 대폭 인상을 통해 주민들의 경제활동 참여 확대를 위한 동기를 부여하였다. 식량, 생필품 및 공공요금의 엄청난 인상으로 주민들은 노동을 하여 현금을 벌지 않으면 살아갈 수 없게 된 것이다. _ ≪조선신보≫, 2004년 12월 13일 자

(2) 기업 자율권 확대

7.1조치는 기업의 경영 자율권을 폭넓게 인정했다. 국가계획기구가 관장하는 계획지표를 축소하고 개별 기업의 독립채산제를 강화했다. 의사결정권한은 당간부에서 공장·기업소의 지배인으로 이양되었다. 생산계획수립·임금결정·노무관리 등에 대한 지배인의 경영권이 보장되었다. 기업의 실적을 평가하는 지표로 '번 수입'이 새롭게 도입되었다. 과거에는 생산계획의 수행 정도를 기준으로 사용했었다. 번 수입이란 생산한 제품을 팔아서 얻은 수익, 즉 '총판매수입 − 원가(임금 제외)'를 의미한다. 분배의 기준이 생산에서 판매로 변화한 것이다. 과거에는 생산계획만 달성하면 이익을 본 기업소나 손실을 본 기업소나 비슷한 수준의 임금을 받았다. 그러나 번 수입 지표를 도입하면, 이익을 본 기업소의 근로자가 손실을 본 기업소의 근로자에 비해 훨씬 많은

생활비를 받게 된다. 또한 이론적으로는, 생산계획을 100% 수행한 경우라도 판매가 안 되어 번 수입이 없다면 임금을 받지 못한다. 당국은 판매를 원활히 하기 위해 계획 외 생산과 계획 외 유통도 허용했다. 사실상 시장경제활동을 용인한 것이다. 번 수입에 따른 배분은 기업의 성과에 따른 소득격차를 일으 킨다. 또 새로운 가격체계는 상대가격의 변화에 따른 수입의 편차를 발생시 킨다. 소득격차로 인해 주민들 사이의 동질성은 파괴되고 사회경제적 분화가 나타났다. 이런 상황에서 사회통합은 새로운 원리를 요구한다. 이제 공평과 선의에 기초한 수령공동체의 도덕담론은 현실적 거소를 잃게 되었다.

(3) 배급제의 폐지 및 시장(종합시장)의 설치

7.1조치로 곡물과 생필품의 가격이 상승하자 배급제는 사실상 의미를 상실 하게 된다. 주민들은 국가의 재분배시스템이 아닌 시장에 의한 자원배분에 의존하게 되었다. 정부는 곧이어 종합시장과 생산재시장을 도입하여 자원배 분에 있어 시장 의존을 공식화한다. 7.1조치 다음해인 2003년 3월, 농민시장 을 종합 소비재 시장인 종합시장으로 전환하고, 전국적으로 약 300~350개를 설치했다. 기존의 농민시장은 암시장과 경계가 불분명하거나 또는 '암시장화' 하는 경향이 있었다. 당국은 이것을 소비재의 종합적인 유통을 담당하는 종 합시장으로 합법화했다. 종합시장의 설치·폐지와 관련된 승인 사항은 내각의 관련부서가 담당하고, 도·시·군 인민위원회가 관리를 맡았다.

'사회주의 물자교류시장'도 새롭게 도입했다. 생산재시장을 공식 허용한 것 이다. 공장·기업소 간 과부족 상태의 일부 원자재, 부속품들을 유무상통하도 록 했다. 또한 생산물의 일정 비율을 자재용 물자교류에 사용할 수 있도록 했 다. 사회주의 물자교류시장에서는 상부의 허가 없이, 지배인의 재량에 따라, 시장가격으로 자재 구입과 생산물 판매가 가능했다. 물론 거래는 현금으로 결제되었다. 시장의 활성화를 위해 계획영역 이외의 생산 및 유통이 합법화 되었다. 또한 기업이 직접적인 자재 도입 및 시장 판매를 통해 현금을 보유할

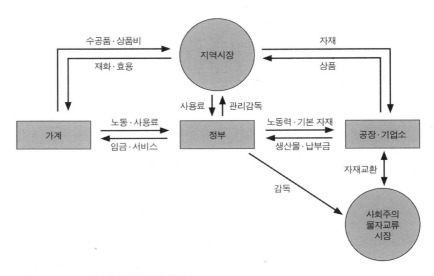

그림 2-7 7.1조치에 의해 개선된 경제관리 구조

수 있게 되었다. 더불어 부산물로 나오는 생필품(8.3인민소비품)도 시장에서
팔고 현금을 조달하는 것이 가능해졌다.

　북한 당국은 시장화를 용인하는 직접적인 정책들을 취하면서 간접적인 조
치들도 내놓았다. 대표적인 것이 상품화·화폐화의 진전이다. 그리고 그에 따
른 상품화폐경제 영역의 확장이다. 이는 계획경제 영역의 축소를 수반한 확
장이다. 우선 기업에 대한 계획 외 생산의 허용은 시장 판매를 위한 생산, 즉
상품생산의 확대를 의미한다. 또한 기관·기업소 간 거래에 있어서 기존의 무
상 거래가 유상 거래로 전환되었다. 이른바 '모든 것을 돈으로 계산하고 평가
하는 체계의 확립'이다. 아울러 배급제의 사실상 폐지, 이에 따른 현물임금에
서 화폐임금으로의 전환, 기업의 현금보유 허용은 결국 화폐화의 진전을 의미
한다. 기업도, 노동자도 이제 생존을 위해서는 화폐를 축장해야 할 강력한 유
인이 발생한 것이다.

(4) 재정개혁

북한은 7.1조치를 시행하면서 재정개혁도 함께 실시했다. 건전성 확보를 위해 각종 보조금 폐지, 자체로 돈을 벌지 못하고 국가예산에서 자금을 받아 쓰기만 하는 예산제 기관의 축소, 재정 수입·지출 항목 조정, 예산수납체계 개편 등을 단행했다. 재정관리 체계를 지출에서 수입 위주로 바꾸고 재정 확충에 치중하기 시작했다.

표 2-3 7.1조치 이후 재정 관련 예산지출 항목 비교

인민경제비	기본건설자금공급	고정재산 신설	동일	
		고정재산 확대재생산	축소	
		고정재산 단순재생산	폐지	
	대(大)보수자금공급		폐지	
	유동자금공급		폐지	
	인민경제사업비	각종 사업비	동일	
		추가적 시책비	사실상 폐지	인민적 시책비로 이동
인민적 시책비			축소	
군사비			동일	
국가관리비			동일	

표 2-4 7.1조치 이후 재정 관련 예산수입 항목 비교

변경 전		변경 후
국가기업이익금	통합	국가기업이득금
봉사료수입금		
국가기업 거래수입금		
생산협동조합 거래수입금	통합	협동단체이득금
협동단체이익금		
고정재산 감가상각금	폐지	-
사회보험료	불변	사회보험료
국가재산 판매 및 기타 수입		국가재산 판매 및 기타 수입
-	신설	토지사용료
-	신설	시장사용료 및 국가납부금

예산지출의 경우 기업에 대한 지원은 거의 없었다. 예산의 대부분은 국가 고유기능 수행에 지출하는 것으로 바꿨다. 국가가 독립채산제 기업소에 공급하는 국가예산 지출에는 기본건설자금, 대보수자금, 유동자금 등이 있었다. 그러나 유동자금 공급제도는 1985~1995년간에 폐지했다. 대보수자금 공급은 2002년에 폐지했고, 기본건설자금 공급도 1985~1995년과 2002년에 크게 축소했다. 고정재산의 신설 또는 확대재생산 중 일부만 국가예산에서 지원되었다. 결국 독립채산제 기업소에 대한 국가 예산지원은 고정재산을 새로 구입하거나 생산설비를 확장하는 경우를 제외하고는 모두 자체자금이나 은행 대부로 충당하도록 제도가 변경되었다.

예산수입의 큰 변화는 국영기업 조세체계를 단순화했다는 것이다. 거래수입금과 국가기업이익금을 국가기업이득금으로 통합했다. 또 하나의 변화는 예산수입원의 다양화이다. 토지사용료 수입, 시장사용료, 시장 판매소득에 대한 국가납부금 등을 신설했다. 기업뿐 아니라 협동농장이나 개인을 징수대상으로 하는 다양한 예산수입원을 발굴한 것이다. 토지사용료는 2002년에 신설했으며 2006년에는 부동산 사용료로 확대 개편했다. 북한이 발표한 4개의 예산수입 항목(국가기업이득금, 협동단체이득금, 사회보험료 수입, 토지사용료 수입) 중 하나로 토지사용료가 포함되었다. 이를 통해 토지사용료 수입이 적지 않다는 예측이 가능하다. 토지사용료 등의 화폐화는 약탈적인 측면이 존재한다. '추가적 시책비'와 같은 복지혜택은 폐지하고 새로운 징수원을 발굴하여 주민들에게 부과하는 것은 이중의 고통을 안기기 때문이다.

북한은 재정개혁과 더불어 금융적 후속조치도 시행했다. 7·1조치 이후 발생할 수 있는 통화량 증가를 억제하고 주민들이 보유한 화폐 자금을 경제발전에 돌리기 위해 '인민생활공채'를 발행했다. 경제개혁조치로 발생한 인플레이션을 완화하기 위해서였다. 공채판매는 자발적인 형식을 취했지만 실제로는 판매 전담기구를 꾸렸다. 지역별, 기관별 할당과 헌납을 유도했다. 한편, 물가와 임금 인상으로 화폐수요가 늘어남에 따라 1000원권 등 고액권을 유통시키는 조치를 취했다.

3) 등가체계의 붕괴와 새로운 가격관리체계

1990년대를 이어오며 무력화되었던 국정가격체계는 배급제와 함께 무너졌다. 공동체의 공평과 선의를 위해 제정되었던 '등가'는 7.1조치로 사실상 막을 내렸다. 시장메커니즘에 의해 자동 조절되는 것이 아닌 주민 전체의 공동선을 위해 제정되었던 가격이 사라지게 된 것이다. 그러나 가격규제가 사라진 것은 아니었다. 여전히 부분적으로 국정가격은 존재했다. 그 이유는 첫째, 국가가 주민들로부터 자원을 거두어들일 때 조달가격의 의미가 있었다. 둘째, 특권 계층을 위해 사라지지 않은 배급물품의 구매가격으로 존재했다. 그러나 대부분의 주민들 삶에서 국정가격은 무관한 것이 되었다. 그런 현상은 이미 1990년대부터 시작되었다. '국정가격'과 '도덕'이 없어졌다는 말이 유행했다. 국정가격이 없어졌다는 것은 국가상업망이 무력화되어 시장을 통해 물품을 구입한다는 뜻이다. 이미 국가계획영역이 형해화되고 있음을 상징했다. 도덕이 없다는 것은 주민들이 공동체의 도덕이 아닌 시장경제의 원리에 젖어들고 있었다는 것이다. 사회주의 국가들이 가격을 제정할 때는 일정한 원칙이 있었다. 첫째, 가격은 반드시 사회적으로 필요한 비용을 반영하여야 했다. 둘째, 가격은 생산자로 하여금 특정의 과업을 달성할 수 있는 자극이 되어야 했다. 셋째, 가격은 안정적이어야 했다. 넷째, 가격은 주민들의 욕구를 공동체에 바람직한 방향으로 이끌어야 했다. 다섯째, 가격은 재분배의 목적에 부합되어야 했다. 그러나 이러한 원칙은 더 이상 지켜지지 않았다.

등가체계는 무너졌지만 북한은 다른 목적으로 가격을 제정했다. 시장안정과 경제운용을 위해 꼭 필요했기 때문이었다. 국가 유통망의 상품은 부족했고 가격은 비탄력적이었다. 이중가격은 완전히 해소되지 못했다. 국부가 시장으로 빨려들 여지는 남아 있었다. 가격규제를 통해 날뛰는 시장가격을 제어하고 나아가 화폐권력을 적절히 길들여야 했다.

(1) 한도가격의 등장

7.1조치 이후 북한 당국은 변동가격체계를 도입했다. 그러나 가격을 온전히 시장에만 맡기지는 않았다. 당국은 시장가격의 안정을 원했다. 예를 들어, 김정일은 2004년 상반기에 세 번이나 물가를 안정시키라는 주문을 했다.

7.1조치 이후 상품가격안정을 위해 모두 다섯 가지 정책수단을 동원했다. 첫째는 '한도(최고)가격' 제도의 활용이었다. 일종의 행정 지도이며, 상품가격의 폭등을 제한하는 가장 대표적인 방법이었다.

한도가격은 최고가격(ceiling price) 규제였다. 시장가격은 수요·공급에 의하여 자동조절된다. 그러나 북한 당국은 이것을 전적으로 용인하지는 않았다. 가격의 상승에 제한을 두어 일정 수준 이상의 등귀를 막은 것이다. 시장가격이 지나치게 상승하면 공공부문의 재화가 시장으로 빨려 들어가기 때문

표 2-5 김정일 위원장의 '시장 상품가격 안정화' 지시(2004)

일자	지시 내용
2004.1.7	"상품 생산을 늘이고 국영상업망들을 활성화하여 시장관리운영을 개선하며 시장상품가격을 안정시키기 위한 대책을 세울 것"→ 2004.1.26 국가가격제정국, 시장가격 통제
2004.3.10	"시장가격을 안정시킬 것" → 2004.4.1 국가가격제정국, 시장가격 통제
2004.6.1	"계획경제를 시장가격에 근접시킬 것"(가격제정에서 신축성 보장 문제) → 내각 상무조, 쌀값 안정화 대책 연구

자료: 한기범(2009: 142).

표 2-6 북한의 가격형태와 가격관리체계

가격형태	가격최종결정권	가격동향	제정원리	계획화 정도
국정가격	국가가격제정국	고정가격	원가	계획가격
한도가격	가격제정국 + 관할 인민위원회	변동가격	원가+수요·공급 (+환율변화)	행정지도가격
시장가격	시장	자유가격	수요·공급	합의·경쟁가격

자료: 김일한(2011: 80).

이었다. 비사회주의적인 차익거래는 생산성이 증대되고 충분한 공급만 이루어지면 사라진다. 이 문제는 김일성도 누누이 지적했다. 그러나 현재까지도 해결되지 않고 있다.

> 닭알 파는 문제를 놓고 봅시다. 지금 우리가 평양을 비롯하여 여러 곳에 닭공장을 짓고 닭알을 생산하고 있는데 아직은 인민들에게 넉넉히 공급할 수 있을 정도로 생산하지 못하고 있습니다. 그러다보니 닭알도 국정가격과 농민시장가격의 차이가 있게 되는데 이것을 리용하여 되거리하는 현상이 나타나고 있습니다. 물론 그렇다고 닭알 몇알 되판 사람을 죄수로 만들어 교화소에 보낼 수도 없고 다른 방법으로 통제한다고 해야 판매량을 조절하는 것과 같은 몇가지 실무적 대책을 세우는 것밖에 다른 도리가 없습니다. 물론 이런 대책도 세워야 하겠지만 그런 대책으로는 상품이 몇몇 사람들에게 집중되는 현상을 얼마간 조절할 수 있을 뿐이지 결코 그것이 농민시장에서 되거리되거나 암거래되는 현상을 근본적으로 없앨수는 없는 것입니다. 이 문제를 풀기 위하여서는 물건을 많이 생산하여야 합니다. 닭알공장을 더 많이 짓고 인민들의 수요를 충족시킬 수 있을 만큼 많이 생산한다면 닭알의 암거래는 없어질 것이며 농민시장에서 팔고 사는 일도 저절로 없어지게 될 것입니다. 이와 같은 방법으로 국가적으로 인민들의 수요를 충족시켜 농민시장에서 거래되는 상품들을 하나하나 없애나간다면 마지막에는 농민시장이 필요없게 될 것입니다. _김일성, "사회주의 경제의 몇가지 리론 문제에 대하여"(1969.3.1)

가격안정화를 위한 수단의 두 번째는 소위 '경제적 방법'이다. 중앙은행이나 재정기관을 통해 화폐유통량을 조절하기 위해 '저축·보험'을 유도하는 방법이다. 국가기관 및 공장·기업소라면 '재정검열'을 강화하는 방법도 있다. 셋째는 상품공급량을 늘리고 시장과 가격경쟁을 유도하기 위해 국영 도매반(소)을 설치하는 것이다. 무역회사의 수입상품 판매와 국영 상점운영을 허용

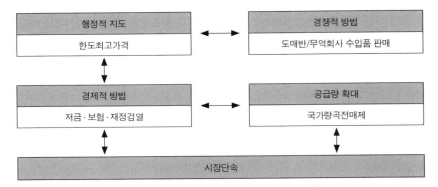

행정적 지도		경쟁적 방법
한도최고가격	↔	도매반/무역회사 수입품 판매

경제적 방법		공급량 확대
저금·보험·재정검열	↔	국가량곡전매제

시장단속

그림 2-8 북한의 시장안정화 조치 및 정책수단
자료: 김일한(2011: 88).

하기도 한다. 넷째는 국가배급체계를 통해 곡물공급량을 늘릴 목적으로 양곡 전매제를 시행하는 것이다. 마지막으로, 앞의 네 가지 방법이 먹히지 않거나, 시장의 무질서와 맹목성이 허용범위를 넘을 경우 직접 단속했다. 시장단속은 1990년대에도 간헐적으로 진행되었지만, 2003년 시장의 공식화 이후 2007년 을 전후로 해서 본격적인 양상을 드러냈다. 참고로, 2007년은 국제곡물가격 이 기록적으로 폭등하기 시작한 시기였다.

한도가격은 공공부문의 자원과 민간부문의 자원을 구획하는 세력균형선이 었다. 동일한 재화가 민간영역에서 높은 가격으로 매겨지면 공공영역의 동일 재화는 상대적으로 저평가된다. 시장가격이 오르는 만큼 계획영역의 자원을 싸구려로 만드는 것이다. 동일재화에 대해 2중가격이 발생하면 '저평가 매수, 고평가 매도'의 차익거래는 필연적이다. 국정가격으로 사서 시장가격으로 팔 아 이익을 챙기는 흐름은 총칼로도 막기 어렵다. 폭압적 강제만 없다면 공공 부문의 자원은 순식간에 고갈되고 만다. 북한 당국은 한도가격을 내놓고 국 가영역의 자원이 상대적으로 저평가되지 못하도록 선을 그었다. 만약 민간영 역에서 한도를 지키지 않으면 평화는 깨진다. 매대는 엎어지고 상인들은 잡 혀가고 거래는 통제된다. 그러나 시장가격의 등귀는 누가 의도적으로 조작한

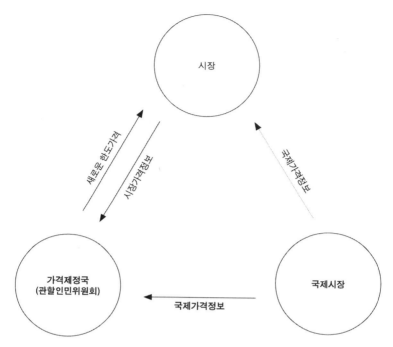

시장

가격제정국
(관할인민위원회)

국제시장

새로운 한도가격

시장가격정보

국제가격정보

국제가격정보

그림 2-9 북한 시장의 한도가격 제정 체계
자료: 김일한(2011: 92).

것이 아니었다. 북한 경제의 만성적인 공급부족이 원인이었다. 북한 당국은 원가, 환율, 국제시세 등을 고려해 한도가격을 정했다. 이를 통해 시장가격을 통제하려 했지만 한계가 있었다. 부족의 경제가 그것이었다. 모자라는 공급 문제는 어쩔 수 없었다. 만성적 수요초과는 가격을 밀어올리고, 오른 시장가격이 다시 한도가격에 영향을 미쳤다. 국제가격과 시장가격은 한도가격과 피드백하며 공존했다. 팽팽한 가격긴장이 불안정한 세력균형처럼 위태롭게 이어졌다.

가격제정에 있어 모든 상품의 가격을 일률적으로 재단하는 것은 매우 어려운 문제이다. 가격이 제대로 규정되지 않으면 생산자와 수요자가 모두 손실을 보게 되고 자원의 적정배분에 실패하게 된다. 북한 당국은 많은 상품의 가격을 적절히 제정하는 문제에서 난관에 부딪쳤다.

수천 수만 종에 달하는 생산물의 가격을 한꺼번에 바로 정하기 위해서는 어느 생산물의 가격을 먼저 정하고 그것을 척도로 다른 생산물의 가격을 정하여야 한다. 그래야 생산물 가격수준이 바로 규정될 수 있고 생산물가격 호상간의 균형을 정확히 보장할 수 있다. _최경희, "소비상품 가격제정의 출발점과 기준", ≪경제연구≫ 2006년 1호, 32쪽

문제는 상품가격 결정의 기준이 되는 '시초가격'을 어떻게 정하느냐'였다. 이 문제에 대하여 김정일이 해법을 주었다고 한다. '쌀값'이 그것이었다. 북한은 식량가격을 가격제정의 출발점으로 삼았다. 쌀이 '뉘메레르(numéraire; 표준적인 가치척도 상품)'가 된 것이다.

위대한 장군님께서는 식량문제의 해결을 사람들의 물질생활에서는 물론 우리나라 경제문제를 풀어나가는데서 가장 중요한 고리로 보시고 농민들을 우대

표 2-7 '시장관리운영규정세칙'의 한도가격 규정(2004.8.12)

제13조. 시장에서는 가격제정기관이 정해주는 중요 지표들에 대하여 제정된 한도가격범위에서만 팔아야 한다.
1. 시장한도가격은 시, 군(구역) 인민위원회 상업부서와 시장관리소가 안을 제기하는 데 따라 가격부서에서 검토하고 비상설가격제정위원회의 승인을 받아 시세에 맞게 정하여야 한다.
2. 시장한도가격은 국가가격제정국에서 정해주는 시장한도가격에 준하여 10%까지 범위에서 시, 군들의 실정에 맞게 높이거나 낮추어 제정하며 시장가격 변동에 따라 신축성 있게 조절하여 시장가격을 안정시켜야 한다.
3. 한도가격은 시장입구를 비롯한 편리한 장소에 정상적으로 공시하여야 한다.
4. 시장에서 물건을 파는 사람들은 시, 군 인민위원회 상업부서와 가격부서가 합의하여 정해주는 중요 지표들에 한하여 가격표를 써 붙이고 팔아야 한다.

제43조 2. 시장관리소는 시장판매원들이 한도가격을 어기고 물건을 비싸게 팔며 상품가격을 지나치게 올렸을 때에는 사용료를 2배 이상 받거나 엄중할 때는 물건을 회수하며 위반행위가 여러 차례 반복될 때는 시장 판매 권한을 박탈한다.

자료: 한기범(2009: 143).

하는 원칙에서 식량가격을 정하고 그것을 출발점으로, 기준으로 전반적 상품가격을 제정하도록 이끌어 주시었다. _ 최경희, "소비상품 가격제정의 출발점과 기준", ≪경제연구≫ 2006년 1호, 32쪽

이렇게 해서 제정된 가격 중 한도가격은 시장을 규제하는 명령으로 의미를 가졌다. 북한은 한도가격에 대한 엄격한 준수를 강제했다.

(2) 새로운 가격제정 원리

새로운 가격은 쌀가격을 기준으로 정해졌다. 쌀가격은 다음의 세 가지 원칙에 입각하여 제정했다.

첫째, 사회적 비용인 원가를 고려하는 것이다. 둘째, 내부의 수급 상황을 참작하는 것이다. 그리고 셋째, 국제 곡물시장에서 형성되는 가격 수준을 확인한다는 것이다. 뉘메레르인 쌀의 가격이 정해지면 이에 따라 다른 상품들의 가격도 일정한 기준에 따라 재정(裁定)할 수 있었다.

화폐는 기존의 비물질적으로 맺어지던 인간과 인간의 결합을 효율적으로 해체한다. 그리고 모든 과정을 전일(全一)적으로 상품화시켜 재조직한다. 상품은 얼마나 사회적 과정을 장악할 수 있느냐에 따라, 즉 '권력'에 따라 가격이

표 2-8 북한의 새로운 가격 제정 원리

북한의 새로운 가격 제정 원리
1. 원가 반영, 수요자 위주에서 생산자 위주의 가격제정방식으로 전환
 - 실리 중심, 생산자 우대, 수요와 공급 고려라는 3대 기준에 입각하여 가격 제정
 - 국가의 가격보조금, 즉 '국가보상' 철폐
2. '시초원료'인 쌀(식량)가격 대비 상대가격 변동
 - 과거 실질 생계비의 3.5% 수준에 머물던 식량 값을 50%로 조정하여 생활비 산정
 - 쌀 가격 기반, 전략물자 등 상품가격의 상대가격 조정
3. '한도가격' 중심의 행정지도형 변동가격제
 - 시장 한도가격을 국제시장가격과 환율시세를 고려해 쌀 등 중요 지표에 대해서만 국가가격제정국, 도, 시, 군 인민위원회가 가격 설정. 상품 수요와 공급이 변동되는 데 따라 상품유통과 화폐유통을 원만히 보장할 수 있도록 상품가격을 고정시키지 않고 능동적으로 계속 조절

달라진다. 권력은 미래현금흐름이라는 형태로 드러나게 된다. 이것은 적정한 비율에 의해 할인되어 현재가치가 되는데 이른바 '가격'이다. 가격은 상품 간의 위계이면서 동시에 사회적 관계의 계서가 된다. 이러한 일련의 과정이 바로 돈이 지배하는 사회의 기본질서이다. 과거의 북한 주민은 공동체, 직장, 지역적 결사체에 매여 있었다. 개인의 정체성은 실제적 또는 사회적 이해 집단에 용해되어 있었다. 하지만 이러한 조화는 1990년대의 위기를 거치면서 파괴되었다. 주민은 공동체와 급속히 소원해졌다. 공동체는 형해화(形骸化)되었고 개인은 자율적(自律的)이 되었다.

공동체의 도덕적 가치는 박제가 되었지만 개인은 과거와는 달리 내적·외적 이동의 자유를 구가할 수 있었다. 개인과 공동체 간의 의존성은 화폐에 의해 해체되었다. 화폐는 인간과 사물 사이에 매 순간, 완전히 객관적이며 그 자체로는 아무런 특성도 없는 '가격'을 개입시킨다. 명절 때마다 수령의 배려로 주어지는 선물은 화폐가치로, 가격으로 환원할 수 없는 소중한 것이었다. 수령의 특별한 배려는 결코 경제적 성격을 드러내 보여서는 안 되었다. 주민과 수령 사이에는 감히 돈이 개입할 수 없기 때문이다. 수령의 선물에는 가격표가 없었다. 등가체계가 와해될 무렵부터 주민들은 비어 있는 가격표에 쓰여질 정가를 추정하기 시작했다.

과거 공동체에서 정한 등가(국정가격)는 가치표준이었다. 등가를 범해 개인적 이익을 취하는 것은 도덕적으로 지탄받았다. 김일성은 등가체계를 지키는 것을 공민의 조건으로 삼았다.

국가에서 제정해 준 가격을 어기지 말아야 합니다. 이것을 어기는 자들은 국가의 법에 의하여 처벌하며 이런 자들에 대해서는 독재를 실시해야 합니다. 그러나 이들이 만약 협동조합에 들어서 사회주의적으로 개조된다든가 혹은 국가의 법을 어기지 않고 정당하게 장사를 한다면 이들은 모두 다 우리나라의 공민으로 인정될 것입니다. _김일성, "우리 당 사법정책을 관철하기 위하여"(1958.4.29)

표 2-9 국가가격제정국 제정 시장 한도가격(2004.4.1)

지표	한도가격	지표	한도가격	지표	한도가격
흰쌀(kg)	250원	닭고기	650원	운동화(켤레)	450원
강냉이	120원	닭알(개)	30원	수입운동화	500원
콩	250원	명태(kg)	900원	치약(55g)	25원
밀가루	260원	사탕가루	280원	학습장	15원
감자	50원	콩기름(봉지)	950원	연필	5원
고구마	70원	빨랫비누(개)	50원	수입스프링	300원
돼지고기	600원	세숫비누	120원	세수수건	200원

수령이 강조했던 지엄한 가격체계를 수령이 스스로 헐어버렸다. 가격은 상품을 두고 벌이는 욕심 가득한 흥정에 의해 결정되었다. 국가가 10일마다 포고하는 한도가격은 슬쩍 무시할 수도 있었다.

등가체계의 와해는 주민들에게 화폐물질에 수량을 부여하는 능력을 키워주었다. 주민들 스스로 가격을 매기기 시작했다. 과거에는 무상으로 제공되었던 재화나 서비스에 가격이 붙기 시작했다. 2000년대부터 학생들에게 공부를 가르치는 일이나 의료인의 업무시간 외 진료행위도 공짜가 아니었다. 개인들이 가진 재주를 남을 위해 쓰는 일도 모두 정가가 매겨졌다. 주민들은 "배웠으면 일정하게 물질적 자극을 줘야 되는 것이 도덕적"이라고 생각하게 되었다. 대부분의 거래는 화폐로 결제되고, '흥정'이 북한 전역에서 일반화되었다. '공짜'는 거의 사라졌다. 화폐는 주민들의 의식 속에서 강력하게 자리잡게 되었다. 공동체가 반포하는 등가가 무너진 대신, 주민들 머릿속에 화폐물신과 '정가' 결정 기계가 하나씩 들어앉았다.

4. 관료가 주도하는 시장

1990년대 이후 북한은 시장화의 길을 걸어왔다. 북한의 시장화에 대하여

연구자들 사이에서 정설처럼 굳어진 것이 있다. 바로 '자생적 시장화' 담론이다. 경제위기 이후 주민들이 계획영역 바깥에서 소규모 생산과 상업활동을 조직했고 이것이 유기적으로 연계되고 확대되어 시장화가 진전되었다는 것이다. 부연하면, 주민들이 소비재의 생산과 유통에 전면적으로 관여하고 이것이 무역, 도·소매, 금융, 고용시장 등에까지 연쇄·파급되어 시장화를 이루었다는 것이다.

자생적 시장화의 논리로 보면 북한의 경제사회적 상황은 **그림 2-10**의 궤적

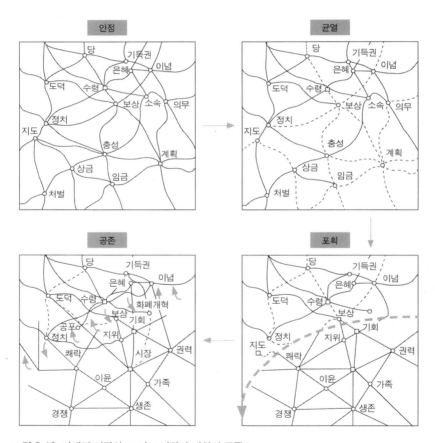

그림 2-10 자생적 시장화, 그리고 시장과 계획의 공존?

을 보인다. 첫 번째는 경제위기 이전의 비교적 '안정'된 단계이다. 배급제와 계획경제가 작동하고 있었고 주민들은 주로 정치도덕적인 자극으로 동기화되어 있었다. 그런데 경제위기가 찾아왔다. 기존의 생산과 분배를 조직하는 원리가 약화(점선)되었고 물질적 조건이 보장되지 않게 되었다. 그러자 주민들은 분산되어 개별적인 수단으로 생존을 도모한다. 기존 질서는 '균열'을 일으킨다. 다음으로 주민들은 개별적인 생산과 상업활동으로 생활을 영위하고 이 과정에서 생활수단을 확보하는 기제가 계획영역에서 시장으로 바뀐다. 시장이 계획의 영역을 침식하고 기존 질서를 담지한 주민들은 시장적 질서로 '포획'된다. 다음으로, 기존 질서는 위기를 느끼고 화폐개혁과 같은 사보타주나 공개처형과 같은 난폭한 정치를 통해 시장을 억누른다. 그러나 시장이 이미 주민생활에 깊이 침투했기 때문에 완전히 영향을 제거할 수 없다. 두 세력은 서로를 의식하며 적대적 '공존'을 하는 단계가 된다.

매우 단순화했으나 이러한 '자생적 시장화' 또는 '아래로부터 시장화' 담론에는 몇 가지 문제가 있다. 자생적 시장화의 논리에서 공통적인 것은 시장화의 주요 동력을 '주민'으로 상정한 것이다. 이에 반해 '권력'은 수동적이고 방어적인 차원에서 설정된다. 권력은 어쩔 수 없는 상황변화에 떠밀려 시장을 '수용'하거나, 통제 또는 규제의 입장을 취한다. 이러한 관점은 1990년대 이래 북한의 시장 확대를 보는 연구의 주류 견해를 형성해왔다. 그런데 이러한 설정은 권력과 시장의 관계, 그리고 권력이 시장을 통해 전개하는 활동은 도외시한 측면이 있다. 영국에서 탄생한 근대의 자유시장은 수세기에 걸쳐온 폭력적 인클로저와 비정한 구빈법이 없었다면 성립되지 못했다. 현상의 배후에 도사린 역사적이고 제도적인 속성을 모두 사상하고 '자연발생적'이라고 간단히 규정하는 것은 지나치게 표피적이다.

북한에서 시장은 전혀 뿌리가 없었던 것이 아니다. 경제위기를 맞은 주민들이 단기간에 '생산'한 것도 아니다. 북한의 시장은 농민시장으로부터 연원한다. 경제위기 전의 농민시장은 규모나 기능 측면에서 정교한 작동을 할 수 없었다. 그러나 절박한 위기상황에서 규모와 기능이 확장되었고 전국적으로 연결되어 개편되었다. 물론 시장화에 자생적 성격이 없었던 것은 아니다. 그러나 2000년대 전후가 되면 권력이 시장을 통제하기 시작했다. 정교한 시장 메커니즘은 권력이 개입하지 않으면 주민들만의 힘으로 축성될 수 없다. 북한은 국가가 독점하고 있던 생산, 유통, 분배에 관한 지배권을 하위 권력주체에게 양도하기 시작했다. 그들은 강력한 물리력과 산업적 특혜, 정치적 보호를 토대로 시장을 장악했다. 2002년 이후부터는 명확해졌다. 북한에서 시장은 권력이 '배급'한다. 통치자는 특혜와 보호를 정권 유지에 긴요한 기관과 협조적인 세력에게 정치적으로 배분한다. 특혜와 보호를 누리는 상업적 행위자는 개인인 주민들이 아니다. 상인이나 회사의 외양을 하고 있지만 뒤에 서 있는 것은 당·군·정의 권력기관이다. 북한의 시장은 자생성 있는 주민들의 지역시장이 권력기관의 경제활동에 포획됨으로써 성립되었다. 권력기관의 영리활동은 이전에는 국가가 가지고 있었던 사회적 과정의 일부를 양도받음으로써 가능해졌다. 현재 관찰되는 북한 시장은 '관료적 시장'으로 규정할 수 있다.

1) 국가에 의한 시장의 제도화

경제위기 이후, 수령권력이 오랫동안 숙주로 삼았던 낡은 공동체는 새로운 경제사회적 변화를 담지할 수 없게 되었다. 수령공동체는 새로운 전환을 모색해야 했다. 이 과정에서 중요한 것은 새로운 공동체에 자양분을 공급할 물적 자원이다. 물적 자원이 시장을 통해 배분되는 만큼, 통치자에게 시장은 포획되어야 할 영역이었다. 북한의 지배권력은 화폐의 힘을 전개하여, 전 사회적 과정을 그들의 세계관에 따라 일관성을 가진 통합적 체계로 조직해야 한다. 이러한 목표를 달성하기 위해서는 시장을 지배권력에 복속시켜야 한다. 그 어떤 권위적인 공동체이든 구성원들의 보편적 가치체계는 지배계급의 세계관을 사회라는 프리즘에 통과시킴으로써 구현시킨다. 기본질서를 구성원들이 자발적으로 받아들이도록 하기 위해서는 인적·물적 자원을 통제해야 한다. 화폐란 단순한 물질이 아니다. '생산과 분배를 지배하는 권력'이다. 화폐가 기능을 발현하고 가치를 실현하는 곳, 바로 시장이다.

화폐가 집적되어 증식하게 될 때, 자본이 된다. 자본은 사회구조 변화를 일으키는 권력이다. 또한 자본의 축적과정은 사회 구조의 변화의 원인이자 결과이다. 자본은 사회적 과정을 지배한다. 사회적 과정을 지배하는 만큼 전리품으로 획득되는 화폐는 증가한다. 그것이 다시 권력의 밀도를 증가시키고, 사회의 구조변동을 일으킨다. 그런데 화폐가 증식하고 자본으로 전화되어 더 큰 권력을 꿈꾸는 곳이 시장이다.

소박한 시골장터라도 구성원들의 약속이 존재하지 않으면 지속적으로 열리지 않는다. 전국적으로 연결되고 국제적 가격정보가 반영되는 효율적 시장이 주민들의 개인적 신뢰와 일상적 필요만으로 조직될 수는 없다. 아무리 작은 상품의 거래라도 그것이 발생하기 위해서는 전국적 상품유통과 화폐가치의 변화, 가격정보 등이 뒷받침되어야 한다. 사실 이러한 시장은 상향식으로만 조성될 수 없다. 하향식(top-down)으로 작용하는 강제력에 의해 완성될 수 있다.

인류 역사상 최초의 시장은 아테네에서 생겼다. 기원전 546년. 당시 세계 최고의 문명국이었던 페르시아 왕 키루스는 그리스의 스파르타 사신에게 이렇게 말하며 그들을 경멸했다.

나는 동네 한가운데 모여들어 서로 속이고 거짓 맹세를 하기 위하여 정해진 장소(시장)를 가지고 있는 그러한 무리들을 두려워해 본 적이 없다.

페르시아는 근동의 패자였음에도 불구하고 전국에 단 하나의 시장 개최지도 없었다. 문명국 페르시아에서 보기에 그리스인들의 시장관습은 매우 경멸

스러운 것이었다. 그럼 아테네의 시장은 어떤 이유로 생겼을까? 시민들이 자발적으로 모여 형성한 것일까? 인간의 교환본성을 발휘하기 위해서 생겨났을까? 둘 다 틀렸다. 시장관습이 생길 무렵, 아테네에는 두 명의 정치 라이벌이 있었다. 키몬과 페리클레스였다. 귀족의 지도인인 키몬은 자신의 어마어마한 재력으로 아테네 시민의 환심을 샀다. 그가 유명하게 된 것은 재물로 시민들을 매수했기 때문이었다. 반면, 키몬의 반대편이자 민주파인 페리클레스는 키몬과 같은 재력이 없었다. 그는 시민들의 인기를 얻기 위해 시장관습을 육성했다. 전 시민에게 공공사업으로 매일 소액의 수당을 지급하여 그것으로 시장에서 음식을 사먹고 하루하루를 지내도록 한 것이다. 아테네에서 성립한 최초의 시장도 교환을 위한 것이 아니라, 재분배를 위해서 고안된 것이었다. 관료제의 비대화를 초래하지 않으면서 주민에게 재분배를 할 수 있을까? 그 답은 바로 화폐와 시장이었다. 주민들에게 하루를 버틸 수 있을 식량의 가격만큼을 화폐로 나눠주면 주민들은 화폐를 이용해 식량을 해결할 것이다. 물론 가격도 자동조절되는 것이 아닌 고정된 등가였다. 최초의 시장은 인간의 교역본능에 따라 자연발생적으로 만들어진 것이 아니라 권력이 '베푼' 것이다.

2000년대 이후에 북한의 시장은 권력의 의도와 배후조종으로 지배되었다. 1990년대의 시장화 확산도 권력의 개입이 있었다고 보아야 한다. 1995년 공장·기업소·기관별로 식량 문제를 알아서 자체 해결하라는 김정일의 지시가 시장 확대의 결정적 요인인 것이다. 그 무렵 국가기관 산하 경제단위들도 식량을 자체 조달해야 하는 상황에 처했다. 그들은 각기 외화벌이 회사를 만들어 상업 및 무역 활동을 시작했다. 이는 북한의 유통시장이 확장되는 하나의 요인이 되었다. 군 및 당의 경제 기관과 같은 특권 기관들이 자본을 보유한 이른바 '돈주'들과 결탁하여 비계획 경제 활동의 영역을 넓혀 나가는 현상도 나타났다. 이로 인해 북한의 시장화 공간은 더욱 확대되고, 북한 경제 내에 구조화되기 시작했다. 1990년대 후반부터는 북한 경제 내의 시장화 현상이 유통 부문을 넘어 생산 부문에까지 확산되었다. 시장 활동의 행위자도 일반 주민뿐만 아니라 당·정·군 기관들에까지 확대되었다. 권력기관의 외화벌이 회사들은 정권이 보장하는 산업적 특혜와 정치적 보호를 배경으로 독점적 초과이윤을 보장받았다. 이들은 북한의 시장 전개에서 시장지배자적 지위를 차지해왔다. 이들 권력기관 무역회사들은 시장의 상층구조를 형성했다. 그들은 상업적 하부구조를 직접 지배하거나 또는 자생적으로 발생한 시장적 활동과 행위자를 포섭하여 하부 구성요소로 종사시켰다. 북한의 시장은 수령의 통제제도 및 지대할당과 맞물려 기존 권력이 지속되고 복잡하게 진화하는 데 순기능을 하고 있다. 북한의 신흥부유층들은 자신의 이익과 안전을 위해 국가권력에 순응했다. 그뿐 아니라 적극적 공생 네트워크를 지속적으로 확대하고 있다.

어떤 개인이 권력의 특혜와 무관하게 자생적으로 성장했더라도, 성장을 지속하려면 정치권력의 허가와 보호가 필수적이었다. 산업활동의 규모를 확대하고 영역을 넓히려면 권력과 결탁도 필요했다. 산업적 성장에 비례하는 강력한 허가와 보호, 결탁이 없는 개인의 치부는 예측 불가능한 처벌과 몰수의 대상이 되기 때문이었다. 결국 이렇게 보면, 북한의 시장은 '자연발생적'인 것이 아니다. 또한 시장전개의 주역도 상거래와 개인생산에 종사하면서 아래로부터 시장확대를 추동한 '주민'이 아니다. 시장을 일군 주역은 권력의 비호와 특혜를 배경으로 지배자적 지위를 누렸던 기관들과 그들과 결탁한 개인 상인들이었다. 이들은 북한의 시장 전개과정에서 지배자적 위치를 차지했다. 또한 이를 토대로 주민의 생계적 시장 활동을 직접 지배하여 활용하거나, 포섭하여 하부 구성요소로 종사시켰다.

(1) 종합시장의 개설

북한은 2003년 3월부터 종합시장을 새롭게 개설했다. 기존의 '농민시장' 명칭을 '시장'으로 바꾸고 유통물자의 범위도 종전의 농토산물에서 탈피해 식량 및 공업제품으로 대폭 확대했다. 종전의 암시장을 합법화해주는 형태로 소비재시장을 공식 허용한 것이다. 김정일의 지시로 이루어진 종합시장의 개설은

2002년 7.1조치의 효과를 증폭시키고자 하는 의도를 가졌다. 이로써 북한 당국은 시장을 공식화했다.

　　모든 시, 군, 구역들에서 자기 지방의 특성에 맞게 시장위치와 규모를 바로 정하고 현대적으로 잘 꾸리며 개별적 주민들뿐만 아니라 공장, 기업소, 협동농장들에서도 자기 단위에서 생산한 상품들을 시장에 내놓고 봉사활동을 하게 했다. 또한 시장에서 농토산물은 물론 인민생활에 필요한 식료품과 공업품들을 다 내놓고 팔게 하고 시장에서 거래되는 상품종류와 리용 대상범위가 달라지는데 맞게 시장명칭도 해당 지방의 이름을 붙여 부르게 했다. 그리고 근로자들이 퇴근 후에도 장을 볼 수 있게 저녁에도 일정한 시간 시장운영을 계속하게 하였다. _ 강연 및 해설담화자료, "국가적 조치의 요구에 맞게 시장관리운영과 리용을 잘해 나가자"

　　종합시장의 개설과 운영세칙에 이르기까지 김정일은 직접 의사결정과정에 참여했으며 최종적으로 비준했다. 종합시장의 도입과 차후 운영에 이르는 규정이 정권기관에 의해 만들어졌다. 관련 기관도 김정일(수령), 내각의 각 부서, 지방의 인민위원회에 이르기까지 유기적인 업무분장과 협조가 이루어졌다. 상업성은 운영을 담당하고 재정성은 장세나 부과세와 같은 세목을 고르

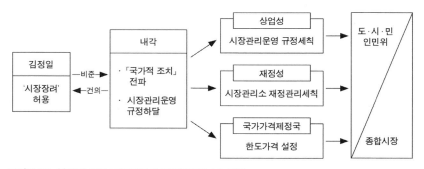

그림 2-11 북한의 종합시장 제도화 과정(2003년 3~5월)
자료: 내각의 각종 지시 문건, 한기범(2009: 137)에서 재인용.

고 수취시스템을 정비했다. 국가가격제정국도 물가안정을 위한 한도가격 제정을 맡았다. 이것은 자생적 시장(농민시장)에 국가권력이 개입하여 그것을 복속시키고 새로운 자원배분 시스템으로 제도화하기 시작함을 의미했다. 모든 준비를 마치고 2003년 3월 종합시장이 열렸다. 공식적으로 권력이 시장을 배급하기 시작했던 것이다.

종합시장에서는 상업성에서 지시한 거래금지 품목은 판매가 제한되었다. 거래금지 품목은 다음과 같다.

1. 군품과 연유, 생고무, 귀금속, 유색금속, 화공품, 비료, 2. 기계설비를 비롯한 생산수단, 자재, 부속품, 공구(가정생활과 직접관련된 것은 제외), 3. 각종 출판물, 4. 록음, 록화물을 편집한 전자매체, 주파수를 고정시키지 않은 반도체라지오가 달린 일용품, 5. 각종의약품, 인삼, 다른 나라에서 들여온 껌, 6. 훈장과 메달, 7. 다른 나라에서 중고품으로 들여온 옷, 8. 우리 인민의 기호와 사상 감정에 맞지 않거나 부정적 영향을 줄 수 있는 상표와 그림을 붙인 상품(남조선 상표가 붙은 상품 포함), 9. 국제기구에서 들여온 협조물자. _ 상업성 지시, "시장관리 운영규정세칙"(2004.8.12)

시장참여자는 큰 제한을 두지 않았다. 농민이나 일반주민뿐 아니라 국영기업소·협동단체도 시장 활동에 참여해 제품을 판매할 수 있었다. 평양의 통일거리 시장의 경우 판매 매대의 약 5%는 공장·기업소 몫으로 할당되었다. 국가는 이들에게 '시장사용료'를 내게 하고, 이와는 별도로 자기 소득에 따른 '국가납부금'을 내도록 했다. 시장화와 더불어 징세를 통해 국가의 시장의존성이 확대되었다.

2003년 이후 북한의 시장은 하나의 공식적 제도로서 대다수 경제주체들의 일상행위 대부분을 장악하는 가장 중요한 경제기구가 되었다. 평양을 비롯한 북한의 전 지역에 종합시장이 개설되었다. 시장에서는 곡물을 비롯한 거의 모든 재화가 자유롭게 유통되고 있다.

종합시장은 장사하는 개인 및 기업소, 협동단체로부터 시장사용료와 소득에 따른 국가납부금을 징수한다. 시장사용료는 시장에서 판매 매대를 갖고 장사하는 경우 징수하는 일종의 임대료이다. 국가납부금은 시장에서 판매 활동을 하는 모든 개인, 기업 등에게 판매이익의 일부를 거두어들이는 일종의 소득세이다. 시장사용료와 국가납부금은 농민시장 시기부터 징수되다가 2003년을 계기로 공식화된 것으로 보인다. 내각결정 제27호(2003.5.5)는 점포의 면적과 위치에 따라 시장사용료를 달리 정한다고 규정하고 있으며 시장사용료를 국가에 납부하지 않을 경우 책임자가 행정적, 형사적 책임을 진다고 명시하고 있다.

(2) 국영 상업망의 시장화

7.1조치 이후 북한 당국은 국영상점을 수매상점으로 전환할 수 있도록 허용했다. 국가공급체계의 와해로 기능이 마비된 일부 국영상점들을 무역회사를 비롯한 기관·기업소에 임대하고 중국산 수입상품 등을 일반 주민에게 판매할 수 있도록 했다. 국영상점에 대해 (위탁)수매상점이라는 간판을 달도록 하면서 사실상의 시장거래를 허용한 것이다. 이로써 개인이 기관·기업소 명의를 빌려서 상점, 소규모 서비스업체를 실질적으로 운영하는 것이 가능해졌다. 이러한 조치는 국가상업망을 시장화하는 것으로 자본주의적으로 표현하면, 낮은 수준의 국영기업 민영화라고 할 수 있다. 더불어 개인서비스업 허용 범위도 확대했다.

(3) 사회주의 물자교류시장

'사회주의 물자교류시장'이란 자본주의 시장체제에서 보통 '자본재 시장'으로 부르는 것이다. 이 시장이 열리기 전까지 북한 당국은 대안의 사업체계가 주장하는 중앙집중적 자재공급체계를 근거로 시장의 필요성을 부인해왔다.

2002년 1월, 생산재를 거래하는 '사회주의 물자교류시장'이 공식적으로 등장했는데 이 역시 2001년 11월 김정일 위원장의 지시에 의한 것이다. 이 시장에서는 공장·기업소 간 과부족되는 일부 원자재, 부속품들을 유무상통하도록 했다. 나아가 생산물의 일정 비율을 자재용 물자교류에 사용할 수 있도록 허용했다. 과거 생산재의 기업 간 현금거래는 금지되었으나, 국가의 자재공급체계가 와해되면서 생산재의 현금거래가 관행화되었다. 기업들은 자재를 거래하는 과정에서 현금보유를 늘릴 수 있게 되었다.

사회주의 물자교류시장의 개설은 계획경제로는 기업에게 원자재 등을 보장해주는 데는 한계가 있다는 현실을 인정한 것이다. 계획경제의 공백을 시장을 통해 메우려는 것이다. 또한 각 기업이 현금을 확보하기 위해 생산량의 일정 부분을 여분으로 보유했다가 시장에서 처분할 수 있게 되었다. 이를 통해 기업의 경영효율성을 제고하는 장치를 마련한다는 의미이다.

(4) 새로운 무역체계

북한은 무역의 국가독점 원칙을 1991년까지 지켜왔다. 그러나 사회주의권이 붕괴하고 무역원천이 고갈되자 국가가 가졌던 무역의 독점지위를 포기하게 된다. "새로운 무역체계"는 과거 중앙정부가 일률적으로 행사하던 외국무역의 권한을 지방정부, 심지어는 개별 기업에까지 허용했다. 이는 대외경제위원회는 물론이고 생산을 담당하는 내각 산하의 성, 위원회, 그리고 지역의 행정단위인 도에 무역회사를 설치하여 다른 나라들과 직접 무역을 수행하는 체계라는 것이다. 개별 기관들은 자체로 수출원천을 개발하고 무역을 함으로써 필요한 자재와 원료를 조달했다. 그 결과 1950년대 이후 한 번도 변함없이 유지되었던 대외거래에서의 중앙집중제가 사실상 무력화되었다.

새로운 무역체계는 크게 두 가지의 의미를 갖는 것이었다. 하나는 대외거래를 통해 사실상 경제의 분권화가 시작되었다는 것이다. 다른 하나는 대외거래가 중앙계획이 아닌 상업적인 경제동기에 의해 결정되므로 시장의 논리에 따라 행동할 수밖에 없다는 것이다. 대외거래의 분권화는 북한이 시장화로 가는 첫걸음을 떼었다는 의미가 된다.

1990년대 중반 이후 대외무역은 북한에서 가장 우선순위가 높은 경제행위가 되었다. 무역 규모가 확대되었을 뿐만 아니라 대외무역에 참여하는 경제주체의 수도 크게 증가했다. 특히 당·군 등 특권 부문이 대외무역을 장악했다. 이들은 자신들이 가진 권력을 활용하여 공식적인 제도를 우회하면서 외화벌이 활동을 했다. 따라서 대외무역에 대한 국가의 통제는 크게 약화되었다. 그 대신에 무역 자유화는 괄목할 만한 진척을 보였다.

새로운 무역체계는 정상적인 무역방식으로 수행되는 것이 아닌 왜곡된 형태로 나타나고 있다. 각종 무역회사들은 외화수입을 늘리기 위해 능력 있는 개인들을 경쟁적으로 끌어들이고 있다. 개인들은 무역회사에 이름만 걸어두고, 특히 당이나 군 계통 무역회사의 공식 직함을 가지고 자유롭게 무역활동을 전개하고 있다. 그들은 기본적으로 와크―라이선스(수출입허가권)와 쿼터(취급품목, 수량)를 포괄하는 개념으로 사실상 특권이다―의 범위 내에서, 때로는 제한을 받지 않고 중국 등지와의 무역을 통해 외화를 벌어들인다. 수익의 일부는 무역회사(당이나 군의 기관)에 바치고 나머지를 사적으로 챙긴다. 겉보기에는 국가무역이지만 실제는 개인무역인 셈이다.

2) 추상적 시장의 형성

교역과 화폐는 항상 우리 세계에 존재해왔다. 대외교역과 어느 정도의 화폐는 문명의 역사만큼이나 오래되었기 때문이다. 그러나 시장은 후대에 발달한 제도이다. 더구나 가격형성시장은 자본주의 사회의 역사적 산물이다.

사람들이 서로 물자를 나누고 화폐를 사용한 것은 매우 오래전 일이다. 그러나 주류경제학의 학자들은 화폐의 교환기능만을 지나치게 강조했다. 그러므로 가격조정기능을 가진 시장도 화폐와 동일한 연원을 갖는 것으로 생각했다. 그들은 시장과 화폐를 필연적으로 상호의존적인 제도로 규정했다. 그러나 교역과 화폐사용이 반드시 시장이라는 의미를 내포할 필요는 없다. 최근의 고고학적 발견으로 시장이 고대 문명권의 어느 지역에나 존재한 것은 아니었음이 드러났다. 바빌론이나 페르시아에서는 시장터가 발견되지 않았다. 최초의 도시시장이 아테네에서 '베풀어진 것'으로 조사되었을 뿐이다.

시장의 첫 번째 의미는 '장소'라는 것이다. 그 전형은, 주로 식량 또는 생활 필수품이 소량으로라도 원칙적으로 고정가격으로 팔리는 집 밖의 장소(site)이다. 두 번째 의미는 수요·공급·가격기구 그 자체라고 하는 것이다. 그것을 통해서 교역이 이루어지지만 기구 자체는 반드시 특정의 장소와 결부되거나 식량의 소매에 한정되는 것은 아니다. '시장터'(장소)라면 고고학자들의 관심 영역이다. 그러나 '시장기구'라면 고고학자들이 아무리 정교한 발굴 삽을 가지고 있다 해도 발견할 수 없다.

두 종류의 시장 중 어떤 것이 먼저 생겼을까? 분명히 장소로서의 시장이 수요·공급형 경쟁 메커니즘보다 먼저 생겼다. 장소로서 시장은 오래전부터 존재했다. 그렇지만 시장체제를 구성하는 가격형성시장은 기원전 1000년 이전에는 존재하지 않았다. 있었다 하더라도 호혜, 재분배 등 다른 지배적인 통합 유형에 종속되어 있었다. 가격형성시장이라는 자기조정체제는 서유럽에서 유래했다. 동지중해의 곡물 분배를 위한 기구로서 아테네에 시장이 처음 등장한 지 2천 년쯤 뒤의 일이었다.

(1) 구체적 시장에서 추상적 시장으로

시장은 구체적 시장(concrete market)과 추상적 시장(abstract market)으로 나눌 수 있다. 구체적 시장은 장소적 개념으로 재화나 용역을 사고파는 '터(market place)'이다. 고고학적 성과로 볼 때, 문명의 기원과 거의 함께 시작했다. 북한의 농민시장이나 지역시장도 이러한 구체적 시장이라 볼 수 있다. 추상적 시장은 수요와 공급관계가 상호작용하여 가격이 결정되는 기제를 말한다. 굳이 장소적인 의미를 부가할 필요는 없다. 수요·공급이 작동하여 가격이 결정되고 그에 따라 재화나 용역이 배분되면 '시장터(market place)'가 존재하든 존재하지 않든 시장이 된다.

가격결정시장인 추상적 시장이 중요한 의미를 갖는 것은 이 시장이 성립하게 되면 각종 물적·인적 자원이 시장의 신호에 따라 움직인다는 사실 때문이다. 추상적 시장이 등장하고 메커니즘이 작동하게 되면, 북한의 명령형 계획경제와 충돌을 일으키게 된다. 가격결정시장은 필연적으로 계산할 수 있는 형식적 척도, 즉 화폐의 존재를 요구한다. 조건이 갖추어지면 시장은 객관적 비교 척도에 의해 성립되는 사회관계를 확장시킨다. 가격결정시장은 기존의 사회적 구속을 무력화시킨다. 거래상대방과 생산물에 대해 객관적 태도를 취하게 한다. 개인과 사물에 특별한 의미부여 또는 감정적 개입을 차단한다. 공동체의 도덕, 사회적 의무 등을 거부하고 화폐로 측정되는 가치의 양적 비교가 행위의 준거가 된다. 그렇게 되면 통제와 도덕적 간여만으로는 인간을 평가하지 못하게 되는 것이다.

추상적 시장은 인간관계를 계량화시키고 기존의 유대를 추상화한다. 동일한 재화는 동일하게 판매된다. 상대방의 지위에 의해 판매가격이 결정되지 않는다. 거래과정에서 기존의 위계는 무시된다. 시장 안에서 경제행위는 감정적으로 차갑다. 비동질적인 대상을 화폐라는 동질적 척도로 환원한다. 이 과정에서 요구되는 합리성만을 지향한다.

인간은 생존의 수단을 얻기 위해서 궁극적으로 자연과 이웃들에게 의존하지 않으면 안 되는데, 가격결정시장은 자연과 이웃이 아닌 오직 시장의 통제 하에 놓이게 한다. 시장경제에서는 물적인 재화의 생산과 분배가 시장이라는 자기조정을 통해 이루어진다. 그리고 이른바 수요와 공급이라는 그 자신의 법칙에 지배되며, 굶주림의 공포와 이득의 희망이라는 단 두 가지 유인을 궁극적 요인으로 삼아 작동된다.

시장은 개인 간의 계약을 중시한다. 그리고 계약은 교환의 법적 측면이다.

그러므로 계약에 기초한 사회에는 제도적으로 분리되고 동기적으로 구분된 교환의 경제적 국면, 즉 시장이 필요하다. 반면 공동체에서는 신분을 중시한다. 공동체 성원 상호간의 관계는 계약으로 구속되지 않는다. 호혜성과 재분배에 의해 운영되는 것이다. 북한은 공동체적 재분배질서가 와해된 후 자기조정 성격의 추상적 시장이 사회적 과정을 지배하게 되었다. 인간의 일상생활이 시장을 통해서 조직되어 이윤동기에 기초하게 되고, 경쟁적 태도에 의해서 결정되며, 공리주의의 가치척도에 지배되게 되면, 그 사회는 오직 이윤이라는 목적에 적합한 조직체가 된다. 자기조정시장은 인간을 마치 단순한 원재료의 덩어리인 것처럼 조직한다. 인간과, 이제는 물건처럼 거래되는 어머니 대지(大地)를 묶어, 오직 이윤을 위해 움직이는 산업의 구성단위로 만들어버린다. 그러나 경제적 이윤동기가 절대화된 사회의 구성원은 그것을 다시 돌이킬 심리적 능력을 잃어버리고 만다.

(2) 도덕경제의 해체

7.1조치 이후 북한은 국가 주도의 화폐화·시장화의 길에 들어섰다. 권력은 과거 국가가 조직하고 통제해왔던 사회적 과정을 시장에 떠넘기는 분권화조치를 수행했다. 국가가 장악했던 생산·유통·분배·소비를 포함한 사회적 과정은 지배계층에게 분봉(分封)되고 있다. 그 대가로 국가영역은 화폐공납을 수취하는 체제로 변화되고 있다. 공유자원(commons)의 일부는 남획되고 일부는 지배권력의 '울타리치기(enclosure)'에 의해 급속히 사적 전유물로 바뀌고 있다. 국영상점을 통한 상품의 판매가 악화되자 공적 판매네트워크까지 개인에게 넘기는 것을 허용했다. 재정악화를 덜어보고자 하는 것이다. 사회주의 국가로서 최소한의 공공재 공급 의무마저 시장에 떠맡긴 것이다. 아이러니하게도, 김정일은 북한의 체제위기 직전에 시장경제에 대해 이렇게 논평한 적이 있다.

시장경제는 사적 소유와 개인주의에 기초한 경제입니다. 시장경제의 기본특징을 이루는 가치법칙의 무제한한 작용과 무제한한 경쟁의 지배는 생산수단에 대한 사적 소유에 기초하고 있습니다. 현대 사회민주주의자들은 자본주의적 시장경제를 끌어들이기 위하여 생산수단의 사유화를 다그치고 있습니다. 그들은 국가소유의 공장, 기업소와 토지를 개인들에게 마구 팔아버리고 있으며 지어심지어 그것을 외국 자본가들에게 헐값으로 팔아 넘기고 있습니다. 현대 사회민주주의자들이 사적 소유에 기초한 시장경제를 끌어들이면서 그 무슨 경제적 번영을 이룩할 수 있을 것처럼 떠들어 대고 있지만 그것은 허황한 망상입니다.

_ 김정일, "우리나라 사회주의는 주체사상을 구현한 우리식 사회주의이다"(1990.12.27)

주민들의 임금, 재산, 소득, 그리고 각종 재화의 가격은 등가(等價)가 이미 아니다. 이제 그것들은 시장에서 형성된다. 시장에서 형성된 가격은 '정당'한 것으로 여겨진다. 과거에는 상상 못할 일이 벌어지는 것이다.

도덕경제(moral economy)에 준거를 두고 있던 주민들의 사회적 행동은 변화했다. 수령공동체는 강한 결속력하에서 예측되는 행위의 결과보다 신념을 더 중시하는 '가치합리적 행위'가 추구해야 할 전범이었다. 그러나 시장이 삶을 조직하기 시작하자 목적과 그것을 달성하기 위한 수단을 숙고하여 최적수단을 선택하는 '목적합리적 행위'가 일반적 양식으로 자리잡기 시작했다.

북한의 시장화는 화폐화를 강화시키며 진행되고 있다. 화폐의 기능 중 교환의 매개수단은 시장에서 폭발적으로 작동하기 때문이다. 상품화폐경제의 발달 또한 시장화를 촉진시킨다. 즉, 화폐화의 진전은 시장화의 중요한 조건을 형성하면서 시장화 현상을 확산시킨다.

3) 주민들의 시장적응과 화폐의존

화폐화가 진전됨에 따라, 주민들의 삶은 돈 없이는 하루도 버틸 수 없는 상태가 되어갔다. 주민들은 돈을 벌기 위해 장사를 하고 시장에 의존해야만 했다. 김정일이 지적했듯이, 초보적 양심과 의리보다 돈이 중시되는 사회가 펼쳐졌다.

> 공산주의 도덕을 확립하는 사업은 낡고 반동적인 도덕과 온갖 패륜패덕을 반대하는 투쟁속에서 진행됩니다. 부르죠아 도덕은 사람들을 약육강식의 생존경쟁에로 부추기며 돈을 위해서라면 인간의 초보적인 량심과 의리마저 저버리는 황금의 노예로 전락시킵니다. _ 김정일, "혁명선배를 존대하는 것은 혁명가들의 숭고한 도덕의리이다"(1995.12.25)

(1) '8.3돈': 인격과 의무의 분리

화폐의 척도기능은 인간도 대상으로 삼아 수행되었다. 바로 '8.3돈'이다. 무상배급이 사라진 이후, 북한 일반노동자들은 임금만으로는 기본적 생존조차 유지할 수 없었다. 그래서 일부 노동자들은 자신이 속해 있는 공장·기업소에 매달 일정 금액의 현금을 바치고 출근을 면제받았다. 이때 직장에 바치는 돈이 8.3돈이다. 그리고 이들을 '8.3노동자'라고 불렀다. 8.3노동자들은 출근을 면제받고 그 시간에 자유롭게 상행위를 할 수 있었다. 공장·기업소 입장에서도 남아도는 노동자를 잡아두는 것보다 출근을 눈감아주고 정기적으로 상납을 받는 것이 보다 효율적이었다. 상납받은 돈으로 국가가 명령한 계획사업을 수행하거나 다른 노동자의 복지를 위해 쓸 수 있었다. 물론 간부들이 사적으로 전용하기도 했다. 1990년대 이후부터 8.3노동자로 등록하거나 현금으로 출근을 대체하는 노동자들이 공공연해지고 일반화되었다. 이들은 가내작업이나 시장, 각종 개인적 또는 비법적 생계활동을 통해 수입을 얻었다. 그리고 얻어진 수입 중 정해진 금액을 직장에 납부했다.

인격적 의무를 돈으로 대체할 수 있는 8.3돈의 관례화는 화폐가 권력이라는 것을 공공연하게 선포한 것이다. 이것이 8.3돈의 진정한 의미이다. 과거의 공동체에서는 인격과 의무가 분리되지 않았다. 화폐화가 진행됨에 따라 인격에서 그 의무가 분리된 것이다. 화폐의 지불을 통해 의무에서 벗어나는 것은 화폐가 '지불(청산)기능'을 수행하기 때문이다. 이 기능은 교환의 매개기능보다 오래되었다. 전형적인 것이 불법적 행위에 대하여 국가가 규정하는 '벌금'이나 '배상금'이다. 북한의 법률은 벌금, 배상금, 범칙금 등의 규정이 정교화되어 있지 않다. 화폐용법 중 지불기능이 활성화되지 못했기 때문이다. 이 기능은 고대부터 존재해왔는데, 짐멜은 7세기 영국의 '살인배상금'으로 사례를 든다. 당시 영국에서는 평범한 자유민에 대한 살인 배상금은 200실링이었다. 다른 신분의 사람들에 대한 살인 배상금은 이 규준 금액을 분할하거나 배가함으로써 계산되었다. 이는 돈이 인간의 행위를 양적으로 어떻게 추계했는가를 보여주는 예이다. 부연하면, 계산화폐가 인간의 행위를 측정하여 양적으로 표현한 후, 인격에서 분리한 행위를 화폐 지불을 통해 청산한 것이다. 8.3돈은 본질적으로는 살인배상금과 동일한 구조를 가졌다. 북한에서 화폐는 시장에서 교환을 매개할 뿐 아니라, 수많은 주민들의 행위에도 정가를 붙이기 시작한 것이다.

(2) 시장에 매달린 주민들의 삶

북한에서 상업은 "주민들에 대한 공급사업이며 그들의 물질 문화적 수요를 충족시키기 위한 사업"이라고 규정된다. 그러나 주민에 대한 공급은 더 이상 이루어지지 않는다. 교과서가 아닌 현실에서, 상업이 갖는 의미는 전면적으로 수정되었다. 주민들에게 상업은 굶주림에서 벗어나기 위한 절박한 생존활동이 되었다.

상업의 터전은 시장이었다. 시장활동과 연계된 주민들은 개인 생산물을 시장에 직접 내다 파는 소생산자와 타인의 생산물을 구입하여 되파는 전문상인으로 구분할 수 있다. 전자는 개인 텃밭을 경작하면서 자체적으로 두부, 기름, 술, 의류 등을 생산·판매하는 사람들이다. 대다수의 사람들이 여기에 속한다.

반면 후자는 주로 쌀이나 수입품을 취급하는 상인들로서 거래규모가 크다. 일부는 수입한 원자재를 자신이 운영하는 생산조직에 제공하여 생산된 물품을 내다파는 경우도 있다.

상행위도 매우 다양한 형태가 있다. 예를 들어 적은 자본으로 소규모 물건을 갖춘 뒤 집집마다 방문하는 방식으로 장사를 하는 상인들이 있다. 이들을 '똑똑이'라고 부른다. '메뚜기'라는 상인도 있다. 이들은 자본력이 약해 종합시장에는 못 들어가고 종합시장 밖에서 좌판 등을 펴놓고 장사를 하는 상인들이다. 메뚜기라고 부르는 이유는 단속원이 단속을 나올 경우, 메뚜기처럼 이리저리 자리를 급하게 옮겨야 하기 때문이다. 북한 당국에 의하면, '메뚜기' 외에도 시장에 기대어 사는 사람들은 매우 많고 또 분화되어 있다. 물건을 날라 시장에 넘겨주는 '뜀뛰기군' 또는 '달리기군', 이들을 아파트 뒷골목의 '벌이뻐스'에 연결해주는 '몰이군', 무역회사와 짜고 수입상품을 통째로 들여와 파는 '차판 장사군'이 있다. 이 중 달리기군은 지역의 가격 차이를 이용해 상행위를 하는 사람들을 가리킨다. 예를 들면, 중국 상품이 풍부한 청진과 농산물 가격이 싼 황해도 지역을 오가면서 장사를 하는 것이다. 상인들을 매대와 연결해주거나 흥정판을 벌리는 '거간군'과 '흥정군', 시장 앞 살림집에서 통제품을 파는 '살림집 밀매군'도 있다. 시장 앞 아파트 단지 내에 양복을 전문으로 만들어 파는 지역인 '옷촌', 가방을 만들어 파는 '가방촌', 그리고 '술촌', '담배촌'이 형성되었다. 시장 주변의 살림집들에서는 장사꾼들의 상품을 보관해주고 식당을 차려놓거나 음식을 만들어 시장에 내다 팔았다. 심지어 기관·기업소에서도 각종 주문제작소를 만들어 놓고 공개적으로 돈벌이를 했다.

북한 지배권력의 시장에 대한 태도는 이중적이다. 그들은 불가역적인 추세가 되어버린 시장화를 거스를 수 없음을 알고 있다. 그러나 시장이 권력화되어 자신들에게 위협이 되는 것을 원치 않았다. 그래서 강온 양면의 조치를 반복했다. 권력자들은 시장에 촉수를 박고 풍요를 빨아들이는 행태를 취했다. 여러 가지 국가적 이권을 나누고 이를 통해 발생한 이익을 현금화하는 수단으로 시장을 이용하기도 했다. 권력집단으로서도 시장은 꼭 필요한 것이 되었다. 다만 적당히 길들일 필요가 있었기 때문에 장려하지만은 않았다. 시장을 베푼 권력자의 의도는 주민의 필요에 부응하는 것에만 있지 않았기 때문이다.

권력집단은 독점적 지위를 이용해 초과이윤을 얻었다. 더불어 초과이윤의 원천인 독점을 강화하기 위한 노력을 지속했다. 시장을 압박하는 것이었다. 웃자라는 시장 세력을 뽑아 버리고 독점적 지위를 유지하기 위해 주로 비경제적 수단으로 시장을 압박했다. 그 방법으로 강제폐쇄, 상인들에 대한 구타, 상품 무상몰수 및 횡령, 추방 등을 활용했다. 지배권력은 물리적 타격을 비롯한 다양한 수단을 통해, 시장 장악력을 지속할 수 있었다. 그래야만 권력집단이 시장에서 돈을 뺏어올 수 있기 때문이었다.

북한 당국은 시장을 없앨 능력이 없다. 사실 없애려는 의지도 없다. 다만 주민들을 권력에 의존적으로 만들기 위해 시장을 '패대기'치는 연기를 할 뿐이다. 시장에 촉수를 박은 권력으로 인해 부는 차등적으로 배분되었다. 부익부빈익빈 현상이 심화되었다. 시장은 돈을 빼앗아 오려는 권력집단과 뺏기지 않으려는 주민과의 투쟁장이 되어갔다. 당국의 단속과 통제마다 위축되는 모습을 보였지만 시장은 여전히 유지되었다. "위에서 정책이 있으면 아래에는 대책이 있다"는 주민들의 말처럼 굳세고 영악하게 압박을 버티어 갔다.

(3) 심화되는 화폐의존

'화폐'란 그것이 바로 화폐인 한에서는 결코 무해한 '지불위임표'나 단순한 '계산 단위'로만 되지 않는다. 화폐로 생존을 유지시켜 줄 양식을 구할 수 있고, 징벌을 면제받을 수도 있다. 장판 밑이나 장롱 속에 숨겨 쾌락과 부를 미래에도 보장받을 수 있다. 경제위기를 지나면서 북한 주민들은 화폐의 용법을 모두 마스터했다. '고난의 행군'을 지나면서 주민들은 국가를 바라보지 않는다. 국가를 믿고 배급을 기대하던 사람들은 모두 죽었기 때문이다. 주민들의 굶주림을 해결해준 것은 수령이 아니라 돈이었다. 기본적 생존을 보장하는 국가기능이 작동을 멈춘 상태에서 개인과 가족의 안전을 담보해주는 것은 오로지 돈이었다. 돈이 식량으로 바뀔 때 돈은 '생명'이었고, 돈으로 의무를 면제할 때 돈은 '해방'이었다. 돈을 버는 가장 확실한 방법은 장사였다. 과거에는 장사를 미천하게 보았다. 김일성은 자주 상인들을 '간상', '모리배'로 몰아붙였다. 그러나 2000년대 이후에는 장사에 대한 인식이 변화되었다. 연줄과 뇌물을 통해서라도 시장에서 좋은 자리를 잡으려는 경쟁이 치열했다. 젊은 사람들에게 장사를 금지시켜도 "잡아가려면 잡아가라, 우리는 장사한다"고 말하곤 했다.

경제위기를 거치면서 북한 사회에는 "여우와 승냥이만 남았다"는 말이 널리 퍼졌다. 여기서 여우는 '남의 것을 속여서 빼앗는 사기꾼'을 가리키고, 승냥이는 '깡패처럼 돈을 빼앗는 이'를 지칭한다. 그만큼 북한 사회 전체가 부족한 식량을 앞에 두고 큰 혼란을 경험했다는 말이다. 북한 사회는 이런 과정을 통해 기존의 '공동체'를 지향하던 사회 흐름이 '개인주의'를 지향하는 사회 흐름으로 크게 바뀌게 되었다. 공식부문 또는 계획부문은 계속 후퇴, 약화, 축소되었다. 반면, 시장부문이 확장되었기 때문에 삶은 더 치열해졌다. 화폐에 대한 집착은 이러한 흐름을 더욱 강화하고 있다.

제3장

경제질서의 재편과 '관료적 시장'의 형성

권력과 무관한 경제는 없다. 정치와 경제는 통합적 과정이다. 서로 간섭하지 않는 정치와 경제는 없다. 권력이 스스로를 전개하는 두 개의 측면이 정치와 경제이다. 일부 북한 연구의 흐름을 보면, 북한의 사회경제적 현상을 인식함에 있어 다음과 같은 가정을 하고 있는 듯하다. 시장에서 부를 쌓아 올린 일단의 사람들이 세력을 형성한다. 시장권력이라고 할 수 있는 사람들은 상대적으로 실용적이고 유연한 세계관을 가지고 있다. 이들과 수령을 중심으로 한 계획경제 권력과 긴장관계가 형성된다. 새로운 시장권력과 기존의 계획권력이 서로 갈등하고 때로는 저항한다. 현재 '힘의 균형(balance of power)'이 유지되고 있다.

　이것이 사태 전개의 대강(大綱)이다. 결론적으로 정치와 경제를 분리하는 이런 식의 관점으로 북한을 분석하는 것은 적절치 않다. 북한에서 시장을 권력과 적대적 관계로 설정해서는 안 된다. 북한의 권력은 가지고 있는 모든 자원을 '생산성의 바다'인 사회에 투입하고 있다. 그래서 기존의 공동체가 무너진 공백에 새롭게 구성되는 사회적 구조를 자신에게 유리하도록 조직하고 있다. 사실, 북한 권력의 작동이 가장 적나라하게 드러나는 공간이 시장이다.

북한의 시장은 초기의 자생성을 잃고 관료들에 의해 조정되고 있다.

시장공간은 경제행위만으로 채워지지 않는다. 시장은 권력적이다. 시장은 정치의 결과물이다. 경제를 규정하는 것, 시장을 여는 것, 이런 것들 모두 정치의 산물이다. 스스로 작동하는 경제는 없다. 예를 들자면, 경제는 팽이와 같다. 팽이가 쓰러지지 않고 운동하기 위해서는 채찍질이 필요하다. 팽이는 아무 곳에서나 돌지 않는다. 울퉁불퉁한 노면에서 팽이는 쓰러지기 마련이다. 팽이가 도는 길을 따라 노면을 골라주어야 한다. 혹시 부주의로 쓰러지기라도 하면 재빨리 다시 줄을 감아 돌려주어야 한다. 팽이가 스스로 회전할 수 없듯이 북한의 시장도 권력의 조력이 필요하다.

북한의 경제가 분절(分絶)되어 있다는 관점도 있다. 그러나 '분절경제'는 없다. '당경제', '군경제', '수령경제', '궁정경제' 등의 조어들이 난무하고 있다. 그러나 그렇게 구분되어야 할 이유도, 필요도 없다. 경제는 인간에게 필요한 물적 수단을 조달하기 위해 인간과 자연을 조직하는 행위이다. 당경제와 군경제에 서로 구분되는 자원조직의 원리는 없다. 그들이 가지고 있는 차별성은 행위주체가 다르다는 것밖에 없다. 그렇다고 서로 다른 '경제'인 것은 아니다. 한 가족 안에서도 물질적 수단을 획득하고 소비하는 양태는 구성원마다 다를 수 있다. 그렇다고 그것을 '아버지 경제', '어머니 경제', '딸 경제'로 구분하는 것은 난센스이다. 그저 양태가 다를 뿐이다. '양태(樣態; aspect)'의 차이를 '종'(種; species)의 차이로 과장해서는 안 된다. 북한 경제도 마찬가지이다. '북한 경제'라는 생산성의 바다에서 더 많은 부를 획득하기 위해 경쟁하는 권력주체의 상이한 양태가 있을 뿐이다. 그들의 뿌리는 북한의 전 사회적인 물적·인적 자원과 생산성에 두고 있다. 결코 '분절'되어 있지 않다.

북한에는 기존 권력에 '대척점으로 상정할 시장권력'은 없다. 시장권력이 있다 하더라도 그것은 권력자의 비호 아래 존재한다. 북한을 지배하는 이데올로기는 '신정(神政)'의 서사구조가 여전하다. 시장에서 부를 일구었다고 감히 수령 권위에 대항한다는 것은 있을 수 없는 일이다. 시장에서 자라난 신흥부유층이 권력층과 대척할 것이라는 가정은 매우 순진무구한(naive) 발상이다. 자본주의적 사고방식에 익숙한 관찰자들이 범할 수 있는 오류이지만 그릇된 관점이 고정되면 곤란하다. 북한 신흥부유층은 대부분 권력층이다. 설사 그렇지 않은 경우가 있더라도 곧 그렇게 될 것이다.

이미 북한의 시장은 부를 차지하기 위해, 서로 다른 권력주체들이 벌이는 각축장이 되었다. 아직 싸움이 끝나지 않아, 위계(hierarchy)가 확정되지 않았기 때문에 불안정하다. 권력이 시장에서 부를 수탈하는 방식은 여러 가지이다. 그중에서 매우 적나라하고 천박한 방식도 관찰된다. 시장의 활동을 위협하여 이윤을 '약탈'하는 것이다. 현재 북한 시장은 권력의 '더럽고', '기회주의(opportunism)'적인 확장이 극렬하게 전개되고 있다. 그러니 당연히 불안정하다. 그러나 시장이 불안정하다고 북한 권력까지 그럴 것이라고 추측하는 것은 너무 멀리 나간 것이다.

북한 경제는 기존의 생산·분배시스템에서 새로운 시스템으로 나가는 과도기에 처해 있다. 북한은 현재, 화폐를 투입하여 생산과 유통, 분배를 조직하는 사회적 과정을 장악하기 위한 경쟁이 치열하다. 북한 관료(권력)집단이 시장에서 부의 이전을 제도화하기 위한 구조를 어떻게 짜고 있는지 관찰하는 것은 매우 흥미로운 일이다.

1. 권력을 통한 경제질서의 재편

현재 북한에서는 가산제(patrimonialism)적 지배에서나 가능한 신분제적 권력분할이 나타나고 있다. 과거 수령공동체는 '중심성'의 사회지지구조를 바탕으로 한 '재분배' 사회였다. 배급이 핵심적 역할을 했으며 배급의 공백을 국영상업망과 농민시장이 보완해주는 시스템이었다. 경제위기를 거치며 수령공동체가 붕괴되었다. 그러나 곧바로 시장기구의 경쟁메커니즘을 통해 경제적 부를 배분하는 사회가 되지는 않았다. 북한은 시장메커니즘의 전면적 작동을 '의식적'으로 조절하고 있다. 그것은 그들이 선천적으로 반시장적인 유전자를 갖고 있기 때문이 아니다. 반시장적 조치를 통해, 시장을 국가의 통치제제에 완전히 복속시켜야 하기 때문이다. 마치 근대 영국에서 왕실의 인가를 받은 금세공업자에게만 은행업을 허용한 것처럼, 북한의 최고권력자는 시장을 자신의 가신들에게 분봉(分封)하고 있다. 북한은 계급혁명을 통해 착취 없는 평등사회를 이루었다고 하지만 현실 사회주의 체제에서 일반적으로 나타났던 '노멘클라투라(Nomenklatura; 소련 당시 당과 국가의 관료계급을 지칭했으나 현재는 공산주의 국가의 특권 계급을 광범위하게 가리킨다)'의 발호는 북한 사회에서도 예외 없는 일이었다. 기존의 공동체가 무력화된 상태에서 북한의 국가계급은 사회경제적 자산을 정치적으로 배분하고 있다.

1) 지배자와 관료집단의 흥정

북한의 자원분배를 이해하는 데 도움이 되는 이념형(ideal type)이 베버(M. Weber)의 '가산제(patrimonialism)'이다. 가산제는 전통적 권위로 통제되는 가부장(家父長) 지배 유형의 하나이다. 특정한 지배 영역 전체와 거기에 있는 주민과 재산을 지배자의 세습재산으로 간주하는 제도이다. 이때 정치, 행정, 군사, 경제 등 지배 수단은 한 사람의 지배자에게 집중된다. 지배자는 그 일부를 자신의 대리자인 관료들에게 위임한다. 이러한 원리에 입각하여 존립하는 국가를 가산국가(patrimonial state)라고 한다. 현재 북한은 가산국가가 가지는 경제운용 구조를 보이고 있다. 1990년대 이후 관찰되는 형태로, 이전에는 1인 지배와 정교한 관료체제, 내재적 규범을 근간으로 자원을 권위적으로 배분했다. 그러므로 1990년대 이전의 지배구조를 가산제로 보기는 어렵다. 가산제는 군주제보다 덜 정치(精致)한 지배체제라 볼 수 있다. 그러므로 1990년대 이후 등장한 가산국가의 모습은 북한체제의 자원 통제능력이 떨어졌다는 반증

이 될 것이다.

북한의 시장전개를 '정치적 자본주의(politically oriented capitalism)'로 설명하는 흐름이 있다. 그런데 정치적 자본주의는 사실상 동어반복이다. 정치적 자본주의라는 개념이 의미를 가지려면, 정치적이지 않은 자본주의도 있어야 한다. 그러나 자본주의는 모두 정치적이다. 영국의 '보호무역', '비교우위론', 미국의 '유치산업보호론', '경쟁우위론' 등의 경우처럼 경제는 언제나 국가권력의 기획하에 법·제도·사회적 환경을 갖춘 다음 정식으로 등장했다. '보이지 않는 손'은 보이는 손이 없으면 기능하지 못한다. 북한 경제를 정치적 자본주의와 같은 수사로 덧씌울 필요는 없다. 북한 경제의 자원배분은 가산제식 이권분배와 근본적으로 다르지 않다. 즉, 통치자는 경제를 포괄적으로 규제한다. 그는 산업적 활동에 대한 허가권을 관장하고 독점권을 부여한다. 국가 또는 정권은 산업활동에 대한 허가권과 독점권을 정권유지라는 정치적 기준에 따라 편파적으로 배분한다. 그 대가로 정권의 재정확충을 위한 수수료, 사례금, 특별 세금을 받는다. 그것은 본질적으로 공납(貢納)과 다르지 않다. 북한에서 화폐적 이윤을 올릴 수 있는 기회는 통치자의 셈법에 달려 있다. 가산제식 자원분배에서 이윤을 얻을 수 있는 기회는 특권으로 주어진다. 국가는 그 특권을 관장한다. 통치자의 가신은 경쟁을 거치지 않고 특권을 받아 시장지배자(market dominant)가 된다. 가신이 아닌 개인이 산업활동을 통해 이윤을 얻고 자본을 축적하기 위해서는, 정권 또는 국가기구와 결탁해야 한다. 권력의 특혜와 보호를 받아야 한다. 정권은 산업적 활동과 관련한 특혜와 보호를 정권 유지에 긴요한 기관과 협조적인 세력에게 정치적으로 배분한다.

이러한 시스템이 북한 고유의 것은 아니다. 사회주의 국가들이 체제전환을 할 때 경험했던 과정이다. 전통적 자원배분 메커니즘이 시장시스템으로 전환되는 과도기에도 어김없이 발견된다.

2) 특권을 이용한 시장의 창출

1990년대 시장이 확산된 주된 원동력은 북한 당·군·정의 각종 기관 및 간부가 시장에 개입하고 시장을 활용한 것이었다. 그 계기는 국가가 식량배급을 중지하면서 내린 '자력갱생'을 지시로 촉발되었다. 통치자는 당·군·국가기구에 특권을 주고 시장에 지배력을 행사함으로써 불로소득과 높은 이윤을 보장해주었다. 이들은 주민들을 임의대로 생산에 동원하거나 착취적 분배를 강요하여 창출된 부(wealth)를 강탈했다. 권력기관들은 서로 흥정과 결탁을 통해 이권을 나눴다. 주민들은 작은 이익의 확보를 위해 청탁을 하거나, 상업활동의 보장을 얻기 위해 뇌물을 바쳤다.

김정일은 가산지배자처럼 행동했다. 그는 당과 군대의 경제활동을 국가 전체의 경제운용과 분리하여 개인소유처럼 관리했다. 또한 특수 권력기관들의 요구를 우선적으로 보장해주는 방향에서 경제를 운용하도록 간섭했다. 당과 군은 경제위기 이후 자신들의 산하에 무역회사를 잇따라 설립했다. 내각의 기관과 마찬가지로 당·군의 기관들도 경제위기 속에서 일정 정도 자력갱생을 요구받았기 때문이다. 오래지 않아 무역회사들의 난립으로 대외교역은 무질서해지고 이것이 오히려 경쟁력을 떨어뜨렸다. 급기야 2000년대 중반이 되면 김정일은 자신이 야기한 무질서를 정리할 것을 지시한다.

> 지금 사회의 기관, 기업소들과 (인민군이 아닌) 다른 무력기관들에서 저마끔 [저마다] 수산기지와 외화벌이기지를 꾸려놓고 비법적인 장사행위를 하면서 무질서와 혼란을 조성하고 있다고 하는데 인민군대에서 그것을 다 정리하여야 하겠습니다. 없앨 것은 없애고 넘겨받을 것은 넘겨받아 인민군대에 소속시켜 놓아야 합니다. _ 김정일, "조선인민군 지휘성원들에게 하신 말씀"(2004.4)

경제위기를 지나면서 북한의 지도층은 일종의 국가계급으로 분화했다. 당

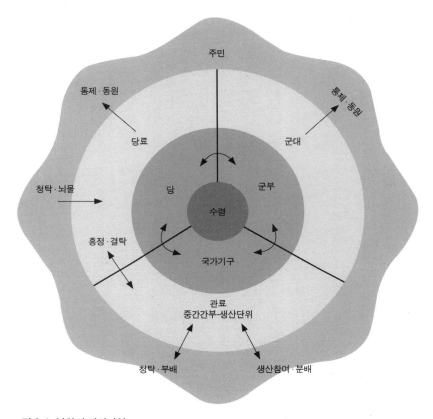

그림 3-1 북한의 권력지형
자료: 내각의 각종 지시 문건, 한기범(2009: 137)에서 재인용.

과 국가기구가 특권을 받아 시장에 개입하여 생산자 대중이 창출한 부를 전유했다. 이 과정에서 획득한 화폐를 사회에 재투입하여 사회적 과정을 통제하는 권력을 확장했다. 그들은 전유한 부로 특권을 강화함으로써 시장지배력을 지속적으로 키워갔다.

3) 수취체제의 문란

1980년대 말까지 북한의 수취체제는 국가관료제에 입각한 것이 지배적이었다. 이러던 것이 1990년대 이래 조세청부형이라고 간주되는 방식이 급속히 증가했다. 조세청부제란 정부와 징수자 간 고정지대계약을 체결하는 것이다.

조세청부식 수취가 증가한 이유는 다음과 같다. 첫째, 계획체계의 붕괴 및 관료 부패의 급격한 증가이다. 이로 인해 하급 관료에 대한 통제와 징수원 장악이 현저히 저하되었다. 그래서 기관·기업소별로 상업활동 참가특권을 용인하는 대신 자급자족을 달성하고, 일부를 상납하는 재정조달체계가 강화되었다. 둘째, 국가 통제에서 벗어난 경제 활동과 새로운 성격의 조세 원천이 급격히 증가했다. 반면에 징세원 파악, 규모 측정, 징수 등은 어려워졌다. 이런 상황이 되면 전통적 관료제에 입각한 조세체계는 비효율성이 노정된다. 반대로 조세청부형 재정조달의 효과가 상대적으로 높아진다. 셋째, 북한의 '수령'독재는 북한에서 조세청부형 재정조달 방식이 급격히 확대되는 데 일정한 도움이 되었다. 김정일은 정치적 중요도에 따라 각종 산업적 특권을 기관·기업소에 분배하면서 상납 의무를 부과했다.

시장이 확장됨에 따라 국가의 재정 의존이 증대되고 있다. 시장과 관련된 조세는 **표 3-1**에서 보듯이 여러 종류가 있다. 대표적인 것이 '장세(시장사용료)'이다. 북한 당국은 2003년에 '종합시장'이라는 이름으로 시장 허용 정책을 실시한 이후로 시장에 고정된 매점과 매대를 가지고 장사하는 상인들에게서 세금을 걷었다. 북한 당국은 시장을 억압의 대상이 아닌 활용대상으로 삼고 있다. 시장을 통해 경제를 안정적으로 관리하고 성장시킬 수 있으며, 정권기관이 특권으로 획득한 이윤을 시장에서 화폐로 전환함으로써 가치를 실현할 수 있기 때문이다.

'8.3돈'도 중요한 수입원이라고 할 수 있다. 소속 노동자들로부터 국영기업·국가기관이 상납받은 8.3돈 중 적어도 일부는 국가재정으로 들어갈 것이

표 3-1 시장에 대한 국가의 의존: 시장과 연계된 조세의 유형

구분	조세의 직접적인 납부자	조세의 실질적인 부담자	조세와 시장의 연계형태
공장·기업소 국가기업이득금	공장·기업소	공장·기업소 및 소비자	번 수입 (계획 외 생산 및 유통)
(종합)시장사용료, 국가납부금	종합시장 매대 상인	상인 및 개인수공업자, 소비자	종합시장 내 상품 판매
서비스업체 국가납부금	수매상점, 협의제식당, 당구장, 가라오케 등 서비스업체	서비스업체 및 소비자	일반 주민 대상 서비스 판매
무역회사 수익금	무역회사	무역회사, 기관·기업소, 국내 유통업체, 소비자	수출품의 국내 매집, 수입품의 국내 판매
토지사용료 및 부동산사용료	기관·기업소, 협동단체, 개인	기관·기업소, 협동단체, 개인	토지, 주택, 건물 등 국토를 사용하는 제반 시장경제활동

자료: 양문수(2010: 89).

다. 화폐개혁 이후에는 8.3노동자 허가를 위한 상납금이 수시로 변하고 있기 때문에 정확한 액수를 추정하기 어렵다. 탈북자들에 따르면 8.3노동자가 되기 위해서는 평균적으로 월급의 10배 정도를 직장에 지급해야 한다고 한다. 이 정도면 부담이 크고, 막상 8.3노동자가 된다 해도 수입을 확신할 수가 없다. 그래서 "돈 없는 사람은 8.3도 못 한다"는 자조 섞인 표현도 생겨났다.

개인 사업가들 중 상당수가 국영기업·국가기관 명의와 건물 등을 빌려 사업하고 있다. 그 대가로 해당 기업·기관에 상납하고 있는데, 이 중 상당 부분도 국가재정으로 들어가고 있을 것이다. 또한 지난 몇 년 동안 성장했던 이동전화 사업도 중요한 재정 수입원일 것으로 추측된다.

2. 북한식 '인클로저' 운동과 와크

산업은 본질적으로 사회적이다. 생산의 사회적 성격은 산업이 고도화될수록 심화된다. 전 세계적으로 모듈화된 분업체계는 너무도 명징하게 이러한

현상을 보여주고 있다. 공동체의 활동인 산업의 생산성은 협동과 통합에서 나온다. 산업 생산은 '인류 모두의 공동 자산'에 의존한다.

산업활동과는 달리 영리활동은 이윤을 위한 활동이다. 공동체적 생산인 산업을 사적으로 전유하는 것이 영리 활동의 전제조건이다. 영리활동을 위해서는 사회적 성격의 산업을 사적으로 독점하여, 타인의 사용을 배제할 수 있는 권리를 확보해야 한다. 이는 산업과는 별개의 영역으로 소유권, 즉 권력의 영역이다. 여기서 말하는 소유권이란 '향유권(right of enjoy)'이라기보다는 '배제권(right of exclusion)'이다. 이러한 '배제권'을 통해 전체 공동체에서 '몸값'을 뜯어내는 것이 이윤의 정체이다.

북한의 경제에서 '배제권(right of exclusion)'이 행사되기 시작했다. 지배권력이 특권을 분봉(分封)함에 따라 공유자원(common resources)에 말뚝이 박히고 있다. 누구의 소유도 아니었던 해안선에서 이제는 함부로 미역과 굴을 따지 못한다. 가을에 채취하는 송이는 이미 주인이 정해져 있다.

영리활동의 주체, 즉 화폐권력의 소유자가 전체 사회 생산성에 입힐 수 있는 총체적 피해가 이윤의 원천이므로 둘의 관계는 정비례한다. 결국 이윤의 원천은 사회적 생산에 대한 '사보타주(sabotage)'에 있다. 베블런은 소유권 문제에 대해 다음과 같이 언급한다.

산업 시설과 자연 자원에 대한 소유권이란 소유자에게 그러한 시설과 자원을 생산에서 합법적으로 보류시켜 버릴 권리, 그리하여 그렇게 보류시키는 만큼 공동체의 생산자 근성을 무용지물로 만들어버릴 권리를 부여하는 것이다. 이것이 투자라는 자연적 권리이다. _ 베블런(Thorstein Veblen), *Absentee Ownership and Business Enterprise in Recent Times*(Boston: Beacon Press, 1923)

1) 북한식 인클로저 운동

'인클로저(enclosure)'는 마르크스나 폴라니가 자본의 '시초축적'과 관련해 중시한 사건이다. 공동체 모두를 위한 이용으로 유보되었던 토지에 말뚝을 박고, 울타리를 둘러쳐서 타인의 사용을 배제했던 사유화운동이다. 유럽에서 15세기 말부터 19세기 중엽까지 지속적으로 일어났으며 자본주의적 소유권 제도가 확립되는 계기가 되었다. 인클로저는 자본의 시초축적기에만 존재한 것이 아니다. 자본의 축적은 필수적으로 '인클로저'를 동반한다. 권력의 원천인 사적 소유권은 타인에 대한 '배제(exclusion)'가 그 본성이기 때문이다. '인류 공동자산'의 산물인 산업활동의 생산성을 사적으로 전유하는 것이 현대적 인클로저이며, 영리활동의 원천이다. 인과관계의 방향을 따지자면 소득의 창출에서 소유의 권리가 나오는 것이 아니라 소유의 권리에서 소득의 전유가 나오는 셈이 된다. 자본재가 이윤을 창출하는 것은 그 개별적 생산성 때문이 아니라 그것이 애초부터 사적으로 소유되어 있다는 것 때문이다. 영리기업 활동이 번창하는 것은 암묵적인 협박 혹은 소유권에 묻어 들어 있는 경제적 권력을 명시적으로 행사하기 때문이다. 여기서 자본가의 소득은 공동체의 산업이 작동하도록 허락해주는 대가로 뜯어내는 '몸값'이다. 베블런이 보았던 소유의 자연적 권리란 공동체를 무력화시켜 버릴 수 있는 특권적 권력과 동의어였다. 화폐의 집적과 기능적 전환으로 탄생하는 자본은 "소유권(배제권)을 행사함으로써 벌어들일 것으로 예상되는 이윤의 현재 가치"이다.

북한의 권력계층이 나누는 특권은 본질적으로 '배제권'이다. 이것의 가치는 무엇을 '할 수 있는' 데서 나오는 것이 아니다. 주민들로 하여금 '하지 못하게' 하는 데서 나온다. 권위를 가지기 위해서 신보다 악마를 더 필요로 하는 유사종교처럼, 북한의 특권계층이 향유하는 시장권력은 타인의 접근이나 사용을 불허하는 배제권에서 나온다.

계획경제의 붕괴 상태와 비법적 장마당 경제의 번성 상태는 특권집단의 외화벌이에서 최고이윤 실현을 위한 배경이 되었다. 배급이 정상적으로 작동했다면 특권이 가지는 배제성을 충분히 발휘하지 못했을 것이기 때문이다. 2000년대, 외국 원조가 풍성하게 제공되던 시기의 경우, 특권집단에게 추가적 소득원이 등장했다. 특권집단은 공짜나 다름없는 식량 등 비매품인 국제지원물자를 장마당에 유출했다. 그들은 새로운 독점이윤을 획득할 수 있었다. 만약 장마당이 없고 계획경제의 배급제도가 건전했다면 이 막대한 이윤을 실현시킬 방도가 없었을 것이다. 국제지원물자의 배분에서 타인의 개입을 배제하는 권력이 인클로저의 대표적 사례이다.

자산 빼돌리기가 극심했던 체제전환기의 러시아처럼, 사회 전체로 돌려야 마땅할 자원을 흥정으로 전유하는 인클로저가 북한에서 벌어지고 있다. 주민의 이익을 배제하고, 공동체를 고려하지 않고, 무책임하게, 특정 계층의 이익만을 추구하는 특권은 모든 이의 자유를 위협한다. 북한 지배계층의 이권분배는 통치자의 묵인 아래 격렬하게 전개되고 있다. 화폐화의 흐름까지 더해져 상호배제의 인클로저가 심화되고 있다. 화폐로 측정되는 가치는 추상적 노동이나 한계생산성 등에 의해 좌우되는 것이 아니다. 그것은 화폐권력자들이 사회적 생산과 재생산 과정에서 경쟁자들을 배제할 수 있는 능력에 기인한다. '증식하는 화폐', 즉 자본은 기본적으로 '반사회적'이다. 화폐적 이윤 실현과 자본의 축적은 공동체가 수행하는 생산적 활동에 재갈을 물려 지배함으로써만 이루어진다.

2) 시장 밖에서 권력 심기

북한의 대외무역체계에서 핵심적 역할을 하는 것이 '와크'제도이다. 와크란 라이선스(수출입 허가권)와 쿼터(취급품목, 수량 포함)가 결합된 개념이다. 국가에 의한 무역독점이 폐기되고 무역의 분권화가 이루어진 이후, 수출입을 할 수 있는 권리인 와크는 사실상의 특권이다.

무역회사의 설립 여부는 와크 획득여부에 의해 결정된다. 설사 무역회사가 설립되어도 와크를 얻지 못하면 사실상 활동을 할 수 없어 유명무실해진다. 국가적으로 중요성이 인정된 권력기관들은 대개 와크를 가지고 있다. 와크는 양도가 허용되지 않지만, 대여는 가능하다. 와크는 배타적 지대(rent)를 발생시킨다. 와크를 가진 무역회사는 와크를 빌려주고 수수료만 챙겨도 엄청난 실익을 얻을 수 있다. 그렇기 때문에 각 기관들은 산하 무역회사의 와크를 획득하기 위해 최고권력자에게 '제의서'를 올리고 비준을 받기 위해 애를 쓴다. 이러한 행태를 '제의서 정치'라고 한다. 권력기관이 와크와 같은 주요한 이권을 확보할 때 기관 상호 간 협의를 하지 않고 각 기관이 지도자에게 직접 제의서를 제출하고 허가를 받는 것을 말한다. 개별 무역회사에 대해 와크를 부여할 수 있는 권한은 북한 내에서 자원을 배분할 수 있는 권한과 동일하다. 통치자는 와크부여 권한으로 권력기관 및 각 구성원들의 행동을 자신이 원하는 방향으로 유도할 수 있었다. 나아가 이른바 엘리트 간의 충성경쟁을 유도할 수 있는 주요한 수단으로 활용할 수 있었다. 통치자는 정치적 고려에 따라 당, 군, 내각의 각 기관 소속 무역회사에 차등적으로 특권을 배분했다.

와크제도는 권력지향적이 될 수밖에 없다. 와크는 기회와 이윤의 독과점을 부단히 재생산하고 있다. 북한 경제에 부정적인 영향을 줄 수밖에 없다. 와크제도는 산업적 활동과 투자기회를 집권계층에 유리하게 제한한다. 그리하여 북한 경제를 특권 중심의 경쟁 없는 독과점체제로 만들고 있다. 와크제도는 생산성 증가를 위한 투자가 아닌 권력과 담합하는 정실투자를 조장한다. 와크 획득 노력은 권력적 경합일 뿐이므로 시장경쟁력 증대와 무관하다. 와크는 정경유착, 권력에의 종속성, 뇌물과 상납의 필요성, 공적 주체와 사적 활동의 미분리성 그리고 불투명성의 온상이 되었다.

와크는 시장 바깥에서 시장에 권력을 심는 중요한 기제이다. 와크를 통해 정치권력은 시장에 거소를 마련한다. 그 거소를 통해 전 사회의 생산성을 빨아들인다. 사회적 생산성에 파이프라인을 설치해 생산된 부를 빨아대는 것이다. 일종의 무역 권리인 와크는 원래 돈을 받고 대여해서는 안 되는 것이지만, 현실에서는 상품처럼 전락하여 돈을 받고 대여되었다. 와크와 와크비는 마치 쌍둥이처럼 따라 다녔다. 와크를 가지고 있는 자는 한 건당 규모 등에 따라 와크비를 외화로 받았다. 개인이 와크를 대여받는다면, 대여받은 개인은 먼저 수출품목, 즉 수출원천을 수집한다. 대개 주민을 동원하는 방식을 이용한다. 수집한 수출원천, 즉 광산물·수산물은 중국 무역회사에 수출한다. 와크 단위인 무역회사의 명의를 대여받았기 때문에 중국 측 파트너와 직접 무역을 할 수 있다. 물론 수출의 과정에서 상급기관인 무역회사(와크 단위) 등의 지도감독을 받지만 이는 형식적이다. 중요한 것은 무역회사가 요구하는 수익금을 바칠 수 있는 능력이다. 무역회사는 개인으로부터 받은 수익금 가운데 일부를 자기 회사의 운영자금 등으로 사용한다. 나머지는 대부분 자신의 상급기관, 즉 중앙당, 인민무력부, 내각과 같은 이른바 중앙기관에 납부한다. 결국 무역활동을 개별 경제주체에 초점을 맞추어 보면 '중앙(당, 군, 내각)-무역회사(와크 단위)-무역회사 하부조직 또는 돈주 등 개인'으로 이루어지는 위계제 구조로 되어 있음을 알 수 있다. 그리고 제도상으로 보면 상부, 하부 가릴 것 없이 모두 계획경제의 틀을 갖추고 있다. 하지만 위계제의 최말단, 즉 실제로 무역활동을 영위하는 하부의 주체들은 시장경제의 영역에서 움직이고 있다. 결국 계획의 외피를 걸쳤지만, 무역의 현실적인 작동은 시장메커니즘에 의해 운영됨을 발견할 수 있다. 이것은 하부의 시장영역에서 발생시킨 부를 상부의 계획영역이 수취하는 양상이다. 와크제도는 권력이 전 사회적 생산과정을 장악하고 정상적 작동을 인질로 삼아 뜯어내는 '몸값'이다. 와크 자체로는 어떤 것도 생산할 수 없으며, 어떤 본질 가치도 없다. 그저 타인에게 일정한 행위를 하지 못하도록 강제하는 배제권이다. 비유하자면, 권력이 시장을 숙주삼아 생산된 부(wealth)를 뽑아내는 '착유기(搾油機)'이다.

3. 북한 상층부의 화폐적 관계

비정상적 시장화와 화폐화가 확대되면서 북한 사회에서 나타나는 두드러진 현상이 '부패'이다. 부패는 기존 공동체가 준거로 삼았던 내부규범이 와해되면서 화폐적 네트워크에 포획되는 현상이다. 북한에서 부패는 사회의 전영역, 전 주민에 걸쳐 나타나고 있다. 이 중에서 특히, 권력엘리트와 신흥자본가인 '돈주'를 중심으로 일어나는 결탁이 사회적으로 매우 중요하다. 상층부에서 벌어지는 화폐적 관계가 북한 사회 변화의 가장 큰 요인이 될 것이기 때문이다.

1) 북한 권력엘리트의 부패

북한의 상층부는 크든 작든 공적인 권력을 가지고 있다. 그들에게 부패 (corruption)는 보유한 공적 권력을 사적 이익에 사용하는 것이다. 북한 상층부의 부패는 몇 가지 주요한 양상을 가지고 있다. 그들의 부패는 주로 권력, 특권, 권한 등을 가지고 있는 개인과 집단에 의해서 발생한다. 모든 부패는 범죄이다. 그러나 모든 범죄가 부패는 아니다. 권력을 가진 자가 사적 이익을 전유하기 위해 권력을 사용하는 것, 즉 권력의 사유화가 단순범죄와 부패를 가르는 기준이 된다. 권력의 부패는 이권이 있는 곳에서 발생한다. 렌트(지대)는 부패의 원인이면서 결과이다. 렌트가 있는 곳에 부패가 발생한다. 그리고 부패로 인해 렌트가 생성되고 확대된다. 부패는 어떠한 사회적 관계 속에서도 발생한다. 또한 사회적 관계에 영향을 줄 수밖에 없다. 특히 부패는 사적 관계가 공적 관계와 착종될 때 발생한다. 사회가 강력한 규범으로 공적 관계를 구속하는 경우, 부패는 발생하지 않는다. 그러나 내적 관계의 준거규범이 제 역할을 하지 못하는 상태, 즉 '아노미(anomie)' 상태에서 공적 관계는 사적 관계의 침식을 허용하고 화폐적 가치에 복속된다.

북한 권력엘리트의 부패는 정치경제적으로 크게 두 가지 중요한 의미를 가진다. 첫째, 관료의 자기특권화 경향이 강화되었다. 이는 경제위기와 시장화의 확산 과정에서 관료에 대한 규범적 압력이 약해졌음을 의미한다. 둘째, 계획과 명령의 실효성이 약화되는 대신, 시장이 관료의 지배력 강화를 위한 지렛대로 이용되고 있다. 이를 통해 시장화가 관료의 입지를 결코 약화시키지 않았음을 알 수 있다.

북한의 권력엘리트들은 조직을 이용해 부정부패와 횡령에 가담한다. 합법적 암거래도 하는데, 기관을 이용한 암거래는 단순히 생계를 목적으로만 한 것은 아니다. 권력엘리트들의 부패와 화폐획득, 즉 돈벌이에 대한 탐욕이 지나쳐 대형 사건으로 번진 적도 있다. 대표적인 사례가 '눅거리' 교역 사건, '구호나무' 벌목 밀매사건, 그리고 수남시장 장세(場稅) 횡령사건이다.

'눅거리' 교역 사건은 2007년 초에 불거졌다. 김정일은 북한의 원자재가 싼 값(눅거리)으로 중국으로 밀매되고, 반면에 중국의 '눅거리' 소비품이 대량으로 북한에 유입되어 비싼 값으로 주민들에게 팔리는 현상을 크게 문제시했다. 당·정·군을 망라한 이권결탁 구조의 일면이 김정일의 문제 제기로 드러나게 되자, 당국자들은 한동안 이를 수습하기 위해 일대 소동을 벌였다.

연사군의 '구호나무' 벌목 밀매사건은 2007년 7월 말에 발생했다. 함북도 연사군에서 원목을 중국에 밀매하면서 '구호나무'마저 벌목한 사실이 적발되었다. 함북도 외화벌이 책임자(릉라888무역회사 함북도 책임자 오문혁)는 공개 총살 당했고, 연사군 간부들(인민위원장, 산림경영소 소장, 삼장세관 세관원, 군당 책임비서 등) 수 명이 무기징역을 선고받거나 출당·철직되는 사건이 발생했다.

2007년 12월에 청진시 수남시장 관리소장이 부정축재 혐의로 공개 재판을 받고 10년 교화형에 처해졌다. 함북도 보안서가 수남시장 관리소장을 긴급체포하고 가택 수사하여, 집안에서 달러와 유로화가 담긴 트렁크를 발견하고, 그가 수남시장의 하루 장세 수입 약 700만 원 중 매일 50만 원씩 착복한 사실이 확인된 데 따른 것이었다. 그리고 함북도 내 주요 간부들 대다수가 수남시장으로부터 뇌물을 받은 사실도 알려져 시장 관리소 인원 전원이 교체되고 함북도당 조직비서, 도인민위원회 간부, 도 보안서 간부들도 조사를 받고 해임되었다. 이러한 '돈벌이 폐해' 사건이, 2008년에 김정일이 개혁조치를 후퇴시키는 명분이 되기도 했다.

권력엘리트들의 화폐에 대한 적응력은 매우 뛰어났다. 7.1조치 이후 이들은 화폐를 통한 권력의 확대에 매우 많은 힘을 기울여왔다. 7.1조치는 실무강습도 생략된 채, 서둘러 전파되어 적용과정에서 혼선이 초래되었다. 새로 정해지는 상품가격도 지역에 따라 들쭉날쭉 책정되어 주민들의 항의가 빗발쳤다. '번 수입'에 의한 기업 관리도 적당히 일하고 임금을 받는 기존의 관행과 달랐다. 그래서 처음에는 일선 생산단위로부터 '자본주의 방법'이라는 저항에 부딪쳤다. 그러나 권력엘리트들은 곧 국정가격과 시장가격의 틈새를 활용해 돈 버는 방법을 배우게 되었다. 7.1조치를 시행하면서 내각은 "국가가 돈벌이 하여 인민들 복지를 위해 쓴다면 무엇이 자본주의 방법인가"라는 논리를 폈는데, 일선 기관·기업소들도 자기 조직의 유지를 위해 '돈벌이'에 열중하여 기관 본위주의가 팽배해졌다. 기업소의 시장 거래가 허용됨에 따라, 특권기관들이 부정자금을 만드는 공간이 되어갔다.

2) '돈주'들의 활약

북한 주민들에게 중요하게 작용하는 네트워크는 일상적이고 직접적인 권력을 행사하는 관료와의 관계이다. 특히 개인적 상행위를 하는 주체는 국가보위부와 사회안전부 등과의 관계가 결정적으로 유용하다. 현재 북한에서 시장이 없는 경제는 상상하기 어렵다. 국가가 민생문제를 해결해줄 능력이 없는 상황에서 국가는 시장의 힘을 빌릴 수밖에 없다. 북한에서 국영부문의 시장 의존은 심화되어왔다. 이 과정에서 시장의 산물인 돈주와 국가 권력층과의 유대는 공생·공존관계로 발전했다. 물론 권력계층과 돈주는 화폐를 매개

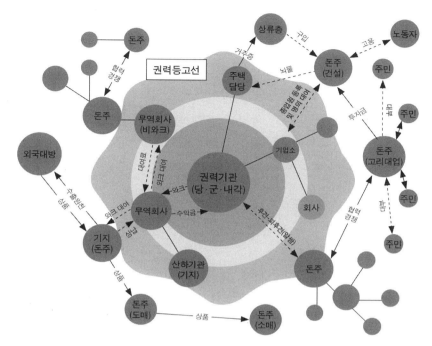

그림 3-2 '돈주'와 '내부자들'

로 사회적 결속을 다지며 이권을 거래한다. 돈주는 북한의 국가 권력이 지금
과 같이 유지되는 한 북한 경제를 뒤에서 움직이는 실세이다. 돈주는 현재 북
한체제의 특성상 비공식적 혹은 비합법적 활동들을 하고 있다. 그렇기 때문
에 지배계급(관료계급)의 정치적 비호가 반드시 필요하다. 돈주들은 국가로부
터 신변의 안전을 보장받기 위해서 막대한 양의 공채를 사거나 헌금을 하기도
한다. 국가에 기부금을 내게 되면 감사장이나 표창을 받을 수 있다. 이렇게
되면 위법행위가 적발되더라도 안전할 수 있다. 돈주는 관료들과의 결탁을
통해서 경제적 이익을 챙기고 있기 때문에, 급진적인 정치적 개혁이나 체제전
환을 요구하기 어렵다. 돈주와 관료 사이의 유착관계 형성으로 발생하는 체
제적 부패는 현상유지를 바라는 양 세력의 이해관계가 일치된 결과이다.

돈주와 권력층의 유착에서 이른바 '알쌈'관계가 형성된다. 후견-피후견 관계로 파트너십을 형성하는 것을 북한용어로 알쌈이라고 한다. 상층(권력층)끼리는 주로 친한 사이, 중하층은 서로 보호해주는 사이를 말한다. 후견-피후견으로 묶인 사이에서는 상대를 "내 알쌈이다"라고 이야기한다.

북한의 경제환경은 이렇게 형성된 '내부자들(inner circle)'과 낮게 제도화된 시장으로 구축되어 있다. 권력층은 이해를 같이하는 '알쌈'들과 합작해 독점적인 시장경제활동을 진행하고 있다. 북한 경제는 수령과 소수 측근지배연합 네트워크로부터 각 지역 단위, 당·군·정의 권력 단위가 위계적 층위를 가진다. 중하층 관료, 외화벌이회사·기지장, 돈주, 상인, 이해를 가진 북한 주민 등의 네트워크도 가동된다. 이 모든 관계망에서 결탁과 흥정이 이루어지고 있다. 수령, 권력기관, 돈주, 주민 등이 공생을 위해 상호작용하는 네트워크는 역동성을 보이며 진화하고 있다.

현재 돈주는 시장에서 독점적 가격결정권을 기반으로 이익을 전유하고 있다. 독점적 시장이 형성된 이유는 국내공급이 제한되어 있기 때문이다. 돈주들은 공급이 제한되어 있는 상황을 이용하여 거래와 생산을 독점하고 있다. 시장에서 가격결정자(price-maker)의 역할을 수행하고 있는 것이다. 이것이 가능한 것은 돈주의 경제적 능력 때문이 아니라 관료들과의 후견관계 때문이다. 돈주들은 불법행위에 대한 보호막으로 보험의 성격을 띤 정치적 후원이 필요하게 된다. 돈주들은 시장지배력을 이용해 전유한 독점 렌트(monopoly rent)의 일부를 권력엘리트에게 상납한다. 이는 곧 사회적 비용의 증가로 나타난다. 사회적 비용은 독점가격으로 주민들에게 전가된다.

돈주들은 전통적 지배질서의 회복에 동조하지 않을 것이다. 그러나 전면적 시장화를 주도하는 세력이 되지도 않을 것이다. 비록 돈주들이 시장화를 주도하고 있지만, 그들은 독과점을 통해 이윤을 극대화하려는 태도를 보인다. 시장은 경쟁체제이다. 돈주들은 당분간 경쟁체제를 수용하려 하지 않을 것이다. 그들이 시장에서 확고한 지배자의 지위를 확보할 때, 더 많은 이윤을 목적으로 시장규모를 키우기 원할 때, 경쟁체제를 받아들일 것이다. 시장화를 주도하는 돈주들의 우선적 관심은 주민들의 물질적 필요를 채워주는 데 있지 않다. 그들의 관심은 시장지배력을 이용하여 자신의 세력을 넓히고 화폐적 이윤을 극대화하는 것이다. 시장은 돈주들과 권력엘리트들의 흥정의 장이 되고 있다. 그러므로 시장은 주민들의 소박한 기대를 실현하는 공간이라기보다 새로운 지배질서를 회임(懷妊)하는 공간이 되고 있다.

3) 권력엘리트의 양극화

북한의 권력엘리트들이 가담하고 있는 부정부패의 유형은 공공물자 유용, 외화벌이 이익금 유용, 뇌물 수수 등이다. 북한은 계획과 시장이라는 이중의 자원배분 메커니즘으로 인해 제도적 수준에서 렌트가 발생한다. 렌트에 접근할 수 있는 권력층은 이것을 사적으로 전유함으로써 부패에 참여한다. 북한 경제시스템의 이중성이 해소되지 않는 한 부패는 체제적인 수준으로 확대된다. 북한의 시장이 계획의 영역을 대체하고는 있지만 온전한 것은 아니다. 이런 여건으로 권력엘리트가 시장세력과 결탁하여 화폐적 이익을 추구하는 것은 막기 어렵다.

권력엘리트들이 화폐적 이익을 추구하는 방식은 다양하다. 암시장 등 사적 부문에 기생하여 과외수입을 얻는 경우가 있다. 예를 들어, 안전원, 보위부원 등 단속요원이 장사꾼과 결탁하여 공생관계를 유지하는 식이다. 간부들은 장사를 단속하는 것을 핑계로 주민들에 접근하여 뇌물을 받는다. 골동품을 단속한다는 핑계로 골동품을 압수하고 국가에 귀속시키는 척하면서 자기가 횡령한다. 북한에서 직급별 권한은 이제 의미가 없어졌다. 이제 돈을 챙길 수 있는 기회는 직급이 아니라 직무의 차이에서 생긴다. 각 부·위원회 국장급 간부의 생활수준이 천지 차이이다. 외화벌이 부업기지가 잘되는 곳은 잘살고 못되는 곳은 못산다. 북한 사회의 권력엘리트는 상층과 하층으로 완전히 양극화되었다.

4. 혼종체제의 형성

북한의 시장화는 7.1조치 이후 순조롭게 진행된 것이 아니었다. 통치자는 대외환경과 북한 내부의 사회적 변화에 민감하게 반응했다. 시장은 권력자에게는 애증의 대상이었다. 지배세력의 통치자금은 대외교역을 중심으로 한 외화벌이에서 나왔다. 그런데 외화벌이는 계획경제와 시장경제의 이중적 자원배분 메커니즘에 기대고 있는 것이다. 외화벌이는 전 사회적 생산성을 토대로 하되 계획경제의 법적, 제도적 장치를 통해 정당성을 받는 것이다. 그러므로 외화벌이에도 시장시스템은 불가결한 것이다. 7.1조치가 아니더라도 북한은 이미 시장과 깊이 관계하고 있었다. 시장을 한꺼번에 부정하고 일소한다면 몸을 지탱하고 있는 발판을 잘라버리는 것과 같은 형국이었다. 그러나 시장을 통해 비사회주의 풍조가 만연하고 권력에 대한 충성도가 떨어지는 것은 통치세력에게는 악몽이었다. 무엇보다 화폐적 관계가 확장되어 기존 공동체가 가지고 있었던 수령에 대한 소구력이 저하되는 것이 문제였다. 수령 곁에만 있으면 행복하다는 결의는 점점 냉소적이 되고 화폐가 주는 쾌락과 정신적 만족감에 주민들은 취해갔다.

경제는 권력에 의해 통제된다. 북한 최고권력은 주민에 대한 통제를 항구적으로 유지하기를 원한다. 그 능력은 전 사회적 생산능력을 배타적으로 장악해내는 권력에 의해 결정된다. 과거 수령공동체는 경제위기에 의해 무너졌다. 새로운 경제질서를 조직해내는 과정이 북한의 현재이다. 경제위기로 인해 어쩔 수 없이 화폐화와 시장조치를 받아들였지만, 화폐적 관계의 확장은 필연적으로 수령체제의 침식을 불러온다. 그렇다고 시장을 전면적으로 배제하기에는 이미 되돌릴 수 없는 경로의존성을 보이고 있다. 북한권력은 시장에 권력을 심음으로써 권력을 시장화하는 방법을 택할 수밖에 없었다. 통치자는 사회 전체의 생산력이 증대되는 것보다 더욱 원하는 것이 있다. 그것은 전 사회적인 생산과 재생산을 조직하는 사회적 과정을 장악하는 것이다. 이

목표를 달성하기 위해서 북한의 최고 권력은 사회적 생산과 재생산 전 과정을 인질로 삼아 권력을 강화할 수 있는 방법을 모색한다. 베블런은 이것을 '전략적 사보타주(strategic sabotage)'라고 말했다. 사회 전체의 생산 잠재력에 대해 제한을 가하는 것. 풍작을 거둔 농부가 밭을 갈아엎는 행위를 예로 들 수 있다. 풍작을 이룬 것은 사회 전체로 보면 부의 증가이지만 농부의 이윤이 극대화된 것은 아니다. 영리사업가로서 농부는 사회적 부를 증대시키는 사람이 아니고 이윤을 극대화하는 사람이다. 농부는 최고의 이윤을 확보하기 위해 자신의 농작물을 파괴하는 사보타주를 행한다. 북한 지배엘리트도 마찬가지이다. 주민 전체의 후생증대라기보다 권력자본 극대화에 목표를 두고 있다. 북한의 지배엘리트들은 영리기업가처럼 자신의 정치적, 사회적, 경제적 이익을 극대화하기 위해 북한 사회에 사보타주를 행했다.

북한의 권력은 시장에 이식되고 있다. 또한 권력과 유착된 자본은 산업에 투입되고 있다. 여기서 북한의 권력은 시장을 사보타주로 길들인다. 그들은 전체 사회의 생산성과 복지가 가장 큰 피해를 입을 수 있는 위치에서 사보타주를 행한다. 권력은 전 주민을 장악할 수 있는 새로운 통치술을 얻었다. 2005년부터 북한의 최고권력자는 전략적 사보타주(strategic sabotage)를 전개했다. 전 사회를 대상으로 '깽판놓기'가 벌어졌다. 관료적 시장이 확립되고 혼종체제가 형성되었다. 통치자의 반시장적 태도는 주민들에게 고통을 주었다. 시장에 대한 각종의 압박이 거세졌다. 그러나 그것은 권력엘리트가 시장지배력을 키우는 기회가 되기도 했다.

1) 전략적 사보타주

2003년, 새롭게 총리로 기용된 박봉주는 7.1조치에 대해 계획도 아니고 시장도 아닌 그야말로 '범벅식' 방법이라고 폄하한다. 그는 7.1조치보다 한 단계 높은 전향적 조치를 잇따라 기안하게 된다. 그러나 김정일은 2005년도 무렵부터 경제관리 개선조치에 대하여 미온적인 태도를 보였다. 급기야 개혁추진 관료들에 대해 사상과 지식의 '빈곤'에 빠져 있다는 비판을 퍼붓기도 했다.

경제지도 일군들이 당의 의도를 잘 알지 못하고 있는 것 같습니다. 일부 일군들은 시장을 나라의 경제를 운영하는 데서 보조적인 공간으로 리용하자는 것을 시장경제로 전환한다는 것으로 이해하고 있는 것 같습니다. 시장과 시장경제는 성격이 다릅니다. 경제지도 일군들이 시장과 시장경제에 대한 개념을 바로 인식하지 못하고 있는 것을 보면 사상의 빈곤, 지식의 빈곤에 빠져 있다는 것을 알 수 있습니다. _김정일, "당 중앙위원회 책임일군들에게 하신 말씀"(2005.2.26)

원래 7.1조치는 경제운용의 큰 틀은 '계획형'을 유지하고, 보완장치로 '시장'을 통한 자원배분의 효율성을 제고한다는 취지를 가지고 있었다. 이는 보조적 공간으로 '시장'을 도입한다는 것이지, '시장경제'를 도입하고자 하는 것은 아니라는 김정일의 생각이었다. 김정일은 7.1조치가 과거의 수령공동체에서 유지해왔던 계획경제를 그토록 빨리 침식시킬 것은 예상치 못했을 것이다. 그러나 기대와 달리 시장메커니즘이 계획의 영역을 급속하게 와해시키자 김정일은 위기를 느끼게 된다. 북한의 집권세력은 7.1조치의 시행 초기만 하더라도 화폐적 자극을 통한 이윤동기에 대하여 매우 긍정적인 입장을 보였다.

돈 문제만 놓고 보자. 다 아는 바와 같이 번 수입에 의한 독립채산제에서는 돈을 실리기준으로 틀어쥐고 기업관리를 해나가게 되어 있다. 그런데 지금 적지 않은 일군들은 이에 대해 몹시 경계하고 소심하게 대하고 있다. 원래 경제사업에서 돈은 모든 생산물과 상품의 가치를 표시해 주는 자막대기라고 말할 수 있다. 어떤 사업이든지 오직 돈에 의해서만 그 결과를 질량적으로 가장 정확히 계산하고 평가할 수 있다. 문제는 누구를 위해 돈을 중시하고 마련하며 쓰는가에 있다. 개인의 향락과 치부를 위해 돈을 긁어모은 것은 나쁘지만 나라의 부강발전과 인민들의 복리증진을 위해 돈을 중시하고 마련하여 쓰는 것은 사회주의 원칙에 맞는다. _ 간부 강연자료, "새로운 경제적조치의 요구에 맞게 경제관리에서 결정적 전환을 일으키자"(2003.4)

그러나 당 간부들의 강연에서 상품-화폐관계와 가치법칙의 적극적 이용을 강조하던 분위기는 2006년 7월 박봉주 총리를 향한 비판에서 화폐에 대한 적개심으로 반전된다. 김정일은 "내각이 머리에는 사회주의 모자를 쓰고 실제는 자본주의의 척후병 노릇을 했다. 총리 부임 이후 사람들이 돈밖에 모르는 인간으로 변했다"는 반응을 보였다.

2004~2005년을 기점으로 북한의 식량생산은 크게 증대했다. 식량위기는 완화되었다. 경제사정의 상대적 호전을 배경으로 북한 당국은 점진적인 시장통제에 나섰다. 사보타주가 시작된 것이다. 2005년을 기점으로 더 이상 해외의 곡물지원을 받지 않겠다고 선언했다. 더불어 국내시장의 곡물거래를 다시 금지하는 조치를 취했다. 여기에 더해 시장에 참여하는 경제주체들의 성과 연령을 규제하여 시장의 활동 자체를 제한하려는 움직임까지 보였다. 시장종사자를 50대 이상의 부녀자 계층으로 한정함으로써 시장의 발전을 억압하겠다는 뜻이었다. 북한의 개혁적 기조는 2005년부터 뚜렷이 후퇴하기 시작했다. 북한의 경제학술지에서 개혁조치에 대한 거부의 흐름이 보이기 시작했다. 2005년 ≪경제연구≫ 제1호의 첫 번째 논문에서 부교수 박선호는 물질적 자극에 대한 정치도덕적 자극의 우위를 강조하는 글을 싣는다.

국가의 통일적이며 계획적인 지도를 보장하는 기초 위에서 매개 단위의 창발성을 높이며, 민주주의를 보장하는 조건에서 지휘를 유일적으로 하며, 정치도덕적 자극을 위주로 하면서 여기에 물질적 자극을 옳게 결합시키는 것으로 되어야하며 바로 이것이 사회주의 경제관리의 기본원칙이라는 것을 밝혀 주고 있다.

같은 해 ≪경제연구≫ 제4호에서 계획경제를 강조하는 김경일의 글을 통해 개혁기조에 변화가 있음을 엿볼 수 있다.

오늘 사회주의 경제에 대한 국가의 중앙집권적, 통일적 지도에 대하는 립장과 태도는 혁명적 립장과 기회주의적 립장, 사회주의와 반사회주의를 가르는 근본척도이다. 력사적 사실이 보여주는 바와 같이 국가경제에 대한 중앙집권적 지도를 포기하는 것은 곧 경제에 대한 당의 령도를 포기하는 것이며 그렇게 되면 사회주의 경제가 점차 변질되어 자본주의 착취제도가 복귀하는 엄중한 결과를 가져오게 된다.

2007년에 들어서자 북한은 본격적인 사보타주를 시행했다. 종합시장 종사자의 연령 제한, 장사 시간에 대한 제한, 장사 품목에 대한 제한, 상행위 장소에 대한 제한 등이 지속적으로 전개되었다. 종합시장 이외의 시장경제활동은 제한되었다. 무역회사도 구조조정되었다. 각종 검열을 통해 돈주와 당·정 간부에 대한 처벌도 있었다. 이러한 일련의 반개혁조치는 경제개혁의 방향을 주도하는 내각에 대한 당의 거부감에도 큰 원인이 있었다. 아울러 기존질서의 동요, 배금주의 및 개인주의의 확산 등 이른바 개혁의 부작용에 대한 우려도 적지 않은 몫을 차지했다.

2007년은 반시장조치의 정당성에 대한 설득도 매우 활발히 전개되었다. 시장화, 화폐화에 대한 비판과 사회주의 계획경제에 대한 당위성이 지속적으로 설파되었다.

장군님께서는 지난 8월 26일 지금 시장이 비사회주의의 서식장으로 된 데 대하여 심각한 말씀을 주시였다. …… '비사회주의적 현상에 대하여 절대로 소홀히 대하지 말고 그것을 철저히 뿌리 뽑기 위한 집중적인 공세를 들이대야 합니다'라고 지적하시였다. _조선로동당중앙위원회 군중강연자료, "시장에 대한 올바른

인식을 가지고 인민의 리익을 침해하는 비사회주의적인 행위를 하지 말자"(2007.10)

≪경제연구≫의 2007년 제2호에서 리기성 교수 역시 다음과 같이 역설한다.

  그것은 계획경제를 기본으로 하면서 상품화폐적 관계와 관련된 경제적 공간
들을 보조적 공간으로 계획경제의 일시적인 공백을 메꾸는 방향에서 리용하는
것이다. …… 우리는 특히 사회주의 원칙이 생명이라는 확고한 립장을 가지고
경제건설과 경제관리실천에 제국주의자들과 혁명의 배신자들이 떠드는「개혁」,
「개방」의 사소한 요소라도 스며드는 것을 철저히 배격할 뿐 아니라 사회주의
경제발전을 저해하고 자본주의를 되살리는데 복무하는 온갖 부르죠아적 및 기
회주의적 궤변들의 반동적 본질을 낱낱이 폭로 비판하고 경제리론의 모든 분야
에서 사회주의 원칙을 일관성 있게 구현해 나가야 한다.

  리기성의 글에서 보는 것처럼 북한 당국은 7.1조치를 비롯한 개혁적 흐름
을 "계획경제의 일시적인 공백을 메꾸는" 수단으로 생각했을 것이다. 그러나
북한 당국은 이미 넘지 못할 선을 넘었다. 화폐화와 시장화는 비가역적인 추
세를 형성하고 있었다. 하지만 북한 당국은 더욱 반시장적 사보타주를 실시
한다. 2008년 11월, 종합시장 폐쇄를 공언한 것이다.
  2008년 6월 당, 국가경제기관 책임일군들과 한 담화에서 김정일은 시장을
비사회주의의 온상이라고 비난한다.

  시장은 경제분야에서 나타나는 비사회주의적 현상, 자본주의적 요소의 본거
지이며 온상입니다. 시장에 대하여 아무런 국가적 대책도 세우지 않고 그대로
내버려 두거나 시장을 더욱 조장하고 그 령역을 확대하는 방향으로 나간다면 불
피코 나라의 경제가 시장경제로 넘어가게 됩니다.

표 3-2 2007년부터 시작된 보수 정책(사보타주)들

주제	일시	내용
배급제 및 시장 쌀 판매	2005. 10.	식량전매제(배급제) 실시
	2006. 3.	식량전매제도 포기
	2007. 9.	시장에서의 쌀 판매 금지와 양곡수매점으로의 쌀 판매 단일화 시도
시장 억제	2007. 4. 1	전국 농민시장 정돈사업(남자 및 40세 이하 여성 판매 금지)
	2007. 4. 20	만 원 이상 시장에서 판매 금지
	2008. 11.	종합시장 폐쇄 예고
	2009. 5.	150일 전투, 100일 전투 동원으로 시장접근 제한
	2009. 6.	평성시장 폐쇄(하지만 나머지 시장 폐쇄는 하지 않음)
	2009. 11.	화폐개혁 실시, 시장 폐쇄조치
개인의 부 제한	2007.	개인투자활동 제한
	2007. 5.	개인 1억 이상 소유 제한
	2009. 11.	화폐개혁 실시 시 화폐교환 금액 제한

자료: 정형곤 외(2012: 71)에서 부분 발췌.

그는 개인주의와 이기주의를 배격할 것을 주문한다. 나아가 주민들이 화폐적 이익만을 추구하는 '돈벌이'에 대해 투쟁할 것도 당부한다.

지금 우리나라 경제생활에서 나타나고 있는 본위주의는 도를 넘어 사회주의 경제관리 질서를 헝클어뜨리고 사회주의 경제제도를 좀먹는 비사회주의적 현상으로 되고 있으며 나라의 경제건설에 커다란 저해와 손실을 주고 있습니다. 물론 이러한 본위주의, 비사회주의는 해당 부문 일군들의 개인주의, 리기주의사상의 표현이지만 경제지도 기관과 경제지도 일군들이 나라의 경제를 지도 관리하는데서 물질적 자극 일면에 치우치고 돈벌이 위주로 나가는 것과 많이 관련되어 있습니다. 우리는 이러한 편향을 반대하여 강한 투쟁을 벌리며 철저히 극복하여야 합니다.

2008년 11월 북한 당국은 2003년 허용된 종합시장 제도를 철폐하고, 이를 다시 과거의 농민시장으로 되돌린다고 예고했다. 2009년 5월에는 '150일 전

투'와 같은 과거의 강제적 노력동원 정책을 재도입했다. 같은 해 6월에는 평성시장을 폐쇄했다. 경제주체들의 시장참여를 원천봉쇄하겠다는 의지를 드러낸 것이다. 하지만 시장을 없애려는 북한 당국의 조치는 주민들의 저항에 부딪혔다. 북한 주민들에게 공식 임금은 큰 의미가 없는 금액이었다. 북한 주민들은 시장을 매개로 한 개인경제 활동으로 생계를 유지하고 있었다. 시장의 폐쇄는 주민들을 굶주림으로 내모는 것과 다름 아니었다. 사실 북한의 계획경제 부문조차도 시장을 활용하는 '변용'된 방식으로 운용되고 있었기 때문에 시장의 전면 폐쇄는 계획부문에도 큰 장애를 각오하는 것이었다. 평성시장을 제외한 나머지 종합시장을 폐쇄하지는 못했으나 북한 당국은 포기하지 않았다. 다른 방식으로 반개혁적 사보타주를 준비하고 있었다.

2009년 11월 말, 북한은 전격적으로 화폐교환을 실시했다. 교환한도액을 설정한 몰수형 화폐개혁이었다. 북한이 2005년부터 가시화한 반시장적 사보타주의 절정이었다. 이처럼 극도로 강화된 시장 억제정책은 신구 화폐의 교환 및 교환의 한도 설정이 핵심 무기였다. 대상인, 중간상인 등 화폐축적을 통해 생산과 산업 그리고 시장의 지배력을 키워가는 세력의 약화를 목표로 했다. 시장경제활동의 재정적 기반을 타격하여 시장 및 시장경제활동을 크게 위축시키는 효과를 기대했다. 그러나 화폐개혁조치도 시장을 억제하는 데는 역부족이었다. 물론 화폐유통량을 줄이면서 상품거래를 급격히 위축시키는 성과를 거두었다. 하지만 환율 및 물가 폭등이라는 대가를 치러야 했다. 물가폭등, 상품 공급 위축 등 화폐개혁의 부작용이 걷잡을 수 없는 상태에 이르렀다. 북한 당국은 2010년 2월 초부터 시장에 대한 압박을 늦추었다. 결국 북한 당국은 2010년 5월부터 시장에 대한 사보타주를 철회했다. 2005년경부터 시작된 사보타주는 시장 폐쇄, 화폐개혁이라는 극약처방까지 동원했다. 5년간 수행되었던 반개혁적 사보타주는 일단락되었다.

2000년대 중반부터 진행되었던 북한의 반시장적 조치들과 사건들을 계획과 시장의 '갈등과 충돌'로 여기는 관점이 있다. 또한 결과적으로 북한의 반시장세력이 시장을 꺾지 못했으므로 시장화가 거세지고 북한의 기득계층의 입지가 취약해질 것으로 예측하는 흐름도 있다. 그러나 2005년부터 이어온 반시장적 사보타주는 시장을 제거하기 위한 것이 아니다. 그들의 사보타주는 전 사회의 생산성에 대한 '최적'의 '깽판'을 놓는 것이 관건이었고, 최대의 통행세를 뜯는 것이 목표였다. 2005년부터의 반시장조치가 '과소'했는지, '과다'했는지, '최적'이었는지는 아직 모른다. 그러나 반시장적 사보타주의 진정한 성과는 현상의 외면에는 드러나지 않는 권력의 작동에 숨겨져 있다.

2005년부터 전개된 반시장적 사보타주는 권력자의 사회적 과정에 대한 장악력을 최대한으로 확보하기 위해, 전 사회에 생산성을 의도적으로 철회한 것이다. 반시장적 조치로 인해 최고권력과 북한의 권력엘리트들은 주민들에게 '몸값'을 두둑이 뜯어낼 수 있었다. 또한 자칫 약화될 수 있었던 시장에서의 독과점과 지배력도 유지할 수 있었다.

2) 관료적 시장의 형성

사보타주의 대표적 예는 시장 또는 상행위에 대한 물리적 단속이다. 북한 당국은 주민의 시장활동 능력이 일정 수준으로 증대되었을 때, 사보타주를 전개했다. 그를 통해 권력엘리트들이 주민에 대한 통제력을 회복하고 최대수익을 얻을 수 있기 때문이다. 전술했듯이, 인민경제에 대한 사보타주는 2005년 10월에 양곡 전매제 및 식량 배급제 강화선언으로 시작되어 2006년 3월의 개인고용금지령, 2007년 8월의 30세 이하 여성의 장사금지령, 12월 무역회사 재정리 방침, 2008년 11월 식량과 공산품의 시장 판매 금지 등으로 이어졌다. 시장에 대한 물리적 단속으로 대표되는 반시장적 사보타주는 정보의 독점, 경쟁에 대한 물리적·재정적 제한 등을 통해 '진입장벽'을 구축하는 계기가 되었다. 독과점의 과실은 사보타주의 집행주체인 당, 군, 법기관 등 권력층이 누렸다. 장사는 권력과 돈이 동반되었다. 권력 없이 돈을 벌 수 없었고 단속이 강화될수록 돈과 권력이 더욱 결탁되었다.

단속·검열 주체들의 이해관계도 사보타주의 배경으로서 빼놓을 수 없다. 법 기관 사람들은 국가의 반시장적 사보타주를 환영한다. 이들은 단속이 오래 지속될수록 권력을 강화하고 경제적 이익을 획득한다. 주민들 사이에서는 "법 기관 사람들만 좋은 일 났다"는 조소가 회자된다. 단속 일선에 나서는 법 일꾼들이 뇌물 받을 일이 많아졌기 때문이다. 실제로 이들은 '비사회주의적 요소 척결' 등을 내세우며, 북한 지도부에 사보타주 시행을 요구한다.

단속은 권력층, 특히 중앙당, 인민무력부, 인민보안부, 국가보위부, 검찰소 등 이른바 법기관 및 권력기관 사람들의 행태에도 변화를 일으켰다. 필요한 자금을 국가로부터 공급받지 못했던 권력기관은 운영 자금 마련 등을 이익추구의 명분으로 삼았다. 단순히 뇌물을 받는 수준에서 돈주들과 결탁하거나 직접 상행위를 하기도 했다. 물론 자신의 배우자, 부모, 형제 등 가족과 친척들을 내세운다. 사보타주가 일반화되기 이전에도 일부는 시장경제활동을 하기도 했다. 그러나 몇 년간 지속된 대대적 단속은 우월적 지위에서 시장경제활동을 영위할 수 있게 했다.

돈주들도 사보타주의 수혜자이다. 시장화의 진전에 따라 돈주를 비롯한 상층부 상인들의 축재는 증가했다. 시장에 대한 단속과 통제는 부의 집중·집적 현상을 더욱 두드러지게 했다. 특히 시장에서 경쟁자들을 제어하면서 자신들의 독과점적 지위를 굳힐 수 있었다.

과거 주민들에게 시장활동은 보조 경제수단이었다. 그러나 이제는 시장이 생활의 가장 중요한 공간이 되었다. 시장은 주민들이 가장 많이 모여 정보와 상품을 나누는 장소이다. 장세 등 시장에서 발생하는 수입은 정부재정에서 무시할 수 없는 부분이었다. 그러나 수취체제가 취약해진 북한 당국은 안전원들이나 보안원들의 뇌물 수수와 같은 인센티브를 허용하고 있다. 세금농사꾼(tax-farmer)으로 만든 것이다. 그래서 북한 정권에게 시장은 주민들을 감시하고 부를 수취하는 수단으로도 활용된다.

시장에 생계를 맡긴 주민들은 국가의 단속에 속수무책이다. 정부가 공시한 한도가격을 지키는 상인들은 거의 없다고 하지만, 단속에 걸리면 처벌받는다. 품목과 가격, 시장 개폐장 시기 등 시장유통에 관한 거의 모든 영역이 통제의 대상이다. 물론 권력이 시장의 모든 영역을 통제하고 관리할 수는 없다. 그 대신 권한을 이용하여 자신의 이익을 챙길 수 있는 충분한 힘을 가지고 있다. 단속은 주민들의 직접적인 반발에 부딪치기도 한다. 주민들은 "먹을 것을 주지도 않으면서 장사는 왜 못하게 하는가? 이것은 백성들을 말려 죽이자는 심보가 아니면 무엇인가", "주는 배급도 없고 월급도 없고 이것이 어디 우리를 살라고 하는 것인가. 이것이 나쁜 놈들만 살판 치는 세상이 아니고 무엇이냐" 는 등의 불만을 털어놓는다. 그러나 그러한 불만이 조직적인 저항으로 확대되지는 않는다. 주민들은 말한다.

노동자는 노골적으로 해먹고 당간부는 당당하게 해먹고 안전원은 안전하게 해먹고 보위원은 보이지 않게 해먹는다.

수년간 지속된 시장에 대한 사보타주는 주민들을 피폐하게 했다. 삶이 권력에 의해 억눌릴수록 부에 대한 집착은 더 커졌다. 반면 권력엘리트들과 소수의 독과점 '돈주'들은 오히려 차등적 권력이 더욱 증대되었다. 시장은 권력과 유착되었으며 화폐권력을 가진 새로운 지배층이 성장했다. 이들은 관료도 자본가도 아닌 시장과 권력의 혼합물, '혼종(hybrid)'이었다.

제4장

화폐적 관계의 확산과 주민들의 변화

2000년대의 전면적인 화폐화는 북한 사회를 송두리째 변화시켰다. 전에는 값이 없던 것들에 가격표가 붙었다. 이미 7.1조치로 교육·보건의료 등의 사회적 임금이 삭감되었다. 예전에는 값이 없었던 것이, 값을 치러야 하는 것이 되었다. 삶의 주변이 점점 매매가능한 상품으로 뒤덮이기 시작했다. 이제 주민들은 화폐를 확보해야만 했다. 주민들은 시장을 찾아 나섰다. 시장은 화폐가 형태를 바꾸는 곳이다. 화폐는 자신의 가치를 실현할 필요가 있을 때, 시장에 넘쳐나는 다양한 상품으로 산개(散開)했다. 또 가치를 저장하거나 다른 현물로 모습을 바꿀 때, 화폐로 환원(還元)했다.

공동체의 보호 아래서 이웃과 전체 사회를 위해 삶을 영위하던 주민들은 화폐에 의존하게 되었다. 그들은 화폐의 공능(功能)을 깨닫고 탐닉해갔다. 화폐는 시장과 숭배자들을 숙주로 두게 되었다. 화폐를 매개로 맺어지는 주민들의 화폐적 관계는 확장되었다.

화폐적 관계에 참여하려면, 먼저 스스로가 상품이 되어야 한다. 화폐화가 진행됨에 따라 주민들의 행위는 전적으로 화폐를 지향한다. 주민들의 행위는 더 이상 '규범'을 추구하지 않는다. 오직 더 많은 화폐의 획득이라는 '목적'에

최적화된 행위만을 합리적이라고 여긴다. 기존 공동체의 도덕담론은 쓰레기통에 버려진다. 화폐획득 목표를 달성하는 영리활동에 많은 시간이 제물로 바쳐진다. 화폐만을 추구하는 비사회주의 현상이 팽배한다. 주민들은 화폐를 위해 타인을 사기도, 자신을 팔기도 한다. 주민들은 더 많은 화폐를 획득하기 위해 투쟁했다. 북한의 지배권력은 화폐경제의 확산에 강력한 제동을 걸었다. 몰수형 화폐개혁이 그것이다. 2009년의 화폐개혁은 북한 사회를 또 한 번 혼란에 빠뜨렸다. 화폐를 둘러싼 갈등은 극적으로 폭발했다.

1. 화폐경제의 확장, 그리고 영리활동

일정한 사회적 조건 아래서 화폐는 증식하는 성격이 있었다. 화폐는 '이자'를 생산해냈다. 누구든지 화폐를 가지고 있는 사람은 그 사용을 타인에게 양도한 대가로 또 다른 화폐를 요구할 수 있다. 과거 북한은 개인 간 돈거래를 인정하지 않았을 뿐 아니라, 이자는 죄악시했다. 북한의 화폐화는 '이자'라는 괴수(怪獸)를 무저갱(無低坑)에서 풀어놓았다. 곧이어 원본과 이자의 관계인 '이자율'은 자연의 증식률이 되었다. 이자율은 자연이 스스로를 전개할 때, 은밀히 드러내 보이는 신비의 수열로 간주되었다. 이자율은 미래예상 수익과 결합되어 결코 상품이 될 수 없는 것들을 자본화(capitalization)하기 시작했다. 화폐적 관계는 주변의 모든 것을 상품화시킨다. 처음에는 소소한 일상의 소비재에 가격을 붙인다. 곧이어 덩치 큰 기계, 집을 상품화한다. 곧이어 인간은 단 한줌도 생산할 수 없는 대지를 평가한다. 화폐는 노동에 가격을 붙인다. 성에 가격을 붙여 하룻밤 단위로 거래한다. 명예도 목숨도 예외가 될 수 없다. 화폐경제의 맹렬한 확장은 북한의 모든 영역을 변화시키고 있다.

1) 증식하는 화폐의 출현

화폐화는 생산물들을 '상품'으로 만들었다. 곧바로 '잉여'의 개념이 강화되었다. 잉여는 대상을 화폐의 크기로 측정하지 않으면 발생하지 않는 경제범주이다. 나무꾼이 산으로 들어가 땔나무를 채집하여 쌀과 교환한다고 가정하자. 화폐가 개입되지 않는 거래에는 '잉여'의 개념이 출현하지 않는다. 그러나 화폐가 개입하게 되면 달라진다. 화폐는 일련의 사건을 회계적 범주로 구획한다. '비용', '매출액', '이윤'과 같은 것이다. 나무꾼의 노무비, 장비구입비, 감가상각비 등이 비용의 범주에 속한다. 땔나무를 판매하여 얻은 수익은 '매출액'이 되고 쌀 구입 시 지불한 화폐액은 '매입비용'이 된다. 비용과 수입을 '분개'하여 양변에 놓고 크기를 비교한다. 차액이 0보다 크면, 이윤이 발생한 것이고, 0보다 작으면 손실이 발생한 것이다. 화폐가 가지고 있는 고유한 '셈법'과 거래의 언어인 '회계'를 통해 '잉여'가 생겨난다. 잉여는 발견이 아니라, 발명이다. 만약 화폐적으로 측정된 비용과 그로 인해 얻어지는 일정 수입이 존재하면, 사람들은 화폐수익을 투입비용에 대한 '잉여'로 간주한다. 잉여의 범주에 속하는 대표적인 것들로 '이자', '이윤'이 있다. 이것은 '임금'에까지 확대된다. 이때 처음에 지출된 화폐액과 그 대가로 획득되는 화폐적 잉여는 일정한 '비율'을 갖게 되는데, 이른바 '이자율'이다.

만약 화폐가 타인에게 임대(대출)된다면 시장에서 일정하게 형성된 이자율에 따라 이자를 얻게 된다. 사람들은 과일나무에서 과일을 얻는 것처럼 이자도 원금에 의해 '자연적'으로 얻어지는 것으로 착각한다. 그래서 과일을 '천연과실'로 이자를 '법정과실'로 서슴지 않고 부른다. 이자로 대표되는 잉여를 낳은 원금은 '자본'이라고 부른다. 이제 돈이 돈을 낳는 것은 자연섭리로 생각한다. 화폐의 배후에 숨겨진 권력관계와 화폐발행과 가치를 둘러싸고 벌어지는 흥정은 은폐된다. 이러한 관념은 확장되어 화폐는 자본이 되고 물신(fetish)으로 숭배된다.

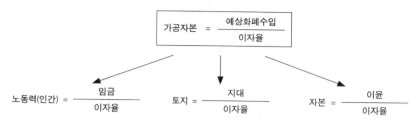

그림 4-1 전 사회의 가공자본화(fictitious capitalization)

 사람들은 이자에 원본이 존재하듯 미래에 예상되는 수입이 있을 때, 이 수입을 가져다주는 자본이 있을 것이라 생각한다. 일정한 수입액에 이자율을 개입시켜 자본을 계산하게 되는데 이를 '자본화(capitalization)'라 부른다. 화폐화는 필연적으로 생산성 있는 모든 것들을 자본화한다. 지대를 받을 수 있는 토지도 자본화된다. 예를 들어 1년 지대가 100만 원인 토지가 있고, 이자율이 10%라면 토지의 가치는 1000만 원으로 자본화된다. 인간(노동력)도 마찬가지이다. 1년에 1000만 원 버는 사람은 1억 원으로 자본화되고, 1억 원을 버는 사람은 10억 원으로 자본화된다. 사람도 '자본'이 된 것이다. 사실 인간에게 화폐액으로 측정할 수 있는 '가치'는 없다. 있다 하더라도 측정할 수 없다. 그러나 화폐화된 사회에서는 어떤 대상이든 고유한 셈법으로 자본화한다. 1000만 원과 토지가 같은 것이 아니다. 1억과 노동자가 동일하지 않다. 화폐는 '환영(illusion)'을 만든다. 북한 사회에 환영이 떠돌기 시작했다. 이 환영의 이름은 '가공자본(fictitious capital)'이다. 가공자본이 '실재(reality)'가 되어 자유롭게 매매되면 북한의 화폐화는 성숙단계에 이른 것이다.

(1) 공적 금융서비스의 낙후성

 북한에서도 이자는 현실적 필요성에 따라 인정한다. 그러나 이자의 원천이 자본에 있다고 보지는 않는다. 사회주의 경제학은 잉여를 인정하지만 잉여는 오직 노동에서만 나온다고 여긴다. 그렇기 때문에 자본의 생산성은 인정하지 않는다. 자본은 착취의 원천일 뿐이다.

북한에서 보는, 자본주의 사회의 은행은 증식하는 화폐, 즉 이자 낳는 자본이 운동하는 무대이다. 자본주의적 생산체제에서 기만적으로 창출된 화폐의 집중과 배분을 위한 사회적 기구일 뿐이다. 또한 금융시장도 화폐와 더불어 각종 가공자본(주식 등)이 상품으로 매매되는 추상적 시장이다.

사회주의 국가의 전통에 따라 북한의 은행은 자본주의 은행과는 달리 매우 제한적인 활동만을 수행한다. 특수은행을 제외한, 전 주민을 대상으로 하는 은행은 오직 한 곳뿐이다. 조선중앙은행은 자금중개가 아닌 화폐수집상의 역할을 한다. 유통에서 이탈되어 휴면상태에 있는 화폐(유휴화폐)를 모아 필요한 곳에 분배하는 것이다. 그보다 더 중요한 것은 모든 기관·기업소의 회계부서 역할이다. 자본주의 은행이 가지는 고유업무, 부속업무, 겸영업무와 같은 것은 거의 수행하지 않는다. 은행의 가장 기본적 여·수신업무도 효율적으로 집행되지 않는다. 재량적 발권사업, 신용창조, 상업신용도 취급하지 않는다.

단일은행제도인 북한은 중앙은행이 주민들로부터 직접 저금을 받는다. 그러나 중앙은행이 유치하는 저축액은 매우 적다. 낮은 이자율과 예금의 인출 제한 등이 주된 이유이다. 북한에서 은행을 중개기관으로 하지 않고 자금을 융통할 수 있는 직접금융시장은 없다. 개인에 대한 대부도 법·제도적으로 허용되지 않는다. 기업 및 개인에 대한 금융서비스의 다양성이 구비되어 있지도 않다.

북한 주민들이 은행에 저축하지 않는 이유는 간단하다. 북한 원화와 금융기관이 신뢰를 상실했기 때문이다. 북한의 원화는 지속적인 인플레이션으로 가치가 희석되었다. 주민들은 저축한 돈을 제때에 인출할 수 없다. 더구나 대규모 자금이 저축되었을 때, 비밀보장이 되지 않는 북한의 현실은 저축자를 불안하게 만든다. 저금인출에 대한 불안보다도 비밀보장이 되지 않는 두려움이 더 크다. 이런 이유로 주민들은 저축을 기피한다. 그 결과 화폐가 은행에 모아져 산업자금으로 재투자되지 못하고 주민들 사이에만 유통되고 있다.

주민의 저축기피로 유휴화폐는 금융기관으로 집중되지 못하고 있다. 북한은 사회주의 금융제도가 그러하듯, 은행의 신용창조기능을 부정하고 있다. 대출은 은행자원의 범위로 한정된다. 당연히 자금부족이 일어날 수밖에 없는 현실이다. 조선중앙은행은 자금경색으로 인한 대출재원 부족이 심각한 지경이다. 그럼에도 불구하고 은행은 기관·기업소의 파상적 대출 압력에 굴복하여 기업에 대한 대출이 과도하게 확대되고 있다. 대부에 대한 원칙을 지키지 못하고 있는 것이다. 과도한 대출자금은 통화팽창으로 이어져 극심한 인플레이션을 유발하고 있다. 극심한 인플레이션은 생산 활동에 필요한 물자를 시장으로 유출시킨다. 이러한 물자들이 저급한 수준의 소비재 생산에 할당된다. 북한 기업의 생산성은 저하된다. 시장에서는 기대인플레이션율이 상승하여 물자를 사재기하는 현상이 나타난다. 경제활동은 위축된다. 주민들은 저축을 더욱 기피한다. 악순환이 벌어지는 것이다. 결국 은행예금은 늘어나지 않는다.

북한에서 장기자금 조달을 위한 직접금융시장, 즉 자본시장은 없다. 상업은행을 중심으로 화폐를 효율적으로 분배하는 간접금융시장도 존재하지 않는다. 당국은 북한 금융의 고질적인 화폐유통 경색문제를 해소하려는 노력으로 지난 2006년 상업은행법을 채택했다. 주요한 내용은 다음과 같다.

제3조(상업은행의 업무원칙) 상업은행의 업무를 합리적으로 조직하는 것은 금융거래의 안전성을 보장하고 거래자의 리익을 보호하기 위한 중요 담보이다. 국가는 상업은행업무에서 신용을 지키며 그것을 현대화, 과학화하도록 한다.

제20조(예금의 지불과 비밀보장) 상업은행은 거래자가 예금에 대한 지불을 요구할 경우 원금과 리자를 제때에 정확히 지불하여야 한다. 예금에 대한 비밀을 철저히 보장하여야 한다.

제23조(대부조건) 상업은행 거래자의 요구에 따라 경영활동을 개선하는데 필요한 자금을 대부하여 줄 수 있다. 이 경우 상업은행은 대부금을 계약내용에 맞게 리용하도록 하여야 한다.

상업은행은 "금융거래의 안전성을 보장하고 거래자의 리익을 보호"한다는 명분하에 설립되었다(제3조). 아마도 이러한 명분은 민간보유 유휴화폐를 양성화하여 기업투자 및 생산자금으로 활용하기 위한 것으로 보인다. 민간보유 화폐를 은행으로 유입시키려면 주민을 안심시켜야 한다. 그래서 예금에 대한 원리금 지급과 비밀보장을 천명했다(제20조). 반면 개인에 대한 대출은 전혀 성문화되지 않았다. 대부에 대한 규정은 제23조~제27조에 걸쳐 있다. 대출은 '경영활동을 개선하는 데 필요한 자금'으로 한정하고 있다(제24조). 기업활동 외의 어떤 영역에도 대출을 허용한다는 규정은 찾을 수 없다. 물론 제24조의 '거래자'에는 기관, 기업소, 개인이 모두 포함되는 것으로 해석되고 있다. 그렇다고 해도 결국 개인적 차원의 대출은 제도적으로 보장되지 못한 것이다. 그나마 상업은행법이 제정되었음에도 불구하고 아직까지 설립과 운영은 이루어지지 않고 있다.

금융시스템의 취약성은 북한 사회에 사금융이 만연하는 토양이 되었다. 경제위기 이후 기관·기업소에 남발된 부실대출로 촉발된 통화팽창은 민간부문의 화폐범람으로 이어졌다. 민간부문의 화폐는 난폭한 모습으로 형성된 산업영역을 갖게 되었다. 바로 사금융이다. 그 중심에 새로운 화폐자본가, 즉 '돈주'가 자리잡았다.

(2) 사금융의 만연

북한에서 사금융이 형성되기 시작한 시기가 1990년대 중반, 보다 구체적으로 1995년 전후라는 데는 이견이 없다. 1990년 중반, 북한의 배급체계가 붕괴 혹은 이완되면서 사경제부문이 활성화되기 시작했다. 장사를 하거나 식량을 구입하기 위해 북한 주민들 사이에서 금전거래를 하는 사례가 본격화되었다. 7.1조치 이후 시장이 합법화되자 금융의 필요성도 증대되었다. 시장의 확대는 거래의 증가로 이어지고 신용 역시 팽창되기 때문이다. 그러나 북한에서는 시장거래를 뒷받침할 금융시스템은 제도화되지 않았다.

북한 금융기관의 대출조건을 살펴보자. 기관·기업소와 단체는 은행에서 차입을 할 수 있다. 채무자는 차입한 원리금을 반환해야 한다. 만약 반환기일을 어기면 높은 연체이자를 부담해야 한다. 그러나 이러한 조건은 기관·기업소와 단체에만 적용되는 것이다. 개인에 대한 은행대출은 규정이 없는 데다, 개인 간 거래는 허용되지 않았다. 그러나 2007년 수정된 민법은 주민 간의 금전거래를 허용했다. 주요한 내용을 살펴보면 다음과 같다.

> 민법 제221조(꾸기계약의 체결) 공민들 사이에 돈이나 물건을 꾸어주고 꾸는 행위는 꾸기계약에 따라 한다. 꾸기계약은 무상으로 맺는다. 리자 또는 리자 형태의 물건을 주고받는 꾸기계약은 맺을 수 없다.
>
> 민법 제222조(꾸기계약 당사자의 의무) 꾸기계약에 의하여 꾸어주는 공민이 돈이나 물건을 꾸는 공민에게 넘겨주는 경우 꾼 공민은 꾸어준 공민에게 액수가 같은 돈이나 종류와 량이 같은 물건을 갚을 의무를 진다. 꾸기계약은 꾸어주는 공민이 돈이나 물건을 상대방에 넘겨준 때에 맺어진다.

주민끼리 금전소비대차를 허용한 민법은 이자를 인정하지 않음으로써 화폐의 회임(懷妊)을 부정했다(제221조). 화폐가 증식하지 못하도록 법적인 불임수술을 한 것이다. 대차관계의 청산은 등가물 또는 동일물로 할 수 있다는 규정(제222조)을 통해서 다시 한 번 이자가 성립될 여지를 없앴다. 북한 당국은 김일성의 유지를 변함없이 받들고 있다.

서로 꾸어준 돈에 대하여 리자를 받는 일이 없도록 하여야 하겠습니다. 이웃

간에 어려울 때 서로 도와주는 것은 예로부터 내려오는 우리 인민의 미풍입니다. _ 김일성, "농촌에서 고리대현상을 없앨데 대하여"(1952.10.30)

법·제도적 규제에도 불구하고 화폐가 가지고 있는 효용을 일정 기간 타인에게 양도하면서 대가로 취하는 이자는 주민 사이에 사라지지 않았다. 오히려 더욱 기승을 부리는 양상이 전개되었다. 북한은 2007년 10월 수정된 형법에서 '고리대죄'를 신설한다. 이를 통해 북한의 사금융이 심각한 양상으로 전개되고 있음을 알 수 있다.

> 형법 제113조(고리대죄) 고리대 행위를 상습적으로 한 자는 1년이하의 로동단련형에 처한다. 앞항의 행위가 정상이 무거운 경우에는 3년이하의 로동교화형에 처한다.

북한은 주민끼리의 화폐 거래까지는 인정했지만 이자를 조건으로 하는 금전소비대차 약정은 거부했다. 이자의 인정이 자칫 고리대로 발전할 여지가 있기 때문이었다. 고리대에 대한 강한 거부감은 김일성의 언급에도 나타난다.

> 고리대는 생산수단에 대한 사적소유에 기초하고 있는 전 자본주의적 착취형태입니다. 고리대금업자들은 농민들에게 돈이나 낟알을 꾸어주고 그것을 매우 높은 리자를 붙여 받는 방법으로 농민들을 악랄하게 착취합니다. 그러므로 인민이 나라의 주인으로 된 우리 사회제도에서는 고리대와 같은 착취현상이 허용될 수 없습니다. _ 김일성, "농촌에서 고리대현상을 없앨데 대하여"(1952.10.30)

일반적으로 북한의 사금융은 '돈주'인 사채업자에 의해 이루어진다. 물론 고리채이다. 이용주체는 개인과 개인, 개인과 무역회사, 협동단체, 국가기관에 이르기까지 광범위하다. 국가기관까지 사금융에 의존하는 것은 금융기관이 제 역할을 하지 못하기 때문이다. 공식 금융은 뒷전으로 밀려나고 민간 영역에서 금전의 대부, 알선, 중개 등이 수행되는 것이다. 사정이 이러니 국가기관마저 사금융에 기대는 사태까지 벌어지는 것이다. 사금융의 중심에 돈주가 있다. 돈주는 일반적으로 '부자'와 다른 개념으로 사용되고 있다. 돈주는 소규모의 상업을 통해 자산을 획득하고 '고난의 행군' 이후 시장확대 과정에서 각종 사업을 통해 자산을 증식한 사람이다. 금융업에 종사하는 주민들도 돈주로 분류한다. 높은 이자를 수취하는 대부업자, 환차익을 추구하는 환전상 등이 이에 속한다. '돈주' 가운데는 시장에서 성장한 상인자본가형 돈주들이 있고, 권력을 이용해 축재한 권력형 돈주들도 있다. 대체로 '돈주'들은 투자를 통해 많은 불로소득을 얻는 사람들이다. 대개 자신이 직접 사업에 개입하지 않고 대리인을 통해 사업을 진행한다.

북한 당국도 사금융의 심각성을 인식하고 있다. 그러나 여러 가지 대책으로도 고리대금업은 근절되지 않고 있다. 2000년대 들어 지속적으로 단속하고 있으며, 제도적 맹점을 보완하고자 상업은행 설립까지 시도했다. 2007년에는 형법의 '고리대죄'도 신설했다. 그러나 고리대업은 확산일로에 있다. 고리대로 대표되는 사금융은 다양한 주체들 간에 다양한 방식으로 이루어지고 있다. 거래방식도 자본주의 사회의 대부업과 거의 구별하기 힘들 정도가 되어가고 있다. 사업가 중에서도 사금융의 수익성에 끌려 속속 고리대업에 참여하는 움직임이 보이고 있다. 북한의 취약한 금융환경으로 볼 때, 고리를 추구하는 사채업은 앞으로도 당분간은 유망한 사업이 될 것이다.

북한에서 사금융에 종사하는 '돈주'는 일종의 화폐자본가이다. 북한에서 자본·금융 시장은 모두 비공식 거래이다. 북한의 사금융은 두 종류의 시장을 가지고 있다. 하나는 개인 간 시장이고, 또 하나는 기관과 개인 간 시장이다. 개인이 개인에게 돈을 빌리는 가장 흔한 이유는 장사를 하기 위해서이다. 북한의 임금은 생계비에도 훨씬 못 미치는 수준이다. 주민들은 사적 소득활동을 해야 생활을 할 수 있다. 이러한 이유로 신규 또는 추가로 투입되는 장사밑천이 필요한 것이다. 사금융의 발달과 더불어 상인들 사이에 신용에 대한 인식이 높아지고 있다. 사금융의 확대는 외상거래도 활성화시키고 있다. 이러한 흐름은 민간 영역에서 상업신용 확대의 조짐으로 읽혀진다. 개인 간 대출의 또 다른 이유는 생계를 위해서이다. 해마다 3~4월이 되면 고리대금업자들과 장사꾼들이 농민들이나 식량이 떨어진 주민들을 상대로 현물장사를 한다. 봄에 강냉이 1kg을 꾸어주고 가을 수확기에 두 배인 강냉이 2kg을 받아내는 식이다. 이렇게 북한의 현물 고리대업자들은 '춘대추납(春貸秋納)'으로 폭리를 취한다. 김일성이 가장 비난했던 악습이었다.

> 농촌에서 고리대금업자들은 여름에 농민들에게 쌀을 몇 말 꿔주고는 가을에 가서 그보다 훨씬 많은 쌀이나 돈을 받았습니다. 고리대금업자들은 농민들에게 돈을 꿔주고도 매우 높은 리자를 받았습니다. 우리는 고리대금업자들이 농민들을 착취하는 것을 막고 그와 투쟁하기 위하여 농민은행을 조직하였습니다. _ 김일성, "모잠비끄 해방전선 위원장과 한 담화"(1975.3.5)

사금융의 영역으로 기관과 개인 간 시장이 있다. 기관이 개인에게 돈을 빌리는 것이다. 개인이 기관에게 차입하는 것은 없다. 기관이 개인에게 돈을 빌리는 이유는 국가에서 빌릴 수 없기 때문이다. 국영기관도 은행도 돈이 없다. 돈은 개인 간에만 돌고 있다. 개인과 협동기관들 사이에서 벌어지고 있는 사금융 이자는 20~30% 수준에 이르렀다. 돈주들은 채무불이행 가능성 높은 공장·기업소에는 자금을 대여하지 않는다. 정상적으로 가동되는 공장·기업소나 현물로라도 변제할 수 있는 협동농장에 돈을 빌려준다. 협동농장과는 외상거래도 성행한다. 봄철에 돼지를 사다 주고 가을에 수확한 옥수수를 두세 배가량 낮은 가격으로 평가하여 변제를 받는다. 현금 동원 능력이 떨어지는 농장의 사정을 이용한 돈주들의 고리대 '덫'이다.

사금융의 발달은 다양한 양태로 북한 사회의 변화를 추동하고 있다. 대부업의 종잣돈은 북한 원화에서 외화로까지 확대되었다. 외화의 축적현상이 사금융 시장의 발전을 부추기고 있는 요인이 된 것이다. 외화를 보유하고 있는 주민들은 개인, 공장·기업소, 협동단체 등에 대여하거나 투자를 한다. 외화를 이용해 이익을 보는 방법으로 '환치기'가 있다. 북한에 존재하는 지역 간 환율 차이를 이용하는 것이다.

외화뿐 아니라 혁명자금마저도 '증식'을 꿈꾸며 사금융의 종잣돈으로 유입되고 있다. 공적 자금과 사적 운용이 비정상적으로 연계되었을 때 형성되는 '그림자 금융(shadow banking)'의 조짐도 잉태하고 있는 것이다. 사금융의 확대와 더불어 새로운 직업도 등장했다. 바로 '해결사'이다. 채무자의 재산을 처분하는 사람이다. 돈주들은 해결사를 고용하여 채무자의 재산을 강제로 처분한다. 채무자의 재산이 변제액에 미치지 못하면 집까지 몰수한다. 수령공동체가 지켜왔던 '하나는 전체를 위하여, 전체는 하나를 위하여'의 미덕은 '돈 놓고 돈 먹는' 세계의 '주먹'으로 간단히 무너진다.

본격적 화폐화가 오래되지 않은 북한에서 화폐는 유기체처럼 자신을 증식하기 시작했다. 화폐가 화폐를 낳는 것은 돈이 가지고 있는 자연적 본성에 의한 것이 아니다. 화폐의 소비가 유보될 때, 보상으로 붙는 이자는 일정한 사회적 상황에서 용인되는 것이다. 즉, 이자는 이자의 공간을 허용하는 사회제도의 산물이다. 정통 이슬람교처럼 이자를 죄악시하던 북한에서 통상적 수준을 넘는 이자가 주민들의 삶에 족쇄를 채우고 있다. 북한 사금융으로 인해 화폐는 이자라는 날개를 달았다. 앞으로 이자율을 매개로 해서 모든 대상을 자본화해 나갈 것이다. 토지도 건물도 사람까지도 수평저울에 올려 차가운 현금의 추로 측정할 것이다. 인간은 그저 '얼마짜리'로 취급되어 다루어질 것이다. 가공자본이 이자율을 산파(産婆)로 삼아 태어나면, 화폐는 사회를 자신의 식민지로 삼아버린다. 모든 대상은 화폐의 비준을 받아야 가치를 획득할 수 있게 된다. 화폐적 관계는 희미하게 남은 공동체의 추억마저 거칠게 지운다.

2) 부재소유와 영리활동의 확산

시장경제는 재화의 생산 및 분배를 가격결정시장의 자동조절장치에 맡긴다. 그리고 그 자체에 내재하는 법칙, 즉 수요·공급법칙의 지배를 받는다. 근대 자본주의의 거대 생산기계에서 착안한 이 자동조절시스템은 '악마의 맷돌'처럼 인간 주변의 것들을 상품으로 만든 후 투입시킨다. 과거에는 공동체에 속했던 많은 것들이 상품이 되어 악마의 맷돌에 들어가 분쇄된다. 그러고는 인간적 체취는 소거된 채, 나프탈렌 냄새 풍기는 산뜻한 '제품'이 되어 출시된다. 이것이 자본주의 작동시스템이다. 개인이 경제활동에 참여하는 동기는 과거처럼 관습, 종교, 신분, 마술의 힘이 아니다. 이제는 악마의 맷돌이 된 경제생활에, 개인이 '생산요소'가 되어 몸을 던지는 이유는, 영리기업 및 임금체계와 같은 경제제도들 때문이다. 시장 조직 아래에서의 인간 생활은 경제적 동기에 의해 촉발된 제도들에 의해 규정된다. 그리고 엄격히 경제적인 법칙들에 의해 지배된다. 경제라는 거대하고 포괄적인 메커니즘은 당국, 즉 국가 또는 정부의 의식적인 개입 없이 작용한다고 생각될 수 있다. 물론 시장을 규정하는 것이 국가이기는 하지만, 적어도 겉보기에 시장은 스스로 작동하는 것처럼 보인다. 시장이 사회적 삶을 규율하는 체제에서 인간의 행동은, 공포와 탐욕을 제외한 어떠한 동기도 불필요하다.

반면 사회주의 경제시스템은 자본주의의 그것처럼 '이윤극대화'의 동기가 없다. 교육, 보건의료, 주거서비스 등이 '사회적 임금'으로 주어지기 때문에 화폐임금의 절박함도 거의 없다. 과거 북한처럼 배급제를 통한 생존보장이 주어진 체제에서는 더욱 화폐에 대한 소유욕이 절실하지 않았다. 그러나 7.1 조치 이후, 북한은 형식적으로나마 지속해왔던 사회적 임금을 대폭 삭감했다. 과거에는 공공영역에서 지급되었던 필수재와 서비스는 대거 상품으로 전환되었다. 주민들은 최소한의 인간다운 삶을 위해서라도 화폐소득을 확보할 수밖에 없는 상황이 되었다.

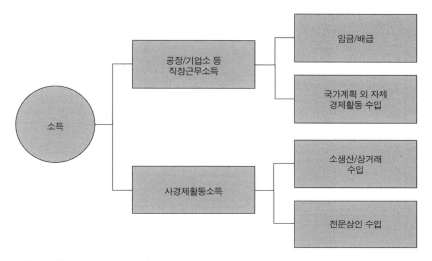

그림 4-2 북한 주민의 소득 유형
자료: 이영훈(2006: 124).

　북한 주민들은 공적 영역에서 확보되는 임금과 배급을 가지고 자신과 가족
의 생활을 꾸릴 수 없는 지경이 되었다. 그래서 적극적으로 시장을 통한 영리
활동에 참여해야 했다. **그림 4-2**에서 보듯이 북한 주민들의 화폐소득원으로
사경제가 급속히 팽창하게 되었다. 경제위기 무렵부터 사경제활동에 참여한
주민들 중 성공을 거둔 사람들도 출현했다. 이른바 '돈주'이다. 현재까지도 돈
주에 대한 합의된 정의는 주어지지 않은 상태이다. 필자가 보기에 돈주는 '이
윤을 통해 화폐를 증식하고자 경제를 조직하는 사람'이다. 만약 화폐적 증식
을 위해 생산과정을 조직한다고 하면 이것은 마르크스식의 '자본가'에 부합한
다. 하지만 아직 북한에서 드러내놓고 화폐를 투입하여 생산을 조직하는 산
업자본가는 공식화될 수 없는 상태이다. 그러므로 상업자본가와 산업자본가
를 모두 아우르는 개념으로 규정한다. 돈주는 화폐권력의 첫 번째 현현(顯現)
이다. 그가 단순한 상업자본가를 넘어 어설프기는 하더라도 국제적 금융자본
가 형태로 진화하는 정도라면 더더욱 그렇다.

오늘날 북한의 계획경제 부문은 제대로 작동하지 못하고 있다. 그러나 여러 가지 열악한 조건에서도 '사적 자본'인 돈주가 왕성하게 활동하는 현상이 관측되고 있다. 이 새로운 부유층은 다양한 형태로 북한 경제의 여러 영역에 자본을 투입하고 있다. 사적 자본을 투입하는 기업의 운영은 경제위기 초기에는 식당·상점 등 서비스업에서 시작됐으나, 2000년대 들어 무역업·제조업 분야로 확산되고 있다.

돈주들이 산업분야에서 활동할 때 이들은 영리기업가이다. 화폐권력은 전적으로 화폐적 이해관계만을 추구하는 수많은 조직을 가능하게 한다. 대표적인 것이 영리기업이다. 화폐를 투하하는 사람은 전적으로 금전적 이익만이 관심이다. 기업의 생산 품목조차 부차적인 문제이다. 사회적 과정에서 중요한 권력을 차지하고 전리품으로 이익을 취하는 것만 추구한다. 무엇을 생산하고 어떻게 배분하는지는 무관심하다. 베블런이 말하는 영리활동의 영역이란 그 방법에서나 목적에서나 산업과는 전혀 다른 것이다. 영리적 기업 활동이란 이윤을 위한 투자를 의미한다. 이는 화폐적 부의 축적이라는 궁극의 목적을 위해 구매와 판매를 계속해 나간다. 북한에서도 산업은 영리 활동의 목적에 복속되어가고 있다. 목표는 공동체의 생계와 욕구의 해결이 아니다. 오직 이윤을 얻는 것에 있다. 자본은 실물의 생산성과 같은 것이 아니다. 자본은 화폐적 크기로 측정되는 권력이다. 그러므로 투입되는 자본이 염원하는 것은 권력으로 성장(盛裝)한 화폐이다. 자본의 궁극은 화폐의 증식이며, 오로지 화폐적 증식일 뿐이다.

(1) 부재소유자의 등장

7.1조치 이후 개인영업 행위가 크게 증가했다. 개인영업은 2004년부터 성행하기 시작한 것으로 파악된다. 초기에는 돈 많은 개인이 당국의 허가를 받아 운영했다. 점차 사금융이 활성화되면서 개인영업 행위자와 투자자가 분리되는 현상이 발생하기 시작했다. 실제 사업을 영위하지 않고 자금만 투하한

뒤, 이익을 회수하는 부재소유자가 등장한 것이다. 이러한 부재소유자는 더욱 확산된다. 박봉주 내각에 이르면, 국영식당이나 합의제 식당도 자금력 있는 개인이 인수하여 운영하는 것을 허용했다. 기업소와 개인의 이익 분배방식에 따라 '2.8식당', '3.7식당' 등으로 불렀다.

상업유통이나 서비스업뿐만 아니라 제조업에서도 부재소유자가 등장하게 된다. 국가가 포기한 기간산업을 개인이 정상화시키고 있는 것이다. 돈주를 포함한 북한의 실세들이 게임의 법칙을 만들고 있다. 위험을 감수한 이런 경제행위는 궁극적으로 시장에서 부를 창출하게 된다. 이런 사업체에도 당조직이 존재하지만 유명무실하다. 특히 세포비서회의와 같은 조직생활은 형식적으로 진행되고 있다. 국영기업 운영과 사적 자본의 연계는 다양한 방식으로 이루어지고 있다. 첫째, 개인이 기업에 대해 자금을 대부하고, 이후에 원금과 이자를 상환받는 방식이 있다. 둘째, 개인이 기업에 대해 자신의 자금을 투자하고, 이후에 이득금을 분배받는 방식도 있다. 두 가지 방식 모두 부재소유의 전형이다. 개인의 입장에서는 생산, 구매, 판매 등 기업활동에는 전혀 관여하지 않고, 자금만 투입하고 회수할 뿐이다.

부재소유가 활성화되면 산업의 운영권한과 물적 토대의 소유권은 실제 산업을 움직이는 사람들에게서 떠나간다. 현대 주주자본주의하에서 흔히 보듯이, 자신이 지분을 갖고 있는 회사가 어떤 생산활동을 하는지 모르는 주주가 생겨난다. 북한의 부재소유자도 화폐를 투입하여 이윤을 뽑아내는 것이 중요한 관심사이다. 산업의 생산성과 효율적 작동에는 그리 민감하지 않다. 풍작이 된 밭을 갈아엎는 농부처럼 화폐적 이윤을 위해서 산업의 생산성에 사보타주를 서슴지 않을 계층이 부재소유자이다. 부재소유의 증가로 화폐권력이 산업의 각 영역에 이윤을 뽑아낼 파이프라인이 많아진다.

(2) 영리활동의 확산

올림포스 12신 중 헤르메스(Hermes)는 상업의 신이다. 또한 헤르메스는 도둑의 신이기도 하다. 이는 상업이 본질적으로 남을 속여야 더 많은 이윤을 얻을 수 있음을 간파한 고대인들의 메타포(metaphor)였다. 아리스토텔레스는 이윤만을 노린 판매행위를 강도질만도 못한 치사한 도둑질로 보았다. 유교의 사민(四民)인 사농공상(士農工商)의 위계에서도 상인이 최하층이었다. 이를 통해 동양에서 상업을 보는 멘탈리티도 고대 그리스와 다르지 않음을 엿볼 수 있다.

북한에서도 상인에 대한 인식은 그리 좋은 것이 못되었다. 경제위기를 전후하여 상행위가 많아지고 그를 통해 부를 축적한 돈주에 대한 인식도 마찬가지였다. 그러나 돈주에 대한 부정적인 인식은 점차 변화하고 있다. 상업적인 영역에서 돈주는 고유한 영업망을 구축하고 있다. 단순히 국내를 넘어 외국과의 교역에까지 힘을 뻗쳐, 영역을 확장하고 있다. 사적 자본을 축적한 사람들의 투자성향은 갈수록 과감해지고 있다. 그들은 시장화 확대와 함께 사업 영역을 확대하고 규모를 키워나갔다. 물론 그렇게 되기 위해서는 시장과 국가권력의 공생관계를 적절히 활용해야 했다. 돈주들은 중간상인들('데꼬')을 고용해 상행위를 하기도 한다. 따라서 고용자의 지위를 가진다는 점에서 상업자본가로 평가할 수도 있다. 북한에서 화폐는 이미 자본의 단계로 전화했으며, 화폐를 투입해 산업의 생산성을 장악하려는 다툼이 전개되고 있다. 자본으로 전화된 화폐는 상업활동을 넘어 산업의 영역까지 진출한 것이다.

7.1조치 이후 북한 당국과 국영기업·국가기관은 사경제를 활용하여 재정 사정을 조금씩 개선할 수 있었다. 사경제로부터 공식적 및 비공식적으로 취약한 재정을 보충할 수 있는 장치를 구축해온 것이다. 북한 당국의 태도변화는 영리활동에 대한 묵인 또는 소극적인 조장을 통해 확인할 수 있다. 오래전부터 많은 주민들이 사실상 소속 직장을 떠나 영리활동에 종사하고 있었다. 그런데 이것을 단속해야 할 당국이 오히려 사경제활동을 권고하는 경우가 드물지 않게 되었다. 나아가 국영기업·국가기관과 연계하여 개인 사업을 벌이는 사람들도 늘어나고 있다.

개인투자자의 영업종목은 식당을 비롯해 오락실을 겸한 컴퓨터 상점, 비디오관람방, 목욕탕, 안마소, 당구장, 노래방 등이다. 개인영업장을 직접 운영하거나 투자하는 이들은 무역일꾼, 외화벌이 일꾼들과 그의 부인들이나, 재일교포 등 귀국자 출신, 화교 등이다. 이들은 국가로부터 영업권, 장소 등을 제공받는 대가로 수익의 일부를 상납한다. 투자자는 영업에 필요한 각종 물품과 설비 등을 중국에서 구입하여 영업에 활용한다. 이런 현상은 독립채산제나 반독립채산제의 영향을 받는 기관, 기업소가 증가하고 시장이 확대되면서 심화되었다. 현금거래가 증가하고, 사금융이 활성화되면서 보다 높은 수익을 내기 위한 경쟁이 벌어지고 있다.

국가에서 하지 못하는 분야에서 돈주들의 참여가 늘고 있다. 이들은 국영기업소 간부들과의 친분을 활용해 각종 이권 사업에 참여한다. 운송업, 부동산건설업은 물론 석탄 채굴사업에 진출할 정도로 돈주의 사업은 거의 모든 영역에서 이루어진다. 북한의 사경제는 대체로 영세한 생계형 활동으로 구성되어 있다. 그러나 일부 기업형 사경제는 국영기업·기관과의 연계하에서만 가능한 것으로 보인다. 규모가 큰 기업형 사경제는 신변 위협, 재산권 박탈, 부패한 관료 및 정권의 수탈 등 여러 가지 위험에 노출되어 있다. 국가와 시장의 공생관계가 형성됨으로써 돈주도 국가권력과 결탁하거나 국영부문을 활용해 자산 운용을 하는 것이 가능해졌다. 돈주는 기업소에 자재를 납품하거나 계획 밖의 생산물을 생산하는 기업에 투자함으로써 사업 영역을 확장했다. 2000년대 중후반까지 돈주는 대규모 유통업자로도 발전했다. 이렇게 공장·기업소, 상점, 무역회사 등 국영부문에 투자해 자산을 더욱 불릴 수 있었다.

운송, 유통과 같은 서비스업은 물론 건축과 같은 각종 생산활동에서도 시장부문의 성장이 두드러지게 나타나고 있다. 시장에서 축적된 자본이 공식부문으로 투입되고 있다. 이로 인해 시장경제와 공식경제가 혼합되어 운영되는 이른바 '회색경제지대'가 꾸준히 확장되고 있다.

2009년의 화폐개혁 이후, 북한에서 반시장적 조치는 철회되었다. 2010년

표 4-1 2012년 우리식 경제관리방법(6.28방침)의 주요 내용

구분	주요 내용
협동농장	- 협동농장의 작업분조를 10~25명에서 4~6명으로 축소 - 분조별로 토지를 분배, 국가가 생산비용 선지급 - 생산물은 국가와 분조가 일정 비율(7:3)로 분배, 국가는 수매형식으로 생산물을 가져 가고 분조는 남은 몫을 분조원에게 현물 분배 - 생산비와 생산물에 대해 현실적인 시장가격 반영 - 목표량을 초과하는 경우 분조 자체 처분
국영기업	- 최초 생산비는 국가가 투자하고 그 자금으로 원자재를 구입하여 제품 생산 - 판매수입에 한해 국가와 해당 기업소가 일정 비율로 분배, 공장기업소는 분배된 돈 으로 기업소 운영 - 계획제품 외 기업이 독자적으로 생산품목 결정, 시장가격 적용 - 생산설비, 자재, 연료, 전력문제도 관련 기업이나 공장들과의 거래를 통해 자체 해결 - 수익과 분배도 자체 결정
서비스 부문	- 기업소의 개인투자 허용 - 운송, 상점, 편의봉사, 식당 투자를 통한 개인들의 경영참여를 허용하는 대신 이윤의 10~20% 국가 납부, 개인투자기관에서 노동력 고용 - 대신 투자자는 자신이 투자하는 국가 및 협동단체에 소속
노무관리	- 공장, 기업소 간부는 당이 임명

배급 관련	- 국가기관 사무원, 교육, 의료부문 종사자에 해당하여 배급제 유지
	- 기타 근로자에 대한 배급제는 폐지
	  · 예산제 기관 종사자에게는 배급제를 유지하고 독립채산제 기관은 배급제 폐지
	  · 그러나 현재는 예산제와 독채 기관, 기업소 모두 배급제 시행

부터 실시 중인 시장유화적 정책은 김정은 시대에도 지속되고 있다. 이는 사경제가 중요한 재정 수입원이고 국영부문과 사경제 사이에 공생관계가 성립해 있기 때문이다. 이러한 정책기조가 유지된다면, 시장의 팽창은 지속될 것이다.

김정은 정권은 2012년의 '우리식 경제관리방법(6.28방침)'과 2014년의 '5.30 조치'를 내놓았다. 주요 내용은 경제 분야에서 일정 수준의 자율권을 부여하는 것이었다. 이에 힘입어 돈주들의 사회적 지위와 역할이 상당히 제고되고 심지어 돈주들에 의해 북한 경제가 움직인다는 얘기도 흘러나오고 있다.

북한에서 시장 또는 비공식 경제활동은 매우 활발하다. 시장의 힘은 공식부문에까지 침투하는 현상이 나타나고 있다. 전반적인 시장가격 변수 역시 하향 안정되는 모습을 보이고 있다. 북한 당국 역시 이러한 시장의 움직임을

표 4-2 5.30담화 주요 내용

구분	주요 내용
기업책임 관리제	공장, 기업소, 협동단체들이 생산수단은 국가소유이지만, 실제적인 경영권을 가지고 기업활동을 자율적으로 하여 근로자들이 생산과 관리에서 책임을 다하게 하는 기업관리 방법
기업권한	제품개발권, 품질관리권, 인재관리권 행사
직장, 작업반, 분조담당 책임제	기계설비, 토지, 시설물 등 국가 및 협동소유 재산 관리 이용
노동에 대한 평가 및 분배	일한 만큼, 번 것만큼 분배(인센티브)

용인하고, 부추기며, 일부는 제도화하려는 움직임을 보이고 있다.

북한에서 개인은 공식적으로 직접 상점을 임대받지 못한다. 그러므로 기관이나 기업소의 명의를 빌려야 한다. 기관·기업소의 명의를 빌려 영리사업을 하는 방식은 상점뿐 아니라 당구장, 가라오케 등 다른 서비스업 분야까지 확대되었다. 영리활동의 수준은 상업 및 서비스업에서 개인수공업 등 제조업 부문으로 옮겨 붙었다. 원청을 많이 가지고 있는 개인이 놀고 있는 국영기업소에 임가공을 하청하는 사례가 늘어났다.

북한에서 영리활동이 활발하게 이루어지는 분야는 운송부문이다. 북한의 지역 대중교통은 거의 열차가 담당하고 있었다. 그러나 철도사정은 매우 열악하다. 주요 도시마다 '무궤도 전차 사업소'와 '먼거리 차 사업소'가 있지만 차량 노후와 자금난 등으로 운영이 어려운 실정이다. 이러한 상황에서 시장의 확산 등으로 거래가 늘고 인적, 물적 유동성이 커졌다. 지역 간 이동수요가 급증하자 사적 자본가는 국가기관의 명의를 빌려 거점지역 간 '써비차(service-car)'를 운행하고 있다. 사실상 사설 운수사업으로 돈벌이를 하고 있는 것이다. '벌이버스'도 유사한 사업이다. 국가기관 명의로 등록하되 실제로는 개인이 운영하는 경우가 많다.

주목할 만한 영리사업으로 주택사업이 있다. 북한의 신흥부자들은 개인주택 여러 채를 가지고 월세 임대업을 한다. 이는 비공식적 사유화 현상이 더 자본주의적인 방향으로 확산되고 있다는 것을 보여준다. 음성적으로 행해지던 주택 거래를 북한 당국이 공식적으로 인정하기 시작했다는 소식도 있다. 평양에 국가가 운영하는 주택거래소가 문을 열었고 이곳을 통해 일정 수수료를 내면 공식적으로 주택을 거래할 수 있게 되었다는 것이다. 또한 돈주들이 대여권(분양권)을 받는 조건으로, 대규모 국가사업인 아파트 건설에 자금을 투자한다. 이렇게 되면 투자자들은 아파트 완공 후 매매를 통해 큰돈을 벌게 된다.

(3) 영리활동의 이면

북한에서 이루어지는 민간부문의 영리활동에는 몇 가지 주목할 지점이 존재한다. 영리활동의 확대는 자본의 축적을 일으킨다. 그런데 북한에서의 축적은 생산활동의 결과라기보다는 생산성과 권력 사이의 갈등과 협력의 관계에서 이루어지고 있다. 권력의 측면에서 본 자본은 지배계급이 사회적 과정을 규정하고 통제하기 위해 만들어낸 제도의 혼합물이다. 북한에서 개인들이 전개하는 영리활동은 지배계급의 사회통제 역량을 개인이 불하(拂下)받는 과정에서 전개되고 있다. 식물의 생장점에서 생명활동이 치열하듯이, 지배계급과 민간이 권력과 부를 교환하는 지점에 영리활동의 생장점이 있다. 지배계급은 권력을 할양하고 민간은 조공을 바치는 것으로 신사협정이 맺어진다. 흥정의 결과, 돈주로 대표되는 신흥자본가는 화폐로 실현되는 권력의 결과물을 얻는다.

북한에서 점증하는 영리활동은 산업을 복속시킨다. 영리활동은 '이윤 획득'에만 관심을 갖는다. 그런데 산업의 성과는 물질적 범주로 측정된다. 대표적 지표로 국내총생산(GDP; Gross Domestic Products)이 있다. 이 지표에서 중요한 것은 'Products', 즉 생산량이다. 산업은 한 사회가 일정 기간 동안 물질적 부를 얼마나 많이 생산했는가를 중시한다. 그러나 영리활동은 물질적 범주로 성과를 가늠하지 않는다. 오직 화폐적 범주로 측정한다. 영리기업의 주주들은 투자한 산업에서 어떤 것을 생산하는지조차 관심이 없다. 그들에게는 오직 화폐적으로 측정되는 이윤만이 관심일 뿐이다. 영리활동이 산업의 생산성을 추동하는 경우는 영리활동가의 이윤증대가 산업의 생산성 증가와 일치할 때뿐이다. 만일 산업생산성이 영리활동의 이윤과 상충한다면 영리활동가는 주저하지 않고 산업 전반에 사보타주를 가할 것이다. 북한에서 투자는 미래의 화폐 소득에 대한 배타적 청구권을 얻는 영리활동이 될 것이다. 또한 자본축적은 물질적인 생산수단이 아니라 금융적인 가치를 불리는 것이 될 것이다. 부재소유와 영리활동이 보장되는 사회에서 자본은 물질적인 성격을 벗어 던져버리고 오직 '화폐에 대한 욕망'의 최고 추상형태가 된다.

화폐가 중심이 되는 경제는 수많은 영리기업의 존재를 가능하게 한다. 형성된 영리기업은 오직 화폐적 증식이라는 목적에만 복무할 뿐, 개인적, 신분적, 도덕적 채색으로부터 해방된다. 화폐적 증식을 제한하는 구속들로부터도 해방된다. 화폐경제와 영리활동에서 개인의 관계는 더 이상 총체적이지도, 전인격적이지도 않다. 인간관계는 화폐적 관계에 노출되는 부분만 접촉되며, 그마저도 돈을 주고받으면 끝낼 수 있기 때문이다. 조직체의 내부에서 가부장적 사고는 점차 퇴출된다. 공동체적 위계와 상린(相隣)관계는 무시된다. 가치중립적인 의사결정으로 조직이 운영된다. 기능적인 역할이 강화되며 사적인 감정과 도덕적 준거 같은 거추장스런 요소는 제거된다. 화폐적 관계는 공동체의 뇌수를 말리고, 영리기업은 그 골격을 해체한다.

2. 비사회주의 현상과 가치관의 혼란

2000년대 이후의 화폐경제 확산은 전통적 수령공동체를 삽시간에 괴멸시켰다. '사회주의 도덕'은 폐색(閉塞)되어 더 이상 주민들의 행동을 규제할 수 없었다. 그러자 비사회주의 현상이 흘러 넘쳤다. 이미 1990년대의 '고난의 행군'기부터 시작된 일탈은 2000년대 이후, 추세를 이루고 있었다. 권력은 자본화되었고 시장에 속속 이식되었다. 권력에서 소외된 주민들의 삶은 누추해졌다. 빈익빈부익부가 심화되었다. 한줌의 식량을 얻기 위해 강도와 도둑질이 자행되었다. 현실의 절망을 잊기 위한 값싼 도구로 마약이 창궐했다. 위대한 수령과 그의 대가정이 무너진 자리에는 다른 질서가 들어서기 시작했다.

1) 비사회주의 현상의 창궐

사회주의 도덕의 부재, '아노미(anomie)'는 북한 주민의 일상에서 사회적 통제에 대한 소소한 일탈과 저항을 일으켰다. 공동체의 보호가 철회된 공간에서 주민들의 삶을 책임질 수 있는 수단은 오직 '돈'이었다. 따라서 주민의 사고를 사로잡은 것은 국가나 사회주의 이념과 도덕이 아니라 돈벌이였다. 이것은 북한 당국에게도 큰 위협이 되는 것이었다.

사람들이 돈에 환장이 되면 온갖 비사회주의가 서식되어 사회가 썩고 병들게 되며 나중에는 국가와 사회주의를 위험에 빠뜨릴 수 있다. 지금 일부 사람들은 돈이 있어야 한다. 돈만 있으면 대학에도 갈 수 있고 병도 고칠 수 있으며 승급도 할 수 있다고 하면서 정실안면관계도 돈이 작용해야 효력을 볼 수 있다고 내놓고 말하고 있다. ······ 우리는 지금 심각한 계급투쟁을 벌리고 있다. 그런 것만큼 이런 잡소리에 높은 각성을 가지고 대하여야 한다. ······ 지금 적들은 우리 내부를 와해시키기 위해 별의별 악랄한 수법을 다 쓰고 있다. 사회가 무질서하고 규율이 없으면 어떤 도깨비가 나올지 모른다. _ 조선로동당중앙위원회 군중강연자료, "시장에 대한 올바른 인식을 가지고 인민의 리익을 침해하는 비사회주의적인 행위를 하지 말자"(2007.10)

사회의 무질서, 무규율, 즉 '아노미'에 대해 북한 당국도 심각한 문제의식을 갖고 있었다. 그러나 별다른 해결책을 찾을 수 없었다. 사회주의적 이념과 도덕의 붕괴 속에서 생존의 갈망은 여러 가지 일탈을 야기했다. 사회주의 도덕경제에서는 결코 용인될 수 없는 현상이 발생했다. 주민들은 화폐소득을 위해 국가가 명령한 사회적 역할을 수행하지 않았다. 공적 비용을 쏟아 부으며 양성한 지식인 계층과 직업혁명가조차도 자신의 사회적 역할을 수행하지 못할 만큼 생존은 절박했다. 북한 당국조차 '가슴 아픈' 현실로 보았다.

특히 가슴 아픈 것은 당의 배려로 대학을 졸업하고 교원, 의사를 하다가 살림이 어렵다고 하여 퇴직하고 장사를 하고 있다는 것이다. 당과 국가의 혜택을 받으며 고등교육까지 받은 녀성들이 자기 초소를 버리고 장사행위를 하는 것은 초보적인 량심과 의리가 없는 행위이다. _조선로동당중앙위원회 군중강연자료 (2007.10)

화폐는 모든 인간관계에 개입되었다. '나눔'과 '배려'는 사라지고, 모든 인간관계에 '대가'가 요구되었다. 시장이 점점 더 인간관계의 중심을 차지하게 되었다. 사람들은 시장으로 몰려들었다. 그들은 자신들이 가진 역량을 총동원해서 화폐를 획득하려 했다. 수단과 방법을 가리지 않았다. 주민들에게 '도덕경제'는 한 푼의 이윤도 얻을 수 없는, '씨알'도 안 먹히는 낡은 것이 되었다. 흥정이든, 뇌물이든 화폐적 이윤을 극대화할 수 있는 것이라면 가리지 않았다. 국가적 통제가 있더라도 적발되지 않으면 그만이고, 적발된다 하더라도 뇌물을 바치면 빠져나올 수 있기 때문이다. 시장에 잘 적응한 주민들과 이미 과거가 된 공동체의 관성에 갇힌 사람들 사이에 생활수준의 격차가 발생했다. '빈익빈부익부' 현상이 두드러졌다. 부유한 주민들은 집에 가정부를 두었다. 사적 노동시장이 금지되어 있는 북한에서 가정부는 편법으로 고용된다. 대개 고용주의 친척 등으로 위장하여 숙식을 같이 하는 것이다.

지금 일부 사람들이 돈맛을 들인 결과 사회에는 남을 등쳐먹는 현상, 뢰물행위 등 온갖 비사회주의적인 현상들이 나타나고 있으며 부정부패행위가 도수를 넘어 매우 엄중한 단계에 이르고 있다. …… 처음에(는) 얼음과자장사, 남새장사, 잡화장사와 같은 자그마한 장사로부터 시작하였으나 이제는 돈을 벌어 시장에는 나와 앉지 않고 뒤에서 돈덩어리가 큰 상품들을 암거래 하여 돈을 벌어가지고 흥청대고 있다. 그러다 보니 사회에 돈많은 사람과 돈없는 사람이 생겨나고 장사하는 사람과 직장에 출근하는 사람들의 생활수준 차이가 점점 심해지고 있다. _ 조선로동당중앙위원회 군중강연자료(2007.10)

시장의 규율도 잘 지켜지지 않았다. 한도가격은 무시되기 일쑤였고 군용물자, 생산재와 같은 금지품목도 몰래 거래되었다. 돈벌이 앞에서는 '시장규칙', '상도덕' 등도 무력했다.

2000년대 들어 북한 당국이 통제를 강화하고 있는 비사회주의 현상 가운데 하나는 '황색바람', 즉 금지된 자본주의 문화를 소비하는 행위이다. 중국을 통해 유입된 '한류'가 큰 줄기가 되었다. 한류의 바람은 시장의 확산과 더불어 북한 내의 대도시들은 물론이고 지방 구석구석까지 이르렀다. 현재 한류는 북한의 최고위층까지도 즐기는 지경이 되었다. 북한 간부들도 뇌물을 받고 장마당에서 유통되는 각종 한류 물품들을 눈감아주고 있다. 압수한 물품들은 폐기시키지 않고 본인들이 직접 시청하기도 한다. 또 뇌물을 주는 한류 유통업자들이 간부들 집에 가서 함께 남한 영화나 드라마를 시청한다. 간부 집에는 검열이 나오지 않기 때문이다. 한류의 바람을 타고 남한 상품들 역시 북한 시장에서 인기를 끌고 있다. 한류는 주민들에게 주입되는 정치적·도덕적 자극을 무력하게 만든다. 나아가 남한에 대한 동경이 걷잡을 수 없게 될 우려도 있다. 북한 당국의 비난에서 이러한 고민이 엿보인다.

일부 장사군들은 남조선 상품을 팔아먹기 위하여 젊은 청년들이 물건을 사러오면 "보라, 어디 것인가 상표를 보라, 최고야, 장판에는 없어, 후회하지 말고 사라"고 허튼소리를 하면서 그들에게 남조선 상품에 대한 환상을 조성시키고 있다. 어떤 청년들은 남조선 것이라고 하면 덮어놓고 질이 좋다느니, 어떻다느니 하면서 보기도 흉하고 별로 좋지도 못한 옷을 입고 다니고 있다. _조선로동당중앙위원회 군중강연자료(2007.10)

수령공동체의 도덕담론이 주민들의 사고를 규제하지 못한 결과, 전 사회적인 무규범상태는 노동자와 지식인층을 가리지 않고 있다. 노동자들은 공장, 기업소의 생산물뿐 아니라 각종 원자재까지 빼돌리고 있다. 개인수공업자들은 공장, 기업소에 공급되는 전력을 가로채 개인적으로 사용하고 있다. 지식인들 사이에서도 비사회주의적 일탈이 심화되고 있다. 과거 지식인들은 비교적 많은 임금과 복지 혜택을 받았다. 그뿐 아니라 높은 지위와 사회적 존경도 누렸었다. 그러나 국가적 혜택이 거두어지고 시장화가 진행되자 변화에 적응할 수 없었다. 배급과 임금에 의존할 수 없게 된 지식인들은 단번에 경제적 취약계층으로 전락했다. 그들은 어쩔 수 없이 정보, 지식, 기술을 사적으로 판매하여 생활을 유지하고 있다. 일종의 지식 장사꾼이 된 것이다. 지식인들의 생존방식 중에 '거두매'가 있다. 자신과의 관계망에 속한 주민들에게 돈이나 현물을 '거두'어 생활하는 것이다. 대개 교원이나 의사와 같은 지식인이 이런 식으로 수입을 거둔다. 이들은 직업특성상 개인적인 시간을 할애할 수가 없다. 상거래 행위에 뛰어들 수가 없는 것이다. 교원의 경우 학부모에게, 의사의 경우 환자나 환자가족에게 물질적 보조를 받아 생계를 유지한다. 지식인이 직업적 관계망을 통해 경제적 이익을 취하는 행위는 합법과 불법의 경계이다. 지식과 기술을 사적으로 판매하는 행위 역시 마찬가지이다. 물론 법적으로 허용되는 경계를 넘어서는 경우도 다반사로 발생하고 있다.

식량난이 심화됨에 따라 생계유지를 위해 성을 도구화하는 여성들도 점증하는 추세이다. 사회 전반에 걸친 경제위기 상황에서 여성에 대한 고용 기회는 제한적일 수밖에 없다. 이런 상황에서 자신과 가족의 생계문제를 해결하

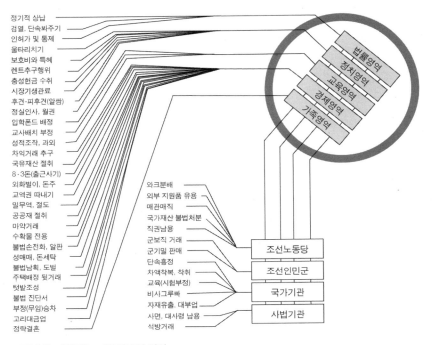

정기적 상납
검열, 단속봐주기
인허가 및 통제
울타리치기
보호비와 특혜
렌트추구행위
충성헌금 수취
시장기생관료
후견-피후견(알씸)
정실인사, 월권
입학폰드 배정
교사배치 부정
성적조작, 과외
차익거래 추구
국유재산 절취
8·3돈(출근사기)
외화벌이, 돈주
교역권 따내기
밀무역, 절도
공공재 절취
마약거래
수확물 전용
불법손전화, 알판
성매매, 돈세탁
불법남획, 도벌
주택배정 뒷거래
텃밭조성
불법 진단서
부정(무임)승차
고리대금업
정략결혼

와크분배
외부 지원품 유용
매관매직
국가재산 불법처분
직권남용
군보직 거래
군기밀 판매
단속흥정
차액착복, 착취
교육(시험부정)
비사그루빠
자재유출, 대부업
사면, 대사령 남용
석방거래

법률영역
정치영역
교육영역
경제영역
가족영역

조선노동당
조선인민군
국가기관
사법기관

그림 4-3 만연하는 비사회주의 현상

기 위한 방법이 묘연하다. 매춘은 생존을 위한 유일한 대안일 수밖에 없다.

그림 4-3에서 보는 것과 같이 비사회주의 현상은 북한 전 사회의 모든 영역을 오염시키고 있다. 법률, 정치, 교육, 경제, 가족영역에 이르기까지 돈이나 향응이 오가는 거래는 공동체의 흔적을 지우고 있다. 표의 왼편에 나열된 비사회주의 현상은 주민들의 영역에서 격렬하게 발생하고 있다. 표의 오른편으로 기술한 일탈행위도 당, 군, 국가기관, 사법기관 등 관료집단 수준에서 일상적으로 발생하고 있다. 뇌물, 부패와 같은 비사회주의 현상은 도시에서부터 궁벽한 시골마을의 주민까지 널리 퍼져 있다. 화폐적 관계는 기존의 공동체를 파괴한다는 마르크스의 혜안은 오늘날의 북한에서 여실히 목도할 수 있는 것이다.

2) 노동의 상품화

북한에서 국영기업·국가기관 소속 근로자들이 출근하지 않고 장사를 하러 다니는 것은 원칙적으로 불법이었다. 그러나 당국은 1980년대 후반부터 '8.3 노동'이라는 이름으로 어느 정도 묵인해주고 있었다. 노동자들의 직장이탈이 본격화된 것은 1990년대 중반, 배급의 중단과 시기를 같이한다. 이 시기에 공장·기업소의 가동률은 바닥을 쳤다. 배급도, 임금도, 할 일도 없어진 노동자들은 시장을 통한 생계유지에 나서게 된다. 북한 당국 또한 이들의 시장진출을 전면적으로 통제할 수 없었다. 2000년대에 들어 시장을 공식화하는 조치를 취하게 되자, 노동자들의 작업장 이탈은 가속화되었다. 노동자들은 당비서와 지배인과 같은 관리자에게 뇌물을 공여하고 시장에 진출함으로써 또 다른 공생관계를 형성하게 된다.

노동자들의 직장이탈과 더불어 시장에서는 '자본-임금노동자' 관계가 제도화되고 있었다. 먼저 상업부문에서 고용계약 및 소작농 출현 등으로 노동시장이 형성되기 시작했다. 사회주의 국가에서 노동력의 상품화는 체제의 정체성을 흔드는 일이다. 그러나 북한 당국은 이러한 상황에서도 어찌해볼 수 없었다. 노동계층의 물질적 조건을 책임지지 못하는 정권으로서는 노동시장을 제어할 명분도 실력도 없었다. 공식적 조치가 있다고 했지만, 별다른 효과는 없었다. 노동시장이 한번 형성되면 그 추세는 돌이키기 어렵다. 주민들에게 물질적 조건을 보장해주지 않는다면 사실상 대책이 없는 것이다. 강력한 규제로 노동시장의 일시적 수축을 도모할 수 있지만, 이것은 오히려 노동의 암거래를 확장시킨다. 일시적 통제만 벗어나면 다시 확장될 수밖에 없다. 2000년대 중반이 되면 사적 고용관계는 지속적으로 확대되었다. 이와 비례하여 사회균열과 체제이완 현상이 증대되었다. 김정일은 2006년 3월 '노동자 개인 고용 금지' 조치를 하달했다. 그러나 노동시장의 성세는 수그러들지 않았다. 노동의 상품화와 더불어 비법이나 사회적 묵인 아래 새로운 직업도 등장했다.

일당노동(삭발이), 계절노동, 식모, 소작, 가정교사, 대리노동, 마약거래, 매춘, 도박 등이 있다. 여성은 도시와 항구를 중심으로 성매매를 했다. 고용농, 가정부 등도 생겨났다.

임금노동자의 대척점에는 돈주가 존재한다. 상업부문에서 상점 주인과 상점 노동자, 수산업에서 선박 소유주와 노동자, 농업 부문에서는 불법적인 토지 소유자와 소작인 사이에 고용과 피고용의 관계가 나타나고 있다. 개인수공업에서도 이른바 가공주와 노동자 사이에 임노동관계가 등장했다. 자본주의적 생산양식의 근간인 임금노동은 공동체에서 튕겨져 나온 노동자를 영락시켰다. 수령공동체에서 이웃과 사회를 지향했던 노동은, 한갓 굶주림을 면하기 위한 이기적 몸부림으로 전락했다. 생산과정에서 노동자는 자신의 영혼을 대상 속에 불어넣는다. 그러나 불어넣은 영혼은 노동자의 것이 아니라 대상의 것이 된다. 이른바 '노동의 소외'가 발생한다. 더 노동할수록 더 많은 대상을 잃는다. 공동체 안에서 가장 인간다운 것이 되어야 할 노동은 '자본-임노동'관계에서 가장 동물적인 것이 되고 만다.

2000년대 사회주의 북한에서, 주민들은 발가벗겨진 상품으로 거래되는 객체가 되었다. 임금이라는 가격에 흥정되고, 수급의 격랑에 부침했다. 인간과 자연의 상호작용인 생산은 임노동관계로 조직되기 시작했다. 주민들은 화폐권력이 앞세운 영리활동의 한 '요소'가 되었다. 동체에서 온기가 사라질 때까지 노동해야 하는 '기계'가 점차 증식되고 있었다.

3. 2009년 화폐개혁: 권력집단의 노선투쟁

경제위기의 한가운데서 위태롭게 나부끼는 주민들의 삶은 국가나 국가가 결속한 공동체가 아닌 시장에서의 영리활동에 의존하도록 내몰렸다. 돈은 마치 살아 있는 유기체처럼 풍요를 생산한다고 여겨지기 시작했다. 화폐물신이 점점 팽배했고 주민들은 수령의 신단에 화폐를 바꾸어 모시기 시작했다. 사회주의 무계급사회는 화폐경제에 민첩하게 적응한 주민들을 선민으로 삼았다. 그들은 새로운 지위를 획득했으며 높은 계층으로 상승했다. 기존 권력은 자신들이 가지고 있는 지위를 이용하여 경제적 자산을 늘리는 데 여념이 없었다.

북한 경제의 주역은 화폐가 차지하게 되었다. 간난신고를 겪어오면서 주민들의 생존을 유지한 것은 돈이었다. 돈은 시장에서 생기를 얻었다. 국가가 발행한 화폐는 국가로 다시 환류되지 않았다. 화폐환수를 위한 공적 메커니즘은 붕괴되었다. 화폐는 흔들리는 주민의 삶을 버티는 지주(支柱)가 되어 있었다.

은행금고에는 돈이 텅 비었으나 장마당에는 수많은 거래를 위해 돈이 모인다. 돈이 귀하다보니 사람들은 돈을 감추고 또 감춘다. 아이들은 1원짜리 지폐를 꼬깃꼬깃 접어서 깊이 감춘다. 그러면 결국 8등분으로 접혀져 너덜너덜해진다. 떨어진 부분을 종이로 붙이면 누더기와 같이 된다. 때로는 노동신문도 지폐의 일부가 되어 조개껍질처럼 보인다. 형편이 나은 사람은 지갑에 넣는다. 그러나 하도 소중히 여겨 바지밑에다 넣고 다닌다. 게다가 돈이 붙는다 하여 붉은 지갑을 가지고 다닌다. 시장에 가서 여성이 돈 꺼내는 모습을 보면 참 묘한 기분이 든다. 바지 밑에서 붉은 게 나오니 남자들은 보기 민망하여 고개를 돌린다. _정은이, 「북한의 자생적 시장발전 연구」, ≪통일문제연구≫ 제52호(평화문제연구소, 2009), 169쪽

2009년 11월 갑작스러운 화폐개혁이 발표되었다. 주민들에 대한 채무불이행 선언은 폭풍처럼 일상을 뒤흔들었다. 교환한도액을 정한 거친 화폐몰수는 실낱같이 이어온 국가에 대한 신뢰를 무너뜨리는 계기가 되었다. 국가 권력이 발행한 정화(正貨)는 휴지조각이 되었다.

청진에서는 돈 버리는 사람도 있더라고요. 길바닥에다 막…… 당장 코앞에서 필요 없게 됐잖아요. 그 돈 가지고 우리처럼 은행에 맡기는 것도 아니고 개인이 다 자기 돈을 가지고 있으니까 그 돈이 하나도 필요 없게 된 거예요. 길에서 아이들이 오천원짜리 가지고 딱지 같은 거 만들어가지고 막 장난치고 그랬어요. (김일성 얼굴 있잖아요?) 네…… 그래가지고 하지 말란 거예요. …… 그러니까 사람들이 쓰지도 못하는데…… 길에서 불까지 태워서 울며불며 난리치는 사람들도 있고…… [사례 9] _ 김석향, 『북한연구학회 추계학술발표논문집』(북한연구학회, 2012), 150~151쪽

화폐개혁으로 공동체는 또 한 번 거칠게 분열되었다. 분열하는 세상에서 화폐를 둘러싼 권력투쟁도 격렬히 전개되었다.

1) 2009년 화폐개혁

2009년 11월 30일부터 12월 6일까지 북한은 전격적인 화폐교환을 실시했다. 1992년 이후 17년 만이며, 화폐교환의 형태를 띤 다섯 번째의 화폐개혁이었다. 북한은 2009년 화폐개혁의 목적으로 비정상적 통화팽창 조절, 공식 상품 유통망의 강화 및 시장역할 축소, 국가경제 건설의 재원 마련, 근로자 생활 안정 등의 이유를 들었다. 그러나 화폐개혁은 실패했다. 5차 화폐개혁을 지휘한 박남기는 '장기간 암약한 남조선 간첩'으로 몰려 총살된 것으로 알려졌다. 강건군관학교에서 부하인 리태일 계획재정부 부부장과 함께 처형되었다고 하는 후문이다. 박남기는 장성택의 재판 판결문에서 다시 언급되었다. "2009년 만고역적 박남기놈을 부추겨 수천억원의 우리 돈을 람발하면서 엄청난 경제적 혼란이 일어나게 하고 민심을 어지럽히도록 배후조종한 장본인도 바로 장성택이다." 이를 통해서도 북한이 화폐개혁의 실패를 시인했다고 볼 수 있다.

화폐개혁의 목적으로 인플레이션 억제, 재정수입 확충, 시장 및 시장경제 활동 억제 등을 꼽고 있다. 세 가지 목적 중 재정수입의 확충은 적절한 지적인 것으로 보인다. 그러나 나머지 이유는 몇 가지 측면에서 모순되는 북한의 행태로 설명력이 떨어진다.

먼저 인플레이션 억제를 의도했다는 것은 화폐개혁 과정의 석연치 않은 행태로 인해 의구심이 들게 한다. 북한 당국이 진정으로 인플레이션을 억제하려 했다면 왜 100:1의 화폐교환을 단행하면서 임금을 100분의 1로 떨어뜨리지 않았는지 의문이다. 교환한도액을 일관되게 지키지 못한 것도 주목해야 할 부분이다. 화폐개혁 초기에는 한도액을 가구당 10만 원(신권 1천 원)으로 제한했으나, 주민들의 불만이 높아지자 가족 수에 따라 1인당 5만 원씩 추가 교환을 허용한 것이다. 인플레이션을 잡기 위한 것이라면 이런 행태는 너무 엉성하다. 민간보유 퇴장화폐를 대폭 축소시킨다는 의지가 확고했다면 나오기 어려운 조치이다. 다음으로 시장 및 시장경제활동을 억제할 목적으로 화폐개혁을 단행했다는 것도 다소 납득하기 어렵다. 북한은 이미 시장에 깊숙이 의존하고 있는 체제이다. 흔히 많은 연구자들이 '계획과 시장'을 대립구도로 상정해놓고 북한체제를 분석하고 있다. 때로는 "북한은 이미 양당체제이다. 하나는 로동당이고 다른 하나는 장마당이다"라고 언명을 하는 경우도 있다. 그러나 이런 분석은 자칫 관견으로 흐를 가능성이 높다. 왜냐하면 북한은 수령-당-국가로 이어지는 유일지배체제이기 때문이다. 그러므로 시장도 권력에 의해 '베풀어진' 것이다. 설사 시장이 자생적 능력을 가졌다 해도 북한 정권은 얼마든지 시장을 재조직할 수 있다. 시장과 국가권력은 대립적일 수 없다. 둘은 상호 밀착하고 있다. 권력은 전 사회의 생산성을 시장이라는 밸브를 통해 화폐라는 유동성으로 바꾸어 수취하고 있다. 억압하는 듯 보이지만 길들이고 있다는 표현이 맞을 것이다. 견고한 먹이사슬이 시장을 중심으로 조성되고 묵인 또는 비호의 보답으로 시장은 권력에 공물을 바치고 있다. 체제에 깊숙이 뿌리내린 시장을 섣불리 건드렸을 때의 후과를 북한 정권이 고려하지 않을 리 없다.

북한이 화폐개혁을 단행한 주된 이유는 화폐, 그 자체에 있다. 시장은 권력으로 작동하지 않겠지만 얼핏 시장의 부산물로 보이는 화폐는 수령체제를 위협하는 '권력'이다. 화폐는 '가치의 표상' 정도로 정의하고 넘어갈 수 있는 사물이 아니다. 화폐의 배후에는 견고한 사회적 관계가 도사리고 있다. 또한 화폐는 새로운 인간관계를 구축하는 힘도 있다. 화폐의 기능이 확대될수록, 화폐는 사회적 관계에서 더 많은 역할을 수행하게 된다. 다양한 종류의 가치들이 돈의 형식에 농축되게 된다. 기존 권력자는 이에 불안을 느끼게 된다. 권력자는 화폐의 가치를 희석시키기 위해 인플레이션과 같은 저강도 대응책을 구사한다. 권력자의 인내가 한계에 이르면 화폐개혁과 같은 극단적 처방도 불사한다.

북한은 주민들의 노동과 각종 가치물 등을 징발하고 대가로 화폐를 발행했다. 돈은 그 돈을 가지고 있는 사람에게 사회가 빚을 졌다는 징표인 채무증서(IOU)이다. 현대의 거의 모든 나라에서 화폐는 국가권력이 발행하며 지급보증도 국가가 담당한다. 북한 정권이 주민에게 진 부채총량이 북한의 통화량이다. 한도를 정한 화폐의 교환이란 한도 이상의 채무증서에 대하여는 지급불능(default)을 선언하는 것이다. 화폐권력자들에 대한 '디폴트선언'이 2009년 화폐개혁의 본질이다. 북한 정권은 국정화폐를 무효화시키면서 주민들의 부를 환수해야 할 정도로 화폐적 관계에 위협을 느꼈던 것이다. 2009년 화폐개혁은 '돈'을 놓고 벌인 무서운 전쟁이었다.

(1) 쓰나미 같은 하이퍼인플레이션

사회주의하에서 화폐유통은 엄격하다. 화폐는 반드시 적절한 양만큼 유통되어야 한다. 유통에 필요한 화폐량은 사회 전체에서 유통 중인 상품의 총가격을 통화유통속도(velocity of money)로 나누어 구한다. 상품가격의 총합과 유통화폐량의 바른 균형이 작동하지 않으면 경제가 정상적으로 운영되지 않는다. 국가는 인민경제를 발전시키기 위해 화폐유통을 규제하고 화폐를 계획적으로 사용해야 한다. '사회적 재생산과정', 즉 계획의 영역에 포섭되지 않는 화폐유통은 가공적 움직임을 보이게 되고 경제를 교란시킨다.

화폐유통에 영향을 미치는 가장 중요한 조건은 공급되는 상품(재화 또는 서비스)에 대한 주민 화폐소득의 비율이다. 사회주의 사회는 공급되는 상품과 화폐소득의 균형수준에서 생산계획과 재정계획이 결정된다. 예를 들어 화폐소득보다 상품공급이 많으면 정부는 해당 부분의 생산을 조절하거나 신용을 확대한다. 반대로 화폐소득보다 상품공급이 적다면 정부는 생산을 늘리거나 신용을 줄인다. 대개 저축을 유도하여 통화량을 줄이는 방법을 쓴다. 자본주의 사회에서는 이 모든 것을 시장메커니즘이 수행하지만 사회주의 체제에서는 국가의 계획과 명령으로 현물과 화폐의 균형을 맞추어 나간다.

1990년대 경제위기 이전까지 북한의 화폐는 화폐로서의 기능을 제대로 수행하지 못했다. 임금이 화폐 형태로 지불되기는 했으나 '량권', '공급카드'와 같은 쿠폰이 있어야 상품을 구입할 수 있었으므로 불완전한 교환수단이었다. 화폐가 쌓여 있어도 이에 대응하는 현물공급이 이루어지지 않으니 거의 무용지물이었다. 그때까지는 주민들에게 필수적인 재화가 배급되고 있었으므로 화폐가 절실히 요구되는 것도 아니었다. 그러나 배급제가 제대로 작동되지 않는 위기상황에 닥치자 화폐는 기능하기 시작했다. 교환기능과 지불기능, 그리고 축적기능이 살아났다. 경제위기에 별다른 대책이 없었던 북한 당국은 계획을 뛰어넘는 화폐를 공장·기업소에 대출하기 시작했다. 국영기업의 계좌 잔고를 늘려주는 방식으로 공급된 화폐는 무현금유통에 묶여 있어야 한다. 그러나 계획경제가 작동하지 않는 상황에서 국영기업의 잔고는 현금으로 인출되어 시장에 뿌려졌다. 국영기업의 부실채권을 담보로 한 사실상의 '통화증발'이었다.

2000년대의 인플레이션은 '부족의 경제'에서 일상적으로 경험하는 수준을 뛰어 넘어섰다. 이러한 현상은 공급이 정상화되지 않으면 해결될 수 없는 문제였다. 자본주의 시장경제체제에서는 인플레이션이 가격신축성을 반영한다. 그러나 국정가격이 존재하는 계획경제에서 인플레이션의 발생은 이중가격의 형성을 강화시킨다. 자원은 암시장이나 불법거래 등의 사적인 부분으로 이전된다. 인플레이션의 강도에 따라 이러한 현상은 통제하기 어려운 수준으로 발전할 수도 있다. 정상적인 경제를 수행하기 어렵게 되는 것이다. 북한은 현물동학으로 움직이는 체제를 유지하고 있었기에 자본주의 국가의 통화정책을 익숙하게 운용하는 것이 불가능했다. 사회주의 국가는 현물과 화폐의 균형을 이루는 방법 이외에, 거시경제를 조절하기 위한 통화정책수단은 거의 없다. 기준금리와 지급준비율 조정은 말할 것도 없고 국채를 통한 통화량 조절도 시행하기 어렵다. 자원의 고갈과 경제시스템의 와해에 당황한 북한은 통화의 증발 이외에 특별한 방법을 찾지 못했다. 가격과 임금의 현실화를 수용한 7.1조치 이후부터 북한의 통화증발은 더욱 속도를 높였다. 높아진 상품가격과 임금으로 화폐공급이 폭증했기 때문이었다. 7.1조치 이후 2009년 11월 화폐교환 시기까지, 대략 7년 동안 쌀값은 53배, 미 달러 환율은 26배 상승했다. 북한은 주민들의 화폐가치를 희석시켜가면서 획득한 주조차익(seigniorage)으로 재정을 메꾸었다. 이것은 전 주민을 대상으로 행하는 약탈이며 국가권력이 할 수 있는 가장 무책임한 재정운용이다. 스스로 공신력을 부여하고 유통시킨 화폐의 타락은 결국 주민들에게 진 현물보상의 채무를 경감시키기 위한 책임회피로밖에 달리 이해될 수 없다.

북한은 통화를 증발하면서도 증발된 화폐를 환수할 수 있는 상품공급을 하지 않았다. 하고 싶어도 할 수 없었다. 그러면서도 통화질서의 교란이 '유휴화폐' 때문이라는 하나마나한 주장을 반복했다. 다음의 글은 북한의 가장 권위 있는 화폐경제학자 리원경의 현실인식을 보여준다.

지금 주민 수중에는 일정한 현금량이 침전되어 있다. 인민생활을 끊임없이 높이는 것을 당활동의 최고 원칙으로 삼고 있는 우리나라에서 주민 수중에 침전하는 현금량이 나날이 늘어나는 것은 필연적 현상이다. 이것이 필연적 현상이라고 하여 늘어나는 현금량의 흐름을 방치해두는 것은 계획적인 화폐류통조직, 통화조절에 부정적 영향을 미칠 수도 있다. 그것은 주민 수중에서 늘어나는 현금량이 행정단위로 조직되고 있는 지역시장에 흘러들어갈 수 있기 때문이다. _리원경, 「현시기 나라의 통화조절분야에서 제기되는 몇가지 원칙적 문제에 대하여」, ≪경제연구≫, 2006년 2호

그러나 아이러니하게도 이러한 통화의 범람 속에서 주민들은 화폐에 더욱 의존하게 되었다. 북한의 전 부문에 화폐가 침입했다. 화폐를 중심에 둔 삶의 태도가 확산됨과 동시에 수령이나 당의 권위는 화폐가치와 함께 희석되어갔다. 주민들이 화폐에 의존하게 됨에 따라 국가권력의 장악력은 그만큼 떨어지게 되었다. 화폐는 화폐적 관계를 구축한 세계에서 권력으로 작동한다. 수령의 '교시'가 먹히지 않는다면, 지배세력에게 위협이 되기에 충분하다. 북한 당국은 이러한 화폐적 현상에 대하여 당황했다. 그러나 북한의 유통화폐는 주민들이 복사기를 돌려 제조한 것이 아니다. 발권주체인 중앙은행이 수령의 초상을 모서 유통시킨 것이다. 그들은 국가권력이 남발한 화폐를 주민들이 보유한다는 것을 문제 삼았다. 주민의 화폐를 환수하려면 상품을 공급해 구입하게 하면 된다. 화폐의 구매력은 주민에게 공급되는 재화와 화폐의 교환비율에 의해 규정된다. 공급되는 재화는 부족하고 화폐는 많으니 인플레이션은 피할 수 없는 것이다. 인플레이션은 국가재정에 심각한 타격을 준다. 그나마 남아 있는 계획영역의 자원도 모두 민간부문으로 빨려나간다. 북한은 병원(病源)을 다스리기보다 병증(病症)을 탓하게 된다. 인플레이션을 잡아보겠다는 것이다. 평생 동안 화폐금융을 연구한 학자 리원경이 기껏 내놓은 복안이 '시장가격에 대한 직접적 작용', '기동적 대책'이다.

중앙은행이 지역시장의 현금류통에 관심을 돌리기 위하여서는 시장상품 류

통상태와 가격동태에 대한 조사, 파악을 깊이 하는 것이 필요하다. 시장 상품류 통과 가격변동이 자연발생성을 띠는 조건에서 일반적인 행정적 통제나 재정은 행기관들이 실시하는 재정 통제의 방법만으로는 시장상태에 대한 지속적인 작용을 가할 수 없다. 지역시장 관리의 현실태는 행정적 성격의 한도가격 설정이나 단순한 가격공시방법으로는 시장가격변동에 큰 영향을 미치지 못한다는 것을 보여주고 있다. 이러한 형편에서 중앙 은행기관들은 재정기관, 시장관리기관들과 합심하여 경제적 방법으로 시장가격에 대한 직접적인 작용을 가하여야 한다. 그러자면 수시로 변동하는 시장가격 상태를 체계적으로 장악한데 기초하여 기동적인 대책을 강구하여야 한다. _리원경, 「현시기 나라의 통화조절분야에서 제기되는 몇가지 원칙적 문제에 대하여」, ≪경제연구≫, 2006년 2호

그러나 북한 당국이 취하는 반시장적 태도는 인플레이션을 더욱 부채질할 뿐이다. 북한 당국은 주민들의 장롱이나 장판 밑에 깔아놓은 돈을 모두 모아서 중앙은행에 바치기를 원했을 것이다. 이제 그런 주민은 없다. 돈을 휴지처럼 여기며, "우리에게는 그런 것(돈)이 필요 없다. 우리는 그저 먹여주고 입혀만 주면 당과 조국과 인민을 위하여 몸바쳐 일"할 것이라고 외쳤던 노동자들은 더 이상 존재하지 않는다. 지난 세기말, 고난의 행군은 그런 충성스런 '공민'들만 골라서 죽였다. 북한 당국은 주민들의 노동과 재화의 징발 대가로 발행한 화폐를 약속한 생산물로 갚아야 한다. 주민들은 화폐가 위대한 수령을 모신 초상일 뿐 아니라, 국가가 주민들에게 변제를 약속한 차용증서라는 것을 알았다. 북한 권력은 자신이 낳은 자식을 미워할 수밖에 없는 처지에 빠졌다. 또한 그런 태도를 노골화할수록 화폐가치는 점점 하락하게 되었다. 화폐의 가치가 심하게 절하되어 가치저장 수단으로 기능할 수 없게 되고 척도기능도 수행할 수 없어 '화폐성'을 잃게 되면 사람들은 화폐 체제에 대한 신뢰를 철회한다. 결국 보유한 화폐를 시장에 투매하고 대체재를 찾아 이동하는 과정에서 인플레이션이 일어난다.

북한 당국이 통화정책에 대한 신뢰를 주지 못하고, 증발을 통해 주민들의 주머니를 털어간다면, 주민들은 화폐를 더욱 격렬하게 내팽개칠 것이고, 물가 상승은 멈추지 않을 것이다. 그러면 악순환은 계속된다. 인플레이션은 유휴 화폐뿐 아니라 통화유통속도와도 밀접하다. 통화가 신뢰를 잃는다면 사람들은 화폐를, 수건돌리기 게임에서의 '수건'처럼 취급한다. 화폐가 수중에 들어오기 무섭게 다른 사람에게 떠넘기는 것이다. 이것이 점점 더 증폭되면 하이퍼인플레이션이 발생한다. 문제는 통화에 대한 '신뢰'이다. 2009년 전후에 존재했던 북한의 하이퍼인플레이션은 주민들 수중에 화폐가 '침전'되었기 때문이라기보다 '잘' 침전되지 않았기 때문에 발생했다. 주민들이 당국을 신뢰한다면, 통화증발에 놀라 화폐를 내던지지 않았을 것이다. 또한 화폐보유 인정, 비밀보장, 인출보장 등이 제도화되었다면 과잉통화는 금융권으로 흡수되어 하이퍼인플레이션으로 발전하지 않았을 것이다. 과잉화폐를 흡수할 만큼의 상품공급, 통화당국의 신뢰, 금융제도의 정비가 통화안정의 조건이다. 이것이 해결되어야 한다. 그렇지 않으면, 주민들의 주머니를 주기적으로 털어, 산더미처럼 돈을 모아, 소각로에 집어넣는다 해도, 통화불안정은 치유되지 않는다.

(2) 사보타주의 절정, 2009년 화폐개혁

2009년 화폐개혁은 11월 30일 전격 시행되었다. 내각결정 제423호에 의거하여, 화폐교환 전날 동사무소를 통해 시행방침이 전달되었다. 주민들은 큰 혼란에 빠졌다.

내일 화폐개혁 한다 했거든요. 그러니까 그날 저녁에 화폐개혁 한다 해가지고 "화폐개혁이라는 게 뭐야?……." 그러니까 "우리 돈 다 버리고 새 돈 준다제" 해가지고……. "뭐라고?" 뭐…… 그러면서 그다음에 사람들이 돈 들고 장마당에 딱 나가니까 난리도 아니에요. 막 파는 것도 많고 사는 것도 많은데 돈이 막 있잖아요. 진짜 난리…… 뭐지? 500원짜리 물건을 막 몇 천 원씩 받았어요. '미쳤나. 100 대 1로 된 값을 주겠는데' 하고서리. 아무튼 있는 돈은 다 써야 하니까 물건을 사는 사람도 많고 이럴 때다 하고 막 비싸게 팔았던 사람도 많았어요.

[사례 4] _ 김석향, 『북한연구학회 추계학술발표논문집』(북한연구학회, 2012), 144쪽

12월 4일 ≪조선신보≫는 "11월 30일부터 조선민주주의인민공화국 중앙은행이 발행한 새 화폐와 지금까지 써오던 낡은 돈을 바꾸는 화폐교환 사업이 진행되고 있다"고 보도했다.

구화폐와 신화폐의 교환비율은 100 : 1로 정했다. 화폐단위 하향조정, 즉 리디노미네이션(re-denomination)이었다. 그러나 그것이 화폐개혁의 핵심은 아니었다. 화폐개혁의 핵심은 교환한도 설정이었다. 교환한도를 넘는 화폐는 '몰수'를 의미했다. 화폐개혁의 주목적은 두 가지이다. 바로 '화폐권력의 제거와 주민장악력 제고'이다. 화폐개혁을 주도한 박남기는 사회주의 계획경제의 근본주의자(fundamentalist)였음이 분명하다. 그러나 불행하게도, 화폐권력과 지배계층이 이해를 같이하는 내부자가 된 것을 과소평가했다. 이미 '알쌈'으로 묶여 강고한 연대의 사슬을 형성한 지배계층의 반격은 당연하다.

화폐개혁은 초기 가구당 10만 원의 한도를 두어 초과보유분의 현금을 사실상 몰수하려 했다. 교환한도를 낮게 정하면 다수의 화폐권력을 제거할 수 있다. 그러나 일반 주민도 큰 피해를 입게 된다. 북한 당국은 10만 원 정도의 수준이면 주민들 다수에게 피해를 주지 않으면서, 과잉화폐 보유자들을 무력화시킬 수 있을 것으로 여겼을 것이다. 화폐교환의 시행과 더불어 물가가 오르기 시작했다. 당국은 이를 대비해 화폐개혁 전 초과수요를 상쇄할 생산물 재고를 확보하고 있었다. ≪조선신보≫에서는 "비정상적인 통화팽창현상을 근절할 수 있는 물질적 토대가 지난 150일 전투, 100일 전투를 통해 마련되었다"는 조선중앙은행 관계자의 인터뷰가 실렸다. 이를 통해 적어도 개혁 초기에는 성공을 어느 정도 자신하고 있었음을 알 수 있다. 그러나 그것은 오판이

표 4-3 2009년 5차 화폐개혁 주요 내용

구분	내용
교환 비율 차별	- 현금은 100 : 1, 저금소 저축은 10 : 1
교환 한도 설정	- 초기에는 가구당 10만 원 → 1인당 5만 원까지 확대
내·외국인 차별	- 외국인 및 외국기업에 대해 교환한도와 기간 제한을 두지 않음
부가조치	- 종합시장 폐쇄: 농민시장으로 강제전환 · 상인보유 물자, 화폐 모두 국영상점으로 이관 및 국가에 납부 - 외화사용 금지 · 개인의 외화보유, 상거래 불법으로 간주. 보유외화 모두 국가 헌납 - 노동자·농민의 임금은 이전대로 지불 · 1인당 500원 배려금 지불, 농가 가구당 15만 원 현금 분배

었다.

돈은 끊임없이 나왔다. 샘솟듯이 나왔다. 북한 당국이 기존 화폐에 사망선고를 내리자 가치저장기능을 상실한 화폐는 일시에 터져 나와 거리에 넘쳐났다. 아이들이 돈으로 딱지를 접어 놀 정도였다. 졸지에 휴지조각이 된 화폐를 들고 절망한 나머지 가족 단위로 목숨을 끊는 사건도 발생했다.

북한 당국은 주민 보유 화폐량을 오판했다. 주민들은 교환한도액으로 설정한 금액보다 훨씬 더 많은 돈을 보유하고 있었다. 인플레이션의 억제는 달성이 불가능했다. 그들은 주민의 민심이라도 더 이상 잃지 말아야 했다. 급하게 교환한도를 높였다. 초기 가구당 10만 원이었던 교환비율은 1인당 5만 원까지 확대되었다. '배려금'까지 지급했다. 주민 1인당 500원, 농민은 가구당 15만 원을 신권으로 분배했다. 통화당국의 이런 갈팡질팡한 행태는 화폐에 대한 신뢰를 더욱 떨어뜨렸다. 화폐의 가치저장기능이 특히 타격을 입었다. 당연히 인플레이션은 심화되었다. 아예 원화의 통용을 기피하는 행태가 확산되었다.

북한 당국은 화폐개혁을 기획할 당시부터 인플레이션 억제에 주된 목표를 두지 않았던 것으로 보인다. 노동자·농민의 임금을 화폐개혁 이전의 수준으로 지급했던 것이다. 임금을 화폐와 마찬가지로 100분의 1로 하향한다는 것은 일반 주민들의 생활고를 가중시키는 것이다. 지지세력으로 인식하고 있는 주민들에게 최소한 피해를 주지 않아야만 화폐개혁의 정치적 목적을 달성할 수 있었다. 공장과 기업소를 통해 근로자에게 지급되는 생활비는 화폐권력층에게는 미미한 것이었다. 인플레이션을 잡으려면, 화폐단위를 100:1로 조정함과 동시에 임금도 100분의 1 수준으로 삭감해야 한다. 애초에 계획에는 있었으나 주민 반발을 고려해 시행하지 않았는지 여부는 알 수 없다. 분명한 것은 인플레이션 억제는 전혀 달성하지 못하게 되었다는 사실이다. 만약 임금 삭감이 처음부터 계획에 없던 것이라면 화폐개혁의 목표는 인플레이션 억제와는 거리가 있다.

화폐개혁의 주된 목표로 상정한 주민장악력 제고는 완전히 실패했다. 화폐개혁이 시행되자 물가와 환율이 폭등했다. 식량을 비롯한 상품거래는 크게 위축되었다. 북한 당국은 주민들의 반발에 밀려 신권과 구권의 교환한도를 인상했다. 예정에 없던 무상배려금도 지급했다. 종합시장 폐쇄를 단행한 지 보름 만에 통제를 철회했다. 개혁주체의 무능은 여실히 드러났다. 화폐개혁을 통해 화폐권력은 오히려 강화되었다. 영리활동을 통해 성장한 화폐권력은 지배계층과 부패의 카르텔을 맺고 있었다. 화폐개혁은 북한의 지배계층 중 계획경제를 고집하는 근본주의 세력이 화폐카르텔에 휘두른 '철퇴'였다. 그러나 그것은 빗나갔다. 빗나간 철퇴는 주민들을 내리쳤다. 주민들은 격렬하게 반발했다. 이미 자본가의 반열에 오른 화폐권력의 피해는 미미했고, 주로 시장에서 하루하루를 연명하는 하층 주민들과 중소상인들만 피해를 입었다. 외화보유 비중이 높은 '돈주'들은 모두 화폐개혁의 격랑을 빠져나갔다. 당, 검찰, 보위부 등 국가 권력기관에 박혀 있는 '알쌈'들의 배려 덕분이었다. 그들은 이미 동업자였다. 돈주로 대표되는 화폐권력자들은 국가권력의 '단속'을 세력을 키우는 기회로 삼았다. 화폐개혁에서도 마찬가지였다. 그들은 화폐개혁을 통해 잠재적 경쟁자인 새로운 상인계층들을 제거하게 되었다. 이로써 화폐는 소수에게 더욱 집중되는 계기를 잡았다.

2) 화폐개혁의 의미

화폐에는 기능적 측면과 권력적 측면이 존재한다. 그런데 이 두 가지 측면이 항상 조화를 이루는 것은 아니다. 화폐를 둘러싼 두 힘의 모순이 노정되면 종종 상호 충돌한다. 화폐의 기능은 권력의 외피를 쓰고 있다. 기능이 확산되어 권력의 외피가 기능의 성장에 질곡(桎梏)으로 작용할 때, 화폐의 기능적 측면은 권력의 외피를 찢으려 한다. 이때 위협을 느낀 권력은 화폐의 기능을 거세하려 하는데 극단적인 경우가 화폐몰수이다. 북한의 화폐는 국가 권력에 의해 발행된다. 화폐는 권력의 산물이다. 기능적인 측면을 보면, 화폐는 주민에게 '빚'을 내는 과정에서 발행한다. 국영기업에 대출해주는 형태이든, 주민의 노동력에 대한 대가로 발행하든, 근본은 동일하다. 화폐는 국가권력이 주민들에게 지불을 약속한 '채무증서'이다. 만약 사회적 과정이 정상적으로 작동하고 국가의 통화운용도 건전하다면 국가권력은 화폐의 기능을 조절할 수 있다. 그러나 국가가 통화운용에 실패한다면 화폐기능은 국가권력도 감당할 수 없는 수준이 된다. 국가는 화폐를 발행할 권리도 있지만 그것을 청산(변제; clearance)해줄 의무도 있다. 국가는 새로운 재화와 서비스를 지속적으로 생산·공급함으로써 주민이 보유한 화폐를 청산해주어야 한다. 북한은 경제위기 이후 지속적으로 주민의 노동력이나 자원을 수취하고 화폐를 지급했다. 그러나 주민의 필요를 만족시킬 수 있는 재화를 공급하지 못함으로써, 미결제된 채무증서를 시장에 범람시켰다. 북한의 화폐는 국가의 지불능력이 의심스럽기는 했지만 다른 기능, 즉 교환의 매개, 척도기능, 축적기능은 적절히 잘 작동했다. 이런 기능은 주민들의 화폐 보유 욕망을 일으켰다. 그래서 주민들로 하여금 스스로 생산과 분배를 조직하게 했다. 바로 이 화폐적 관계는 국가의 의존 없이 생산을 자극하고 유통망을 짜나갔다. 정치적·도덕적 자극이 할 수 없는 일을 화폐가 해냈다. 화폐적 관계의 확장은 엄혹한 '고난의 행군'을 버틸 수 있는 힘이었다. 그런데 염치없게도, 북한 권력은 화폐증발을 통한 무임승차를 자행했다. 언제부터인가 재정위기를 통화증발로 메꿨다. 이것은 조난된 배의 선원이 바닷물을 들이켜 갈증을 면하려는 것과 같다. 일시적 해갈 뒤에 무서운 고통과 죽음이 찾아올 것이다. 통화의 증발은 그만큼 국가가 청산해야 할 빚의 증가를 의미한다. 달콤한 '시뇨리지(seigniorage)'도 점점 줄어들 것이다. 결국 채무증서에 파묻혀 죽을 것이다. 북한 당국도 두려웠을 것이다. 그런데 어리석게도 그들은 자신이 청산해야 할 부채의 실질가치를 떨어뜨리기 위해 더욱 통화를 증발했다.

화폐의 범람 속에서 화폐권력은 등장했다. 화폐는 보유하고만 있다고 해서 증식되지 않는다. 화폐권력자들은 화폐의 움직임을 정확히 파악하고 발빠르게 대응한 사람들이었다. 그들은 가격정보를 미리 파악했을 때, 돈을 팔거나(상품매수), 돈을 사는(상품매도) 투기거래(speculation)를 했다. 이중가격을 포착하면 기회를 놓치지 않고 차익거래(arbitrage)로 이윤을 획득했다. 권력자들을 매수하는 헤지(hedge)를 통해 미래의 리스크를 제거했다. 상품들의 상대적 가격 차이를 간파하면 매수·매도를 갈아타는 스윙(swing)으로 수익을 얻었다. 등가체계의 붕괴는 그들에게 축복이었다. 대개 그들은 교과서를 통해서가 아닌, 타고난 영민함과 약삭빠름으로 부를 얻었다. 북한의 만성적 인플레이션도 화폐권력자들에게는 오히려 기회였다. 통화가 증발한다고 해서 모든 재화의 가격이 동일한 비율로 오르지는 않는다. 상품은 화폐에 대한 민감도가 제각각 다르다. 화폐가 3배 많아질 때, 가격이 2배 오르는 상품도 있고, 4배 오르는 상품도 있다. 인플레이션은 화폐보유자에게 불리한 것은 맞지만, 상품보유자라고 해서 무조건 유리한 것은 아니다. 그래서 인플레이션은 부를 재분배한다. 국가가 화폐를 생산하는 과정에서 발행 수준이나 규범을 변경시키면 화폐의 구매력이 변동한다. 이렇게 되면 화폐공동체 구성원들의 사회적 권리와 의무의 수준을 불균등하게 재분배하는 결과를 낳는다. 그래서 화폐권력자는 인플레이션이 결코 두렵지 않다. 오히려 그것을 화폐증식의 기회로 삼았다.

북한의 권력계층 중 일부 근본주의자들은 계획경제의 회복을 꿈꿨다. 그들은 화폐권력자들을 향해 증오 섞인 비난을 했다.

　　3~4년 전까지만 해도 백만장자라고 했는데 최근에는 억 단위로 올라갔습니다, 억 단위로. 이 사람들이 로동계급입니까. 계급이 분화된 사회가 사회주의 사회입니까. 돈맛이 들면 사상적 변질이 오게 돼 있습니다. …… 사상적인 변질이 온 자들, 인민에도 속하지 않는다 말입니다. 왜 우리가 못 치는가. 전체 인민에게 배급을 못 주고 있기 때문에 못 치고 있다. 전체 인민이 돈, 돈. 이게 사회주의입니까. _ "북한 노동당부부장급 장용순의 충격강연록 전문", ≪월간중앙≫ 2007년 7월호

인민들에게 배급만 제대로 준다면 언제든지 '칠' 자들, '사상적인 변질이 온 자들, 인민에도 속하지 않는' 자들을 겨냥해 화폐개혁이 준비된 것이다. 돈에 의해 계급이 분화된 사회, 현재의 북한이다. 수령공동체가 작동하던 시기에는 '화폐를 통한 권력'은커녕 '화폐' 자체도 별 의미를 갖지 못했다. 그런데 세상이 바뀌었다. 화폐를 앞세운 신흥계급이 북한을 '오염'시키기 전에 '쳐'야 했다. 충분한 배급에는 미치지 못하지만, 150일 전투, 100일 전투를 통해 얻은 자원을 구명조끼로 삼았다. 그리고 2009년 11월 30일, 용감한 근본주의자들은 자신들이 몸을 싣고 있던 배에 구멍을 냈다. 이것이 화폐'몰수'의 본질이다. 베버는 이렇게 말한다.

　　화폐 가격은 싸움과 타협의 산물이다. 그러니까 세력 판도의 산출물이다. '화폐'는 인간의 인간과의 싸움에 의해 형성되는 성격의 가격을 근본적으로 배제하지 않고서도 임의로 변형할 수 있는 '불특정한 효용력의 지불 위임표'가 아니다. 화폐는 그렇게 무해한 물건이 아니라, 일차적으로는 싸움의 수단이자 싸움의 상품(賞品)이며, 단지 이해 싸움의 기회를 양적으로 평가하는 표현의 형식에서만

계산 수단이다. _막스 베버, 『경제와 사회』, 박성환 옮김(서울: 문학과 지성사, 1997), 260쪽

그러나 싸움은 싱겁게 끝났다. 구명조끼는 본래부터 의지할 수 없는 조악한 것이었다. 신흥계급, 화폐권력은 이미 안전한 보트에 갈아타고 있었다. 힘없는 주민들만 익사하고 있었다. 참담한 실패였다. 화폐개혁을 주도한 사람들은 화폐권력자들과 부패의 사슬로 연결되지 않은 관료들이었을 것이다. 개혁을 주도한 박남기는 몇 년 후, "2009년 만고역적"의 수사를 붙이고 다시 호명되었다.

2009년 11월의 화폐개혁은 경제적 조치로 국한되지 않는다. 화폐개혁은 수령공동체의 와해 이후 터져나온 정치적·사회적 긴장의 표출이다. 또한 화폐개혁은 새롭게 지배계급으로 등장한 화폐권력에 대해 선언한 국가의 채무불이행(default)이었다. 개혁주체는 주민들의 피해를 최소화하기 위해 교환한도액을 정하고 한도액 초과분에 대해 사실상 '몰수'를 선언했다. 그러나 화폐권력자들은 대부분 통화분산을 통한 헤지(hedge)를 실천하고 있었다. 화폐개혁 후 몰수된 화폐로 인한 손실보다 환율의 급등으로 인한 이익이 더 컸다. 화폐개혁 이후 2012년까지 대략 3년 동안, 달러는 약 170배 올랐다. 화폐개혁은 오히려 화폐권력자들을 더욱 강화시켰다.

5차 화폐개혁은 북한이 화폐화·시장화 과정에서 발생한 부작용을 일거에 바로잡아 보려는 충격요법(shock therapy)이었다. 이는 2006년부터 지속적으로 시행해왔던 사보타주의 연장선이었다. '단속'으로 대표되는 사보타주는 오히려 화폐권력이 시장에서 독점적 지배력을 강화하는 데 기여했다. 전통적 지배계층은 화폐권력과 더욱 밀착했다. 빈익빈부익부 등 화폐화의 병리현상은 심화되었다. 화폐개혁은 이러한 사태에 직면하여 사회주의적 계획경제를 신봉하는 근본주의자들이 시도한 대담한 '사변'이었다. 국가에 순응했던 일반 노동자들은 빈부의 위계에서 가장 하층이었다. 그들은 화폐자산도 거의 없었

다. 화폐개혁은 그들의 지지를 전제로 기획되었다. 그러나 주민들은 지친 상태였다. 국가가 무엇을 해줄 것이라는 기대도 없었다. 그들은 지지를 보내지 않았다.

> 그니깐 빈부의 격차를 없애고, 평등하게 만든다. 잘사는 걸 뜯어서 못사는 거한테 나눠준다, 처음에 선전을…… 사람들 인식을 그렇게 만들려고 했는데 실제로 그렇게 된 게 아니죠. 몰수한 거나 같아요. 개인 재산을 몰수한 거나 마찬가지죠. 물을 만든 거잖아요. [사례 5] _ 김석향, 『북한연구학회 추계학술발표논문집』(북한연구학회, 2012), 148쪽

2009년의 화폐개혁은 이전의 다른 사보타주와 마찬가지로 새롭게 등장하는 화폐권력의 입지를 오히려 강화했다. 화폐개혁의 의도는 경제적으로만 설명할 수 없다. 개혁 주체는 정치적·사회적 목적만 중시한 나머지 경제적 파장은 면밀히 검토하지 못했다. 그들은 주민보유 화폐량을 오판했고, 인플레이션이 그렇게 심각하게 나타날지 예상치 못했다. 개혁 주체는 대다수 주민들을 비껴서 과잉화폐보유자들에게 채무불이행 선언을 했다. 교환한도액 설정의 의미가 그것이다. 화폐권력자들의 화폐를 무효화함으로써 그들을 약화시키려 했던 것이다. 그러나 부주의한 고려로 대비하지 못한 경제적 혼란과 이에 따른 주민 반발과 원성으로 정치적 목적 달성도 좌절되고 말았다.

표 4-4는 북한 당국이 화폐개혁을 통해 달성하려 했던 목표로 추정된다. 북한은 일차적으로 정치사회적 목적을 열망했던 것으로 보인다. 그러나 이것들 중 어떤 것도 성공적으로 달성된 것은 없다.

화폐는 경제와 구분되어 있고 자율적인 영역을 이루고 있다. 다시 말해 화폐는 화폐 자체의 사회적 규범구조와 규칙, 권력관계 등으로 이루어지는 영역이다. 그러므로 화폐적 현상인 인플레이션은 경제적 현상이라기보다는 권력투쟁의 성격이 더 짙다. 나아가 화폐개혁은 거의 완벽한 정치적 산물이다. 북

표 4-4 2009년 화폐개혁의 의도

정치사회적 의도	화폐권력에 타격/ 일반 근로자 불만해소/ 빈부격차 완화
경제적 의도	인플레이션 해소/ 재정확충

한은 다시는 2009년 식의 화폐개혁을 실시할 수 없을 것이다. 그 이유는 세 가지 정도로 요약된다. 첫째, 화폐개혁 이후 북한의 '원'화는 신뢰를 잃었다. 주민들은 자국 통화 대신 외화를 선호하고 있다. 그러므로 화폐 몰수식 개혁 조치는 실효성이 거의 없을 것이다. 둘째, 화폐권력자들은 이미 북한의 상층부에 안착했다. 화폐적 관계는 북한 권력층과 깊이 관계하고 있다. 개혁조치는 강력한 반발을 불러일으킬 것이며, 개혁주체는 발붙일 공간이 없을 것이다. 셋째, 북한 주민들도 일상적 삶을 파괴하는 조치에 크게 반발할 것이다. 2009년의 화폐개혁은 화폐권력에 대한 전방위적 도전이었지만 성공에 이르지 못했다. 북한의 화폐권력은 전 사회적으로 확장되고 있다. 그 기세를 되돌릴 조짐은 어디에서도 보이지 않는다.

4. 화폐개혁의 부작용

2009년 북한 당국은 자신의 자식을 잡아먹는 크로노스처럼 스스로 권위를 부여한 화폐를 무효화시켰다. 화폐는 국가의 모든 부를 분할하여 표시한 유가증권이다. 자국화폐가 신뢰를 상실하게 되면 경제 전체에 불필요한 마찰비용을 발생시키고 심각한 효율의 저하로 나타난다. 가까운 예가 있다. 조선 말 대원군이 경복궁 중건비용을 위해 '당오전', '당십전', 급기야 '당백전'과 같은 고액권을 발행했다. 이들을 '당전'이라고 했는데, 모두 '악화'였다. 통화시스템은 교란되고 심각한 인플레이션이 발생했다. 양화는 시장에서 사라져 '전황'이 발생했고 백성은 교란된 가치신호에 어쩔 줄 몰라 했다. 백성들은 '당전'을 증오했는데 '땡전'이라고 비하했다. 케인스는 "어떤 국가를 가장 신속하게 멸망시키는 길은 그 나라의 통화를 타락시키는 것이다"라고 말했다. 2009년 화폐개혁으로 북한은 스스로 자국화폐의 가치를 극도로 타락시켰다. 국정화폐는 국가의 권위와 신뢰가 없다면, 폐지보다도 못한 것이 된다. 국가가 신뢰를 얻으면, 휴지에 국장(國章)을 박아 유통시킨다 하더라도 국민들은 그것을 인정한다. 그러나 국가가 신뢰를 얻지 못하면 종이에 금칠을 하더라도 국민들은 자국화폐를 천시한다. 그리고 다른 나라의 국장이 박힌 화폐를 섬긴다. 돈의 '위엄'은 국가의 권위에서 나온다. 돈은 국가의 그림자이다. 짐멜은(Georg Simmel)은 돈의 '돈다움'을 이런 명문으로 정의했다.

돈이면 돈일수록, 돈이 돈일 필요성은 그만큼 더 적어진다.

1) 원화의 가치저하

북한 '원'화가 타락하는 이유는 두 가지이다. 첫째는 지속적인 화폐가치하락, 즉 인플레이션이고, 둘째는 파괴적 통화환수의 위협이다. 인플레이션의 원인제공자는 물론 북한 정부이다. 일시적인 공급 부족이나 외화 부문의 쇼크에 의해서 물가나 환율이 상승할 수는 있다. 그러나 장기간 지속적인 인플레이션은 통화공급의 증가 없이는 불가능하다. 이미 1990년대 중반부터 공장·기업소에 제공한 신용은 통화의 범람으로 이어졌다. 북한은 2002년 7.1 조치 이후, 가격과 임금의 정상화를 통화증발로 해소했다. 정상적 재정수행이 어려웠던 북한은 화폐의 증발을 통해 재원을 마련했다. 인플레이션 조세(inflation tax)는 점점 만성적인 것이 되었다. 물가는 상승했다. 통화공급 확대에 따른 화폐구매력 하락은 임금의 의미를 무력화시켰다. 국가는 노동자를 직장에 묶어둘 수 없었다. 계획경제의 복원을 위한 어떠한 조치도 무산되었다. 인플레이션은 노동이탈만 일으키는 것이 아니었다. 빈부격차를 심화시켜 새로운 계급을 만들었다. 현물보유자와 현금보유자의 실질소득이 벌어졌다. 그 혜택은 대개 특권층에게 돌아갔다. 식량 등 생필품을 배급받고 또한 이들의 비호를 받는 시장지배자들은 큰 이윤을 획득할 수 있었다. 반면 일반 도시 주민들은 임금과 소규모 상거래 소득에 의존해야 했다. 인플레이션으로 인해 빈익빈부익부의 현상이 심화될 수밖에 없었다. 인플레이션은 사회주의를 퇴장시키고 새로운 '계급'을 만들고 있다. '배급제계급(특권층)'과 '자력갱생계급(일반 주민)', '평양공화국'과 '지방공화국' 등의 신조어가 만들어지고 있다.

화폐가 사용자에게 보다 깊이 침투하기 위해서는 두 가지 조건이 필수적이다. 첫째는 화폐 한 단위의 가치가 적절한 수준으로 작게 쪼개져 있어야 한다. 역사적으로 화폐 한 단위의 실제 가치는 작아져 왔다. 이것은 시사하는 점이 매우 크다. 화폐 한 단위의 실제 가치가 작아지면 유동성이 커지게 된다. 주식을 액면분할하게 되면 거래량이 늘어나는 것과 같은 현상이다. 이렇게 되면 돈이 사회에 더 깊이 침투할 수 있게 된다. 실제 가치는 작아졌지만 기능적 가치는 커지는 것이다. 두 번째는 화폐의 유통기간 문제이다. 화폐의 가치는 그것이 사용되는 순간 얻게 되는 즉시적 만족으로만 결정되는 것이 아니다. 오히려 사용의 순간을 선택할 수 있는 자유가 화폐의 가치를 현저하게 증가시키거나 감소시킬 수 있는 중요한 변수가 된다. 같은 액면을 갖는 유가증권이라도 사용기간이 1년으로 정해진 상품권과 사용기간이 정해지지 않은 달러는 가치가 다르다. 만약 사용기한이 정해진 화폐라면, 언제 효력이 정지될지도 알 수 없는 화폐라면, 그 화폐가 공신력을 가질 수 없는 것은 당연하다. 북한의 잦은 화폐개혁은 안정적인 화폐사용에 부정적으로 작용했다. 예기치 않은 화폐환수는, 주민들이 원하는 시기에 화폐를 통한 문제해결을 할 수 없도록 했다. 종잡을 수 없는 화폐개혁은 화폐의 가치저장기능을 멸절시킨다. 사람들은 부를 축적하는 수단으로 자국화폐를 이용하지 않는다. 더구나 북한의 은행은 1990년대 중반 이후, 고난의 행군을 거치면서 점차 기능을 상실했다. 주민들 사이에서 '은행에는 돈을 맡겨도 찾을 수 없다'는 인식이 확산되었다.

주민들은 돈을 직접 집에 보관했다. 나아가 북한 '원'보다 가치가 높고, 화폐개혁에도 안전한 외화를 선호하게 되었다. 외화가 가치저장 수단이 되면, 자국화폐는 축적되지 않고 유통부문으로 내몰린다. 그렇게 되면 인플레이션은 더욱 심화된다. 재정수입을 통화증발로 대체하는 정부가 인플레이션에 직면하는 것은 필연적이다. 정부는 더욱 통화를 남발하고, 국민들은 더욱더 자국통화를 거부하여 유통부문에 쏟아낸다. 머지않아 아이들은 위대한 수령의 초상을 꼬깃꼬깃 접어 딱지치기를 하게 되었다.

2) 외화대체현상의 전개

외화가 자국 통화를 대체하여 통용될 때, '달러라이제이션(dollarization)'이라고 부른다. 외화대체현상의 원인은 자국통화의 가치를 신뢰하지 못하기 때문이다. 경미한 외화대체는 '자산대체'로부터 시작된다. 자국 통화의 가치저장기능이 취약해져서 그 기능을 외화로 대체하는 것이다. 외화대체의 경향이 점점 심화되면 '통화대체' 현상에 이른다. 통화대체는 일반적 재화거래에서 외화가 쓰이는 것이다. 외화가 교환기능과 척도기능을 맡는 것이다.

외화대체가 일어나는 원인은 복합적이다. 자국화폐와 외화의 수급요인이나 정치적·사회적 요인, 법적·제도적 요인 등이 다양하게 거론된다. 먼저 수급요인을 살펴보면 자국화폐의 증발을 꼽을 수 있다. 통화당국이 비정상적으로 통화를 팽창시키면 인플레이션이 발생한다. 비정상적인 통화량이란 적정 통화증가율을 뛰어넘는 통화량이다. 적정 통화증가율은 일반적으로 한 국가의 명목성장률과 물가상승률의 합에서 통화유통속도를 뺀 것이다.

외화의 적정한 공급도 외화대체의 원인이다. 자국화폐가 신뢰를 잃게 되면 외화의 자산대체가 일어나는데 이때 적정한 외화가 공급되는 것이 필요하다. 2000년대 들어 북한은 대외무역이 상당 수준 확대되었다. 북·중 무역이 크게 늘어나기 시작했는데, 이는 외화통용 현상을 가속화시키는 역할을 했다. 공

표 4-5 외화대체

외화대체(dollarization)	자산대체	외화가 축적기능을 수행
	통화대체	외화가 교환기능을 수행

식적인 무역뿐만 아니라 밀무역 등 비공식적인 무역도 크게 확대되었다. 특히 중국과의 소비재 무역은 시장과 달러를 연결시키는 중요한 매개였다. 북·중 무역의 비약적인 증가는 위안화의 영향력을 확대시키는 작용도 했다. 공식 또는 비공식적인 교역으로 외화의 공급이 이루어졌고, 외환의 중앙집중제도 사실상 무너졌다. 북한 당국은 2002년에 외화관리법을 개정했다. 기관·기업소의 외화 보유를 허용하는 조치였다. 원자재 교역 부문에서 외화결제가 확대되었다. 이러한 경향은 국내 거래에도 파급되었다. '국내수출제도'의 도입으로 기업 간 외화거래도 부분적으로 인정되었다. 이렇게 해서 외화대체가 이루어지기 위한 외화의 공급여건은 조성되었다.

북한의 외화대체가 급속도로 이루어진 계기는 만성적인 악성인플레이션과 더불어 파괴적 화폐개혁의 위협이다. 민간 보유화폐를 몰수하는 방식의 화폐개혁은 주민들로 하여금 자국화폐의 보유를 기피하게 만든다. 2009년의 화폐개혁은 결정적이었다. 2009년은 시장화가 20년 가까이 진행된 시점이었다. 주민들은 상당한 화폐자산을 축적해둔 상태였다. 따라서 몰수당한 화폐 규모가 엄청났다. 주민들이 북한 원에 대한 신뢰를 철회한 것은 당연하다.

외화대체현상은 매우 광범위하게 전개되고 있다. 2000년대 들어 대도시를 중심으로 한 주택 신축, 특히 아파트 신축 및 매매는 하나의 붐을 형성했다. 초기에는 당, 군 등 특권기관의 외화벌이 차원에서 시작되었으며, 이들은 특히 돈주와 연계하여 사업을 확대했다. 아파트라는 대규모 자산의 거래는 거의 달러화를 통해 이루어졌다.

외화대체현상은 여러 가지 부작용을 낳는다. 일단 국가권력의 정화공급 시스템이 망가지기 때문에 시뇨리지는 얻을 수 없다. 국내 통화질서가 외화에

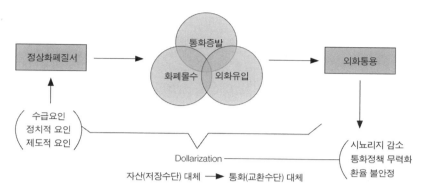

그림 4-4 북한의 외화대체현상(dollarization)

의존하게 되므로 독자적인 통화정책을 수행할 수 없다. 외화 발행국가의 여건이나 국제환경에 따른 환율의 불안정도 심각하다. 결론적으로 통화주권을 행사할 수 없는 것이다. 주체적 통화정책을 수행할 수 없는 것은 이 중에서도 가장 뼈아프다. 자국통화가 주민들로부터 신뢰를 잃게 되면, 주민들은 자국화폐를 빨리 소비하여 타인에게 넘기고 자신의 부를 존속시켜줄 다른 화폐를 찾게 된다. 외화를 이용한 자발적인 화폐대체이다. 국가는 화폐발행 독점권이 있더라도 주민들에게 자신의 통화에 대한 신뢰를 강요할 수는 없다. 화폐기능을 잃거나, 가치를 잃은 통화는 주민들 누구라도 통용을 꺼리기 때문이다. 만약 국가가 외화대체를 차단하기 위해서 외화의 보유와 통용을 통제한다면 암시장이 창궐한다. 공식적인 환율(국정)과 실제(암시장) 환율의 차이가 발생한다. 이중가격이 형성되는 것이다. 이렇게 되면 국가의 외화자산은 필연적으로 유출된다. 국가는 다시 딜레마에 빠진다. 어떤 선택을 하든, 외화대체는 주체적인 통화정책을 불가능하게 만든다.

한 나라에서 각각 다른 단위의 화폐가 통용되어 성공적으로 안착한 사례는 거의 없다. "악화는 양화를 구축한다(Bad money drives out good)"는 '그레셤의 법칙(Gresham's law)'이 발생하기 때문이다. 근대 영국의 복본위제가 실패한 것이 대표적 사례이다. 두 개의 서로 다른 통화는 상대적으로 과대평가 또는 과소평가가 되기 마련이다. 이때, 고평가 통화는 퇴장되고, 저평가된 통화는 유통부문을 장악하게 된다. 물론, 복수의 통화가 한 통화공간에서 공존하는 경우도 있을 수 있다. 국가권력 또는 관습으로 서로 다른 통화마다 고유한 용법을 정해주면 된다. 예를 들어 은화로는 소비재만 교환할 수 있도록 하고, 금화로는 자본재만 거래하도록 규제하는 것이다. 다른 방법은 사회적 계층에 따라 사용화폐를 달리하는 경우이다.

북한 '원'화의 타락으로 외화대체 현상이 벌어지는 양상은 매우 당연한 귀결이다. 그러나 외화대체가 경제적 필요에 기인하는 것만은 아니다. 외화통용도 경제적 현상만이 아니라 정치적·권력적 함의를 가지고 있다. 북한에서 서로 다른 국적의 화폐들은 마치 부자들과 빈자들처럼 서로 경쟁하고 있다. 여기서 화폐권력자들은 유리한 입장에 선다. 외화는 특권층과 이들의 보호를 받는 무역상들이 쉽게 획득할 수 있기 때문이다. 이제 대부분의 북한 주민들은 외화로 보유할 수 있는 최소한의 규모, 예를 들면 100달러 또는 100위안으로 환전할 수 있는 규모를 보유하게 되면 이를 달러 또는 인민폐로 환전하여 보유하려는 경향을 강하게 나타내고 있다. 이와 함께 화폐자산은 달러를 비롯한 외화로 보유하고, 규모가 큰 거래 시에는 외화를 직접 사용하고, 소규모 거래에는 외화를 북한 원으로 환전하여 사용하는 방식이 광범위하게 확산되었다. 북한 원화는 소액지출을 하고 하루하루를 시장거래를 통해 살아가는 하층민을 위한 화폐가 되었다. 북한 원화의 가치가 급속하게 하락하는 상황에서 외화대체 현상은 빈부격차를 더욱 심화시킨다. 바야흐로 외화가 신분적 기능까지 발휘하게 된 것이다.

3) 만연하는 물신숭배

현대 사회에서 화폐는 신이다. '자본주의'란 '자본'이라는 신을 '주'님으로 영접한 사람들이 조직하는 세계이다. 아무리 경건한 신앙인이라도, 하루 동안 신에게 바치는 영광의 횟수보다 돈과 관련된 생각을 더 많이 한다. 그리 복잡하지 않은 교차로의 신호등을 보며 혼란을 느끼는 사람도, 화폐가 주는 수많은 신호에는 현기증을 느끼지 않는다. 화폐 그 자체는 물론 신이 아니다. 그러나 화폐가 상품이 되면, 즉 자본으로 기능하면 곧바로 신이다. 이때 화폐는 '전능함'을 갖는다. 마르크스는 말했다.

> 화폐가 지니고 있는 속성의 보편성은 그 존재의 전능성이다. 따라서 화폐는 전능한 존재로 간주된다. 화폐는 욕망과 대상, 인간의 삶과 인간의 생활수단 사이에서 활동하는 뚜장이이다. _카를 마르크스, 『경제학-철학』 수고, 김태경 옮김(서울: 이론과 실천, 1987), 114쪽

폴라니(Karl Polanyi)는 자본주의가 절대로 상품화하지 말아야 할 세 가지를 상품화하면서 탄생했다고 말했다. 인간(노동), 자연 그리고 화폐이다. 이러한 것들이 상품이 되면 인신공양을 즐기는 '저거노트(juggernaut)'가 만들어진다. 폴라니는 '악마의 맷돌(satanic mill)'이라고 표현했다. 돈의 신 '맘몬(Mammon)'은 동족의 피를 바치는 자에게 금화를 베푼다.

(1) 화폐, 신이 되다

화폐경제가 극도로 확장되면 화폐는 인간관계의 독점적 매개물이 된다. 더불어 화폐도 그 자신을 객체로 하는 시장을 형성한다. 화폐시장(money market)이 이루어지는 것이다. 다른 시장과 마찬가지로 수요와 공급이 상호작용하여 양적, 질적 균형을 이루게 된다. 시장을 통해 화폐가 대상이 되면 사람들은 상품에 대하여 지불되는 대가를 당연시한다. 화폐라는 상품에 지불되는 대가는 동일한 화폐이다. 즉, '이자'이다. 어떤 생산물이 상품이 된다는 것은 그것을 사용하는 주체에게 가치를 주기 때문이다. 화폐시장에서 거래되는 화폐의 사용가치는 그것이 다른 화폐를 생산한다는 데에 있다. 즉, 화폐는 스스로를 증

식한다. 화폐가 이자와 같은 형태로 자기 자신을 증식하며 활동할 때, '자본'이라고 부른다. 그래서 사람들은 이자를 '자본의 가격'이라고 부르는 것이다. '자본의 기회비용', '자본비용'이라고 부르더라도 동일한 의미가 담긴 것이다. 화폐를 자본으로 주고받을 때, 그것은 상품의 교환을 매개하는 것이 아니다. 교환을 매개할 때는 이자가 발생하지 않는다. 화폐의 대표적 기능은 척도, 지불, 교환, 축적의 수단이다. 이러한 기능들은 경제교과서에서 확인할 수 있다. 그러나 자본의 기능은 명확히 기술하지 않는다. 자본으로 기능하는 화폐는 다른 모든 기능이 완전히 구현되어야만 작동할 수 있다. 화폐가 자기 자신마저 객체로 삼아 운동할 때가 자본으로 기능하는 상태이다.

이자라는 경제적 범주가 성립하면, 이자의 발생을 가져오는 자본은 원인이 된다. 자본과 이자는 인과율로 인식된다. 이자는 자본을 소유하면 당연히 얻게 되는 '과실'이라는 관념이 자리 잡는다. 더불어 자본을 투입하여 획득한 기업의 이윤도 자본을 '기능'하게 하여 얻은 과실이라는 의식이 생긴다. 즉, 이자는 자본 '소유'의 과실이고, 기업이윤은 자본 '기능'의 과실이라고 여긴다. 모든 사람들은 이 환상적인 거짓에 현혹된다. 그러나 이것은 허위의식이다.

이자는 이자를 가능하게 하는 사회적 맥락 속에서만 인정된다. 이자는 자연적인 것이 아니다. 매우 특수한 역사적 상황에서 발생한 것이다. 이자는 인간생활에서 일반적이었던 것도, 정당화된 것도 아니었다. 기업이윤도 생산을 위한 전 사회의 인적, 물적 조직과 운용과정에서 출현한 성과의 일부이다. 이미 생산은 전 세계적으로 분업화되어 있고 공정은 모듈화되어 있다. 생산의 사회적 성격은 날이 갈수록 고도화되고 있다. 이때 생산과정에 투입되는 자본은 전 사회의 성과를 사적으로 전유하기 위한 착취도구일 뿐이다. 양치기는 어미 양의 젖을 짤 때, 새끼 양을 보여준다. 새끼를 본 어미 양의 유선(乳腺)에서 젖이 돈다. 양치기는 그 틈을 놓치지 않고 젖을 쥐어짠다. 자본은 젖을 짜내기 위해 보여주는 새끼 양처럼 기만적이다. 짜낸 젖은 새끼 양에게 돌아가지 않는다. 화폐는 자본으로 투입되어 전 사회의 생산성에 중요한 길목을 차지한다. 자본가는 적정한 이윤을 위해서 사보타주를 한다. 뜯어내는 몸값이 이윤의 본질이다. 차가운 화폐 어디에서도 이윤의 씨앗은 찾을 수 없다.

이자율은 '화폐소유자'와 '화폐를 기능하게 하는 자' 사이에서 결정된다. 화폐를 기능하게 하는 자는 영리기업가이다. 영리기업가는 자신의 이윤 중 일부를 화폐소유자에게 지불한다. 이자율의 최고 수준은 영리기업가가 사보타주로 얻은 수익률이다. 최저 수준은 물론 '0'이다.

자본가가 된 화폐소유자, 즉 화폐자본가와 영리기업가에 의해 화폐가 상품으로 거래되는 것이 일반화된다. 대부되는 화폐가 자기 것이든, 남의 것이든, 자본은 유기체처럼 화폐를 회임하고 생산한다는 관념이 완성된다. 자본관계의 물상화, 자본의 물신성은 완성된다. 생산의 내면적 관계는 모조리 은폐된다. 생산과 분배를 위한 전 사회적 관계는 감추어진다. 대신 돈이 돈을 낳는다는 허구가 진실이 된다. 전도된 망상이 세상의 진면목이 된다.

화폐가 물신으로서 지배할 때, 사람들은 화폐가 생겨날 때부터 가치를 가지고 있다고 생각한다. 화폐가 특별한 힘을 가진 것이라고 착각하는 것이다. 사람들이 그렇게 생각하면, 화폐는 사람들을 지배하는 압도적인 힘을 진짜로 갖게 된다. 사람들은 이렇게 믿게 된다. "화폐는 스스로 증식하고 제 분신을 생산한다." 그러므로 인간 삶의 가장 의미 있는 일은 화폐를 상품으로 투입하여 증식하는 것이 된다. 화폐물신 숭배는 교세를 확장한다. 북한의 노회한 화폐경제학자 리원경은 《경제연구》 2009년 3호에서 이미 돌이킬 수 없는 화폐물신숭배에 대해 마치 처음 발견한 현상인 듯한 태도를 보인다.

화폐[화폐]의 힘을 과대시하면서 상품화폐관계를 끊임없이 확대해 나간다면 화폐에 대한 물신숭배성은 다시 머리를 쳐들 수 있다. 이것은 돈만 아는 낡은 사상을 없애기 위한 투쟁이 오랜 기간에 걸치는 꾸준한 정치사상교양사업과 함께 올바른 경제조직사업에 의하여 안받침될 때 비로소 성과를 거둘 수 있다는 것을 말해준다.

인간과 인간의 관계가 물건과 물건의 관계로 드러나는 것을 '물상화'라고 한다. 고대의 토템(totem)신앙은 현대에서 사라진 것이 아니다. 인간은 자신이 만든 피조물에 신비한 힘을 부여하고 의지한다. 이것이 물신(fetish)이다. 실체를 바로 보지 못하고 전도된 망상과 이것에 이끌려 다니는 인간행동이 물신숭배(Fetishism)이다. 북한은 물신숭배의 싹을 자르기 위해 화폐의 사용을 극도로 경계했다. 화폐의 자율적 작동을 거부하고 계획 안에서 이용할 것을 강제했다. 화폐가 자본으로 전화되지 않는, 즉 사회주의 본성에 맞는 이용을 끊임없이 강조했다. 경제학자 리경호는 ≪경제연구≫ 2011년 1호에서 이렇게 말한다.

화폐, 가격, 그와 관련한 경제적 공간들은 사회주의 경제제도의 본성적 요구에 맞게 사회주의 계획경제를 더 잘 발전시키는 방향에서 옳게 리용하여야 한다. 가격, 화폐, 그와 관련한 경제적 공간들이 경제관리의 중요한 수단으로 된다고 하여 사회주의 경제관리의 기본방법으로 인식하면서 그것들의 리용을 절대화하거나 우선시 하여서는 안된다. …… 사회주의 경제는 계획경제이며 경제를 국가의 통일적 지도밑에 계획적으로 발전시키는 여기에 바로 사회주의경제의 본질적 우월성이 있다. 그러므로 사회주의 경제관리에서는 국가의 통일적이며 계획적인 지도를 원만히 보장하는 원칙에서 화폐와 가격, 그와 관련한 경제적 공간들을 옳게 리용하여야 한다.

화폐 이용을 절대화하지 말라는 근본주의자의 외침은, 그러나 이미 들어주는 사람이 별로 없게 되었다. 북한의 물신숭배는 이미 심각한 지경에 달했다.

(2) 화폐 물신숭배의 양태

물신숭배를 토대로 하는 개인주의는 공동체를 집어삼킨다. 북한에서 만연한 물신에 대한 숭배는 질식하고 있는 사회주의 도덕담론을 대체하고 있다.

예전에는 공동체에 대한 귀속성, 즉 사상이 좋은 사람이 애국자로 인정받았다. 그러나 현재는 돈 있는 사람이 애국자로 인정받는다. 돈을 버는 방식은 중요하지 않다. 자신과 가족의 생존을 국가에 의존하지 않고 스스로 획득한 화폐로 책임지는 사람이 애국자인 것이다. 이러한 경향은 국가에 의존하는 사람은 반역자라는 의식까지 확장되었다. 수단과 방법을 가리지 않고 살아남는 것이 애국이고, 잘사는 것이 애국자로 대접받는 세상이 물신숭배가 만연한 세상이다. 이것은 전통적 가치관에 대한 일대 전환이다. 돈이 있어야 인간이 되고, 돈이 있으면 지식도 권력도 살 수 있는 세상이 되었다. 당·국가의 관료들도 금전만능의 사고에 오염되고 있다. 과거에는 돈과 관련 없이 간부의 사회적 지위는 확고했고, 주민들에게도 존경받았다. 그러나 이제는 돈이 없으면 간부의 위신을 유지할 수 없게 되었다. 간부들은 자신의 위신을 유지하기 위해 화폐권력자들과 결탁하게 되었다. 부를 획득한 신흥자본가에게 스폰을 받는 '알쌈'이 되었다. 과거 주민들의 가장 큰 열망 중 하나였던 입당도 돈이면 얼마든지 가능한 상황이 되었다. 화폐권력자들이 권력기관에 뇌물을 바치고 자식들을 집어넣는 경우가 많아졌다. 승진 또한 돈이 없으면 어려워졌다. 노동당의 지역 당 책임비서 이하는 돈으로 자리를 얻을 수 있게 되었다. 승진의 권한이 있는 고위직들은 재력 있는 하위직의 승진기회를 이용해 화폐적 이익을 얻었다. 시장에서 부를 거머쥔 화폐권력자들은 돈이 가진 힘으로, 하층계급에서 단박에 권력층으로 진입할 수 있는 길이 열린 것이다.

주민들 사이에서는 겉으로 순종하면서 실제로는 반항하는 '일상생활형의 반항', '민생형 일탈'이 증대하고 있다. 또한 집단주의 원칙보다 개인주의적 인식이 확산되었다. 물론, 공식 이데올로기는 구속력이 약화되었다. 기존 질서는 동요하고 화폐물신주의가 팽배했다. 신념체계의 대혼란이 주민들의 일상을 흔들고 있다. 신념체계의 혼란은 법질서에 대한 주민들의 인식에도 드러난다. 주민들은 법 집행에 있어서도 경제력의 차이를 느끼고 있다. 결근, 결석, 생활총화 불참 등의 가벼운 일탈행위도 돈으로 대가를 지불해야 했다. 사안이 중대한 불법행위도 돈으로 처벌을 면할 수 있게 되었다. 결국 북한판 '유전무죄, 무전유죄'가 팽배하고 있는 것이다. 북한의 화폐물신현상은 수령에 대한 권위를 잠식하고 있는 추세이다. 일상적 삶의 영역은 더욱 상품화되고, 주민들은 나날이 시장에 의존하고 있다. 그럴수록 돈의 필요는 커지고, 화폐 숭배는 더욱 열렬해질 것이다.

4) 화폐적 관계망에 포획된 주민들

북한은 현재 계획경제가 관료적 시장경제로 이행되고 있다. 이것이 체제이행의 계기가 될 것이라는 기대가 연구자들에게 팽배해 있다. 그러나 시장의 존재가 자본주의 사회의 지표(indicator)가 되는 것은 아니다. 수천 년 전의 고대사회에도 시장은 존재했다. 그렇다고 그 사회가 자본주의 사회였던 것은 아니다. 문제는 시장의 존재 여부가 아니다. 시장이 사회에 묻혀 있는가, 아니면 시장이 사회를 조직하는가이다. 그런 관점에서 북한을 자본주의식 시장사회라고 부르기는 어렵다. 북한의 시장은 기존 권력을 허물 수 없다.

(1) 사회적 관계로서의 화폐

북한의 화폐화에서 주목해야 할 부분은 교환수단으로서의 화폐가 아니라 '사회적 관계'로서의 화폐이다. 가치란 상품이 다른 한 상품과 맺는 '관계'이지 한 상품에 선천적으로 들어 있는 본래성은 아니다. 마르크스는 상품의 가치는 그 자체로 내재해 있는 것이 아닌 다른 상품들과의 관계 속에서 규정되고 다른 상품과의 교환을 통해서 드러난다고 주장한다. 즉, 한 상품의 가치는 다른 상품들을 자신의 등가형태로 삼아서 표현된다는 것이다. 가치의 담지자로서 화폐는 그러므로 사회적 관계의 응고물이다. 한 사회가 화폐화로 이행되고 있다는 것은 사회적 관계의 변화를 수반한다는 것이다. 그것은 화폐적 인간관계가 이전의 사회적 질서를 대체한다는 것을 뜻한다. 화폐화는 다음의 네 가지가 기능함으로써 이행된다.

첫째, 상품 또는 교환의 매개물로서 작동한다. 화폐화 이전 시기의 북한은 배급에 의해 생존이 유지되는 체제였다. 임금이 화폐의 형태로 지불되었지만 이것만으로 필요한 재화를 구입할 수 있는 것은 아니었다. 화폐임금이 소비로 이어지기 위해서도 국가의 재분배 시스템에 의존해야 했기 때문이다. 그러므로 화폐는 제대로 된 교환의 매개물이 될 수 없었다.

둘째, 화폐는 권력으로 작동한다. 화폐는 사회가 화폐소유자에게 진 채무를 표상한다. 화폐소유자는 화폐의 명목가치만큼 상대에게 대가를 요구할 수 있으므로 그만큼의 지분이다. 물론 화폐에 내재하고 있는 권력의 원천은 국가에서 나온다. 국가는 자신들의 공권력을 권면에 표장하여 경제에 유통시키고 화폐액의 크기만큼 권리를 부여하거나 의무를 면제해준다. 화폐가 가치 있다고 여겨지는 것은 국가가 강제력으로 발행하고, 지급을 보증하며, 구매력을 담보하고 있기 때문이다. 결국 국가는 화폐의 권면액만큼 권력을 할양한 것이다.

셋째, 화폐는 화폐적 관계를 만든다. 북한 당국은 화폐의 기능을 제한하기 위해 노력했다. 화폐가 가지고 있는 척도로서의 기능은 단순히 재화의 상대 가치를 비교하는 것에만 기능하지 않는다. 화폐는 인간의 행위 또는 인간 자체마저도 객체화하고 가치를 매긴다. 화폐는 행위의 도량형이 된다. 우리가 흔히 볼 수 있는 법률조항의 벌금형은 화폐가 인간으로부터 행위를 분리하여 가치화하는 것을 보여준다. 일탈이나 범죄행위는 그것의 경중을 규정하는 사회적 합의에 따라 금액으로 평가되어 징벌로 부과된다. 행위가 화폐로 측정된다는 것은 화폐가 가치척도(계산화폐)로 작용하고 있음을 명징하게 보여주는 것이다. 이에 반하여 북한에서 인간행위는 수령-당에의 충성과 열의 등에 의해 측정된다. 수령의 교시와 당의 명령이 행위를 정당화하는 근거이며 신성한 준거이다. 그런데 화폐는 이러한 신성성이 요구하는 행위와는 이질적인 인간형을 요구한다. 화폐가 척도로서 기능할 때 그에 부합하는 인간은 수령과 당이 요구하는 그것과 일치하지 않는다. 이 과정에서 화폐적 척도에 복속되는 인간의 유대가 형성되며 화폐적 이해관계에 따르는 일단의 세력이 만들어진다. 이것을 '화폐적 공동체'라고 할 수 있다. 화폐적 관계로 엮이는 공동체와 '수령공동체'는 이질적이다. 경제질서를 둘러싼 갈등은 피할 수 없게 되었다.

넷째, 화폐는 부의 축적수단으로 작동한다. 북한 사회는 집요하게 화폐가 축재의 수단으로 이용되는 것을 제한해왔다. 사실 화폐가 가지고 있는 기능들을 제대로 작동하지 못하게 한 것도 궁극적으로 부의 축적기능 또는 가치저장기능이 실현되기를 원치 않았기 때문이다. 그러나 이제 화폐는 비교적 자유롭게 유통되기 시작했으며 시장이라는 강력한 가치실현 수단에 의해 뿌리가 견고해졌다. 화폐가 부의 축적수단이 되었다는 것은 매우 깊은 의미를 가지고 있다. 화폐는 다른 재화와는 달리 효용의 '불포화성'을 가지고 있다. 일반 재화의 소비는 일정 수준을 넘어서면 효용이 마이너스가 된다. 그러나 화폐는 보유를 무한에 가깝게 한다 해도 한계적인 효용이 줄어들 수 있을지언정 마이너스는 되지 않는다. 효용이 포화되지 않는 것이다. 그러므로 화폐의 소유욕은 무한이 될 수 있는 것이다. 부의 축적수단으로 화폐가 용인된다는 것은 욕망의 무한적 충족을 사회가 승인한다는 것이다. 자본주의적 인간이 자라날 수 있는 토양이 준비된 것이다.

(2) 화폐적 관계가 추동하는 기존 질서의 변형

화폐를 하나의 인간관계 또는 공동체로 정의한다면 이상하게 느낄 수 있다. 하지만 화폐는 단연코 인간관계이며 공동체이다. 화폐는 하나의 상징체계이며 이 상징체계를 공통적으로 내면화한 사람들은 화폐공동체를 이룬다. 화폐공동체는 이러한 화폐공동체를 이루지 못한 사람들에게는 분명 파괴적인 영향을 준다. 화폐는 그 이전의 공동체를 파괴한다. 수령을 중심으로 한 기존 권력집단과 화폐적 관계의 접전지에서 나타나는 대표적 현상이 바로 '부

표 4-6 기존 지배담론과 화폐적 관계의 경제행동

구분	기존 지배담론(수령공동체)	화폐적 관계
경제질서	재분배(배급)	교환(시장)
행위동기	집단적 자극	이기적 자극
경제권력	계획 및 명령(수직적)	이윤 및 쾌락(수평적)
커뮤니케이션	정치적/이념적	시장정보/여론

패'이다. 부패란 기존의 지배담론을 담지하는 주체가 화폐권력에 포획되는 현상이다. 이것을 단순히 생계를 해결하기 위한 수단이나 권력이 시장에 기생하는 현상쯤으로 보는 것은 사안의 무게를 과소평가하는 것이다. **표 4-6**은 기존의 권력집단이 고수했던 경제행동과 화폐적 관계가 추구하는 경제행동을 둘러싼 사회적 구조의 비교이다.

먼저, 기존의 지배담론에서는 재분배를 경제질서로 삼는다. 사회 내의 모든 자원을 수령에 집중시키고 다시 주민들에게 배급하는 형식으로 복종을 불러일으킨다. 매우 단순한 형태의 자원순환이 일어나며 화폐가 매개하나 실질적인 역할은 하지 못하도록 여러 가지 기능을 '거세'한다. 반면 교환을 경제질서로 삼는 화폐적 관계에서는 화폐의 가치를 실현할 수 있는 시장을 필요로 한다. 화폐가 가지고 있는 가치의 실현은 더욱 광범위하고 안정적인 교환가능성을 추구하므로 시장을 공간적으로 확대시키려는 열망을 가지고 있다. 화폐의 활동영역은 구체적이고 물리적인 공간뿐 아니라 추상적 시장으로 확장되며 시간적 지평도 확대시킨다. 화폐는 시간을 넘나들며 차입과 대출을 통해 구매력을 이동시킨다. 다양한 층위의 시·공간적 시장을 창출함으로써 화폐는 자신의 존립을 공고히 한다.

기존의 지배담론은 집단적 자극을 통해 경제행위를 동기화시킨다. '하나는 전체를 위하여, 전체는 하나를 위하여'가 핵심구호이다. 물질적 자극도 병행되지만 주된 것은 아니다. 혁명적 열의를 불러일으키는 정치도덕적 자극을 높이므로 주의주의(主意主義)적이다. 반면 화폐적 관계에서는 이기심에 호소

한다. '효용극대화'의 원칙에 일관성이 있도록 행위가 조절된다.

기존의 지배담론에서 경제권력은 계획과 명령이다. 물론 계획과 명령은 기본적으로 '내리 먹이는' 형식이므로 수직적이다. '당이 결심하면 우리는 한다'라는 논리가 관철된다. 반면 화폐의 논리는 결코 수직적일 수 없다. 돈은 돈이 매개하는 당사자를 '순수하게 계량화'하는 기능이 있다. 만약 액면이 동일한 돈의 가치가 교환당사자 간의 출신, 당서열, 성 등에 따라 달라진다면 그것은 이미 돈이 아니다. 화폐의 통용은 서서히 '수령-당-주민'의 수직적 관계를 평평하게 만들고 사회적 관계를 화폐적 척도로만 측정하게 만든다.

기존 지배담론의 커뮤니케이션은 정치적, 이념적 의도로 내용물을 채우고 포장한 선전, 선동이다. 의사소통은 일방적이며 피수용자는 선택의 여지가 없다. 반면 화폐적 관계가 원하는 것은 이윤과 이익을 얻기 위한 객관적 정보이다. 정치나 이념도 이윤에 봉사한다면 의미가 있지만 그 이상은 아니다. 돈은 교환관계를 합리화하고 규격화하기 때문에 정확한 정보와 여론이 필요하다. 왜곡된 정보과 여론은 잘못된 의사결정을 하게 만들고 이것은 커다란 손실이나 파산에 직면케 할 수 있다. 돈은 미래에 예민하다. 화폐보유자는 장래의 정치, 경제, 사회, 문화, 심지어 날씨까지도 투자성과에 변동을 일으킨다는 것을 안다. 그러므로 마치 나침반처럼 가감 없는 정보를 원한다. 정치적 구호나 이데올로기는 화폐공동체의 관심이 아니므로 화폐적 인간은 머릿속에서 이러한 것들을 점차 탈색시킨다.

화폐의 사용이 확대됨에 따라 화폐적 관계도 팽창된다. 기존 권력자들이 부패의 사슬에 포획되고 화폐권력자와 커넥션을 맺게 된다. 권력계층은 균열이 생긴다. 더불어 체제의 성격도 조금씩 변질되어간다.

(3) 분열하는 세상, 균열하는 공동체

북한은 2000년대 초반부터 국가권력을 통한 자기조정적 시장체계를 구축했다. 소비품의 시장거래는 합법화되었다. 생산재마저도 거래가 확대되었다.

화폐는 급속히 활동 영역을 넓혔다. 돈만 있으면 구하지 못할 것이 없게 되었다. 처음에는 익숙지 않았던 판매자와 구매자의 이해상충, 낯섦, 적대는 흥정 뒤 치러지는 화폐교환을 통해서 해소시켰다. 시장의 효율성에 기대어 주민들의 삶과 국가 재정능력을 향상시켰다. 그러나 그 대가로 수령공동체의 사회문화적 기반은 사실상 해체되었다. 이로 인해 사회적 관계의 파편화, 심리적 분열과 원자화라는 모순을 가져왔다. 돈이 지배하는 세상이 되자 새로운 계급이 생겨나고, 주민들은 분열하고 있다. 경제위기 이전, 북한 주민들의 의식에서 국가 발전과 개인의 번영은 불가분의 관계였다. 화폐가 삶을 지배하자 개인은 당-국가로부터 분리되었다. 주민들이 국가의 보호 밖에서 겪었던 끔찍한 일상은 국가라는 태반에 연결된 물질적, 정신적 탯줄을 끊어버리는 계기가 되었다. 이제 주민들은 국가가 결속한 공동체에 의존하지 않는다. 화폐와 화폐의 천변만화(千變萬化)적 운동을 담보하는 시장에 몸을 맡기고 있다. 화폐는 '사회적 관계'이지 회전률(또는 유통속도) 등을 따지는 사물이 아니다. 화폐경제는 수많은 사람들이 하루하루를 저울질하고, 계산하고, 숫자로 규정하고, 질적 가치를 양적 가치로 환원하게 했다. 이 과정에서 화폐는 기존의 상호의존 관계를 해체하고 새로운 사회적 관계를 형성한다. 과거에 알려지지 않았던 일련의 결합관계를 창출하는 것이다. 공동체가 추구했던 '명령과 복종'의 삶이 아니라 화폐적 관계가 요구하는 무정함, 정확함, 치밀함이 삶의 내용을 채운다.

화폐적 관계에서 요구되는 능력은 출신, 권위와 같은 귀속적인 특성이 아니다. 화폐가 지배하는 사회에 적합한 인간은 자질이나 능력과 같은 기준에 의해 판단된다. 즉, 출신성분보다 전문지식, 개인적 능력, 열성 등이 성공의 요체가 된다. 화폐적 관계가 확장됨에 따라 새로운 사회에 적응하는 능력에 따른 계층의 분화가 발생하고 있다. 생활수준에서 상·중·하의 차이가 심화되고 있다. 개인별 소득의 격차가 크게 벌어지면서 과거 정치적 기준에 의한 계층구조는 재구성되고 있다. 개인의 경제적 능력을 기준으로 하는 계층의 재편이 이루어지고 있는 것이다. 계층 간의 이동도 활발하다. 시장과 권력집단의 유착을 통해 당 간부 등 전통적 권력엘리트가 그들의 권력을 경제적 자산으로 전환시키고 있다. 새로운 질서에 적응하지 못하는 사람들은 비록 권력집단에 속해 있더라도 경제적으로 불안한 삶을 영위하고 있다. 부의 대물림 현상도 나타나기 시작했다.

국가 소유 위주의 엄격한 사회주의 소유제도는 경제위기 이후, 주민들의 부 축적 현상이 확대되면서 점점 이완되고 있다. 일부 주민들은 장사나 식당 운영 등, 각종 개인경제 활동으로 벌어들인 돈을 공장·기업소나 상업기관 등에 비공식적으로 투자한다. 생산 수단의 사유화 현상도 엿보이는 것이다. 종합시장이나 장마당의 매대도 매매 또는 양도되고 있다. 주민들 사이에는 관할 기관에 뇌물을 주고 '국가주택 이용허가증'의 명의를 변경하는 식으로 주택 거래도 한다. 북한이탈주민들에 따르면 현재 북한 주민들은 소토지, 살림집, 매대를 '3대 재산권' 대상으로 인식하고 있다. 개인경제 활동으로 사유 자산의 축적이 가능해지면서 개인 재산 관념이 부동산으로까지 확장되고 있는 것이다. 사회주의 소유제도의 전면적 수정은 불가피한 상황으로 치닫고 있다.

동일한 화폐라도 그것을 누가 가지고 있느냐에 따라 기능적 가치는 달라진다. 힘없고 가난한 사람의 화폐는 의식주와 같은 욕망을 충족하는 정도로 용도가 한정된다. 같은 돈이라도 권력자가 소유한 화폐는 사용할 수 있는 용도와 자유가 크게 고양된다. 권력자가 손에 거머쥔 돈은 타인들이 그를 중심으로 사회적 관계를 형성하도록 만든다. 가난한 사람이 한 달을 버틸 수 있는 돈은 주변을 바꾸지 못하지만, 권력자가 가지고 있는 대단치 않은 푼돈은 사회적 과정을 변형시키며, 곧 권력이 된다. 돈의 순수하게 양적인 성격은 그 액수가 임계점 이상으로 커지면 질적인 특성을 낳는다.

화폐에 의존하는 삶은 필연적으로 주민들의 생활수준을 벌어지게 만든다. 빈부의 차이는 인플레이션 현상에서 명확히 나타난다. 화폐가 증발하여 인플레이션이 발생할 때, 모든 상품의 가격이 동일하게 오르지 않는다. 탄력성 때

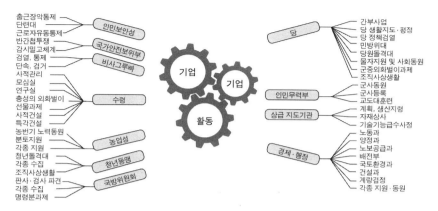

그림 4-5 기업활동에 대한 관료(권력)집단의 파상적 사보타주
자료: 박형중·최사현(2013: 110)을 바탕으로 재작성.

문이다. 인플레이션이 발생하면 상품이 가지고 있는 탄력성에 따라 새로운 가격관계가 형성된다. 새로 시장에 들어온 돈이 모든 상품가격에 균등하게 분배되는 것은 나타날 수 없는 일이다. 결국 탄력성이란 상품의 사회적 관계가 일정한 형식으로 드러나는 것이다. 이 과정에서 부는 불평등하게 분배된다. 그렇기 때문에 사회 안에서 경쟁하는 여러 세력들은 자신들이 지배하는 재화의 가격을 올려 권력을 화폐적 지위로 전환하기 위해 투쟁한다.

그림 4-5는 북한에서 벌어지고 있는 관료집단의 기업활동에 대한 사보타주를 표현하고 있다. 북한에서 당·군 등의 관료집단은 이미 시장을 배경으로 활동하는 기업활동에 촉수를 뻗어 화폐적 이익을 뽑아내고 있다. 북한의 기업활동은 착취자의 오아시스이다. 권력집단은 권력주체별로 구사할 수 있는 온갖 사보타주를 행사한다. 이 과정에서 기업은 부를 권력집단과 나눈다. 물론 그 대가로 기업도 권력자산을 분배받는다.

화폐가 불평등하게 분배되는 또 다른 이유는 화폐가 신용이라는 점에서도 확인할 수 있다. 신용은 사람마다 동일할 수가 없다. 시장 안의 모든 상품이 동질적이라고 가정하는 경제학의 논리로도 신용이 시장의 가격기구로 배분

될 수 없다고 여긴다. 신용은 균질적일 수 없으므로 시장청산의 방법이 아닌 선착순, 제비뽑기, 배급 등의 비시장적 방법으로 해결해야 한다. 북한의 경우는 공식적으로 '배급(ration)'을 표방하나 뒷거래가 실질적 방법으로 정착된다. 이 과정에서 '세금 농사꾼들(tax-farmers)'을 비롯한 기생자와 착취자가 기승을 부린다. 결국 사회 전체에 '마태효과(Matthew effect; "무릇 있는 자는 받아 충족하게 되고 없는 자는 그 있는 것까지 빼앗기리라")'가 심화된다.

빈부격차의 확대, 주민의식의 변화, 기존 질서의 동요 등 북한 당국 입장에서 본 정치사회적 부작용은 커지고 있다. 전통적 위계구조가 해체되는 과정에서 북한의 사회계층은 매우 다양하게 분열하고 있다. 평양과 지방, 배급계층과 자력갱생계층, 고용인과 피고용인 등의 경제사회적 위계가 출현하고 있다.

직업관료와 상인들의 긴밀한 관계가 구조적 부패를 넘어 시스템 부패로 자리 잡았다. 권력과 능력을 가진 자들이 더 잘사는 것에 대해, 사회주의적 평등 이념을 가지고 평가하던 시대는 지났다.

북한에서 새롭게 형성된 특권층은 높은 생활수준을 유지하며 사치스런 소비생활을 즐긴다. 고급 시계와 수입 자동차로 위세를 자랑한다. 반면 상당수의 북한 주민들은 끼니 걱정에 하루하루를 누더기처럼 기워가며 살고 있다. 수령을 모셨던 신단에 자리를 차지한 화폐는 북한을 '분열하는 세상'으로 몰아가고 있다.

결론

황금주판을 두드리는 혼종체제

북한은 해방 이후부터 사회주의적 계획경제를 착실히 구축했다. 그리고 독특한 사회구성체를 완성해냈다. 그것은 수령에 대한 충성과 혁명에 대한 열의가 주민들의 정체성을 형성하고 행위의 준거가 되는 수령공동체 사회였다. 수령은 모든 사회적 생산물을 집중시키고 배급을 통해 재분배하는 경제질서를 통해 주민을 통제했고 자발적 동의를 이끌어냈다. 주민 한 사람, 한 사람의 욕구를 공동체에서 해결해주는 수령공동체에서는 화폐의 작동이 필연적으로 요청되는 것은 아니었다. 북한 당국은 화폐가 가지고 있는 개인주의적 요소를 우려했다. 사회주의 화폐의 특성이 그렇듯이 북한에서 화폐는 매우 제한적으로 사용되었다. 북한은 다른 사회주의 국가보다 더욱 엄격히 화폐기능이 사회적으로 발현될 조건을 차단했다. 경제위기 이전까지 북한 사회에서 화폐는 부수적인 것이었다.

북한 경제시스템의 강고한 구심력이 타격을 입은 것은 1990년대의 경제위기 때문이었다. 경제위기는 시스템을 지탱했던 두 개의 모듈 중 하나인 물적 토대를 붕괴시켰다. 북한은 '중심성(centricity)'의 사회적 지지구조를 바탕으로 짜여진 '재분배(redistribution)' 체제였다. 자원은 중심을 향해 모였다가 다시 중심에서 흩어지는 이동성을 가지고 있었다. 재분배 시스템을 보완하는 기제로 농민시장을 대표로 하는 '호혜(reciprocity)'적 나눔이 주변부에서 존재하는 정도였다. '생산의 완전계획화', '소비의 배급제', '무역의 국가독점'으로 유지되던 경제시스템은 외부의 충격에 무력했다. 세 가지의 제도가 떠받치고 있던 경제 질서, 즉 등가체계는 무너져 내렸다. 재분배 장치는 망가졌고 주민들은 기아선상에 내몰렸다.

이때 죽어 있던 화폐가 작동했다. 화폐의 기능이 살아나기 시작한 것이다. 주민들은 화폐를 매개로 하는 사회적 관계를 확장시키기 시작했다. 화폐경제는 확산되었다. 그 결과 시장도 활성화되어 지역적으로 고립되어 있던 농민시장을 전국적으로 연결시켰다. 배급제의 붕괴로 와해된 재분배시스템도 급속히 메우기 시작했다. 화폐적 관계는 생산과 유통을 조직하고 상품 생산을 촉진했다. 수령의 신성함도, 당의 권위도, 결코 생존을 위한 욕구를 해결해주지 못한다는 사실에 직면했을 때, 주민들은 화폐에 기댈 수밖에 없었다.

1990년대의 경제위기가 실물경제와 재정을 황폐화시키자, 북한 당국은 국영기업에 대부하는 형식으로 통화를 증발하기 시작했다. 통화는 곧 범람했고, 인플레이션은 상시화되었다. 한편, 1990년대 중반까지 북한의 시장은 주민들이 주도하는 자생적 성격을 보였다. 그러나 지배권력은 시장에 자신들의 의지를 투사하기 시작했다. 최고 권력자는 그동안 전유하고 있었던 사회적 과정을 하위의 권력집단에 양도하기 시작했다. 가산제식 권력분배의 핵심은 시장을 조직하고 운용하는 '특권'을 배분하는 것이다. 이로써 지배자와 가신들은 주민들이 자생적으로 조직한 시장을 종속시켰다. 결국 '아래로부터' 조직된 시장은 '위로부터' 기획된 권력에 포획되었다. 곧 '자기조정시장'이 완성되었으며 권력은 전 사회적 생산성을 수취하는 기제로 시장을 이용했다. 관료적 시장이 성립된 것이다. 물론 시장에서 뽑아내는 이윤은 화폐적 형태였다.

화폐가 일상을 지배하게 되자 주민들은 화폐를 획득하기 위해 시장에 더욱 의존하게 되었다. 이 과정에서 화폐적 관계에서 지배적 위치를 차지하는 사람들이 등장했다. 이른바 '돈주'로 대표되는 화폐권력자들이 기존의 권력엘리트와 결탁했다. 이로써 북한 사회는 '후견-피후견'의 금권적 가산체제의 모습을 더욱 강화해 나갔다. 권력집단은 시장에 대한 독점적 지위를 유지하기 위해 지속적인 '사보타주'를 실행했다. 시장에 대한 물리적 단속으로 대표되는 사보타주는 시장을 압살하려는 것이 아니라 시장에서 가장 높은 '몸값'을 뜯어내려는 권력집단의 영리행위이다. 사보타주를 통해 사회에 대한 청구권으로서 '화폐'를 확보한 권력집단은 이를 다시 사회적 과정에 투입하여 확대재생산했다.

사보타주의 정점에 2009년 화폐개혁이 있다. 북한 당국의 통화증발은 자신이 권위를 부여한 화폐가치를 희석시키고 주조차익을 추구하는 부도덕한 행위이다. 이것은 화폐발행의 독점적 지위를 이용한 지대추구행위(rent seeking behavior)이며 주민들의 돈을 빼앗는 행위이다. 그것도 모자라 수령공동체는 화폐환수를 통해 일정 한도 이상의 화폐보유자에게 채무불이행을 선언했다. 2009년 11월의 화폐개혁이다. 그러나 화폐개혁은 주민들이 국가권력으로부터 더욱 등을 돌리게 했다. 오히려 신뢰할 수 없는 국정화폐 대신 외화를 섬기고 통용함으로써 지배층에 저항하게 했다. 파괴적이고 약탈적인 화폐개혁이 반복된다면 통화는 외화로 완전히 대체되고, 화폐주권과 주조차익의 상실이 대가로 주어질 것이다. 5차 화폐개혁은 가장 극단적인 사보타주이며, 권력투쟁이었다. 이를 통해 계획경제를 신봉하는 근본주의자들은 참패했다. 결과적으로 화폐를 매개로 사회적 관계가 확장되는 흐름은 막을 수 없게 되었다.

화폐경제의 확장은 기존의 북한체제를 떠받치는 또 하나의 모듈, 즉 '집단주의적 도덕경제' 이념을 급속히 해체하고 있다. 공동체의 물적 토대는 붕괴했지만 문화적, 정신적 토대인 '도덕경제'는 물질적 조건에 비해 시간적 지체(time lag)가 발생하기 때문에 완전히 와해되지 않았다. 그러나 전 사회적으로 확산되는 비사회주의 현상과 물신숭배(fetishism)는 기존 공동체의 도덕적 준거(reference)를 말살하고 있다. 주민들은 화폐적 관계망에 포획되어 돈 없이는 하루도 버틸 수 없는 상태가 되었다. 이 과정에서 북한은 화폐화를 통해 전개되는 경제사회적 변화를 받아들이고 있다.

과거의 북한체제는 사회적 관계에 전체 인격을 투입했다. '사회주의 도덕경제'에서 자기 행위의 정당성은 타인을 통해 비준되어야 했다. 그러나 북한 주민의 삶이 화폐적 관계로 구성되면, 사람의 인격은 해체되어 화폐의 배후에 숨게 된다. 화폐로 인해 형성된 권리, 의무만 수행할 뿐, 개개인은 결코 인격체로 활동하지 않는다. 즉, 기능적 측면에서만 타인과 관계를 맺으며 고유한 인격적 측면은 고려되지 않는다. 당연히 화폐적 관계는 사회주의의 도덕적 준거를 눈 녹듯이 사라지게 만든다.

화폐경제는 경제적 의존도를 더욱 높게 만든다. 생산과 분배의 사회적 성격도 더욱 강화한다. 화폐를 매개로 한 관계는 폭발적으로 팽창한다. 그럼에도 불구하고 화폐가 창출한 사회적 관계는 인격적인 것이 아니므로 개인의 자유는 증가한다. 상대방은 언제든지 대체할 수 있기 때문이다.

화폐는 우리 삶의 상호의존성에서 인격적 요소를 제거해준다. 과거에는 비교적 소수의 사람들이 밀접하고 대체 불가능한 인격적 관계를 이루었다. 이제 화폐는 천혜의 원시림을 쓸어버리는 벌목용 장갑차처럼 공동체의 흔적을 말살해갈 것이다.

북한의 화폐화와 경제사회적 변화의 결과물로 시장이 팽창하고 있다. 북한이 위기의 터널을 통과하며 이룬 놀라운 변화는 가격결정시장의 성립이었다. 그들은 오랫동안 제도화되어 있던 공동체를 통한 재분배 구조를 단기간에 허물었다. 물론 관료에 의해 통제되는 것이기는 하나 시장이라는 지배적 힘에 종속되어 모든 물적·인적 자원이 조직되는 사회로 변형되고 있다. 북한 사회는 스스로 이 놀라운 장치 속에 몸을 던졌다. 거대한 '사탄의 맷돌(satanic mill)' 안에서 분쇄되고 재구성되어가고 있는 것이다.

주민들이 물질생활의 충족을 위해 공동체와 이웃에게 의존하던 상호작용은 시장으로 대체되었다. 당면한 생존의 문제는 시장으로 인해 나아질 수 있을 것이다. 그러나 시장이 사회를 온전히 포섭하면, 화폐권력의 작동은 주민들을 또 다른 굴종의 삶으로 굴러 떨어지게 할 것이다. 화폐적 관계는 소박한 공동체의 가치를 멸절시키고 있다. 화폐적 관계의 확장, 결과는 아마도 사회의 황폐화가 될 것이다.

이제 북한 주민들에게 펼쳐진 시장은 일상이 되었고, 유영(遊泳)하는 화폐는 욕망이 되었다. 북한 주민들은 공통된 경험이 조직 속에 체화된 공동체의 임종을 맞기도 전에, 현금 결합관계가 곧 인간관계가 되는 화폐권력의 포로가 되었다.

북한 주민들은 화폐의 무한한 교환가능성, 가치축적성, 그리고 권리를 요구하거나 의무를 면제받을 수 있는 지불(청산)능력에 복종하게 되었다. 인간행위마저도 화폐라는 저울에 달아 추계하는 척도기능은 화폐적 인간을 만들었다. 그리고 '화폐를 마음에 영접한' 개종자들이 양산되었다. 주민들은 오래된 신단(神壇) 위에 모셔진 수령을 밀어내고 새로운 신, 화폐를 모셨다. 지배세력의 견제와 혹독한 사회경제적 조건 속에서 권력이 탄생했다. '돈주'를 비롯한 화폐권력자들이다. 화폐권력은 서서히 공적 부문에까지 영향을 미친다. 수령공동체의 도덕적 준거는 무력화되고 주민들은 화폐권력이 주는 파상적 공세에 속절없이 무릎을 꿇는다. 뇌물과 부패가 일상화된다. 경제의 전 영역이 화폐권력에 의존하게 된다. 화폐는 끊임없이 자신의 존재계기를 확장한다. 시장은 구체적 시장에서 추상적 시장으로, 현재에서 미래로 확대된다. 화폐적 관계도 팽창해간다. 반면 사회주의 공동체는 위축된다. 겉으로는 수령의 은덕에 감격해하지만 수령이 욕구를 해결해주지 못한다는 것을 주민들은 이미 알아버렸기 때문이다. 기존의 공동체가 딛고 있는 발판은 급속히 축소된다.

화폐권력자들은 경제의 여러 영역에서 화폐를 투입하여 생산성을 짜내고 있다. 주민들도 사적 경제활동을 통해 돈을 벌기 위해 열을 올린다. 북한은 기존 공동체를 해체하고 한 단계 더 높은 형태의 공동체로 도약할 의지도, 능력도 없다. 사회주의도 자본주의도 아닌, 묘한 체제의 덫에 빠진 듯하다.

팽창되는 화폐적 관계와는 대조적으로, 기존 공동체는 주춧돌만 남은 노쇠한 모습이다. 허물어진 옹벽 사이로 화폐가 추구하는 가치와 정향(orientation)이 주입되고 있다. 표면적으로는 수령-당의 무오류한 신성성이 끊임없이 선포되는 가운데, 내면에는 탐욕스러운 마이더스가 웅크리고 앉아 황금주판을 두드리는 혼종(hybrid)체제로 변화하고 있다.

참고문헌

1. 국내문헌

(1) 단행본

고병권. 2005. 『화폐, 마법의 사중주』. 서울: 그린비.

고승효. 1993. 양재성 옮김. 『북한 경제의 이해』. 서울: 평민사.

구본우. 2012. 『칼 폴라니, 反경제의 경제학』. 서울: 비르투.

국토통일원 편. 1980. 『조선로동당대회 자료집 제2집』. 서울: 국토통일원.

김성보. 2012. 『북한의 역사 1』. 서울: 역사비평사.

김연철. 2001. 『북한의 산업화와 경제정책』. 서울: 역사비평사.

김영재 편저. 2002. 『북한의 이해』. 서울: 법문사.

김영진. 2005. 『시장자유주의를 넘어서』. 파주: 한울.

김윤환. 1986. 『정치경제학 4』. 서울: 인간사.

김일평. 1992. 『북한정치경제입문』. 서울: 한울.

니키친(P. I. Nikitin). 1990. 오영수 옮김. 『정치경제학입문 2』. 서울: 동녘.

돕, 모리스(M. Dobb). 1989. 임휘철 옮김. 『소련경제사』. 서울: 형성사.

뒤르켐, 에밀(E. Durkheim). 2008. 황보종우 옮김. 『에밀 뒤르켐의 자살론』. 서울: 청아출판사.

마르크스, 카를(K. Marx). 2008. 김문현 옮김. 『경제학-철학 초고』. 서울: 동서문화사.

_____. 2001. 김수행 옮김. 『자본론 1권(상)』. 서울: 비봉.

_____. 1987. 김태경 옮김. 『경제학-철학 수고』. 서울: 이론과 실천.

_____. 2000. 김호균 옮김. 『정치경제학 비판 요강』 1권. 서울: 백의.

마르크스, 카를(K. Marx)·프리드리히 엥겔스(Friedrich Engels). 1991. 최인호 외 옮김. 『칼 맑스 프리드리히 엥겔스 저작선집』. 서울: 박종철.

맨큐, 그레고리(Gregory Mankiw). 2007. 김경환·김종석 옮김. 『맨큐의 경제학』. 서울: 교보문고.

문성민. 2005. 『북한 금융의 최근 변화와 개혁과제』. 서울: 한국은행 금융경제연구원.

민족민주운동연구소 편. 1991. 『물가, 임금: 노동의 논리와 자본의 논리』. 서울: 백의.

박순성. 2003. 『북한 경제와 한반도 통일』. 서울: 풀빛.

박승호. 2015. 『21세기 대공황의 시대』. 서울: 한울.

박형중. 2002. 『북한의 경제관리체계』. 서울: 해남.

박형중 외. 2012. 『북한 부패 실태와 반부패 전략』. 통일연구원 협동연구총서. 서울: 통일연구원.

박형중·최사현. 2013. 『북한에서 국가재정의 분열과 조세 및 재정체계』. 서울: 통일연구원.

베버, 막스(Weber Max). 1997. 박성환 옮김. 『경제와 사회』. 서울: 문학과지성사.

베블런, 소스타인(T. Veblen). 2009. 홍기빈 옮김. 『자본의 본성에 관하여 외』. 서울: 책세상.

북한경제포럼. 2005. 『현대북한경제론』. 서울: 오름.

비클러, 심숀(S. Bichler) 외. 2004. 홍기빈 옮김. 『권력자본론』. 서울: 삼인.

서동만. 2005. 『북조선사회주의 체제성립사(1945~1961)』. 서울: 선인.

세계정치경제연구소. 1991. 『자본론소사전』. 서울: 들녘.

소련과학아카데미. 1990. 『정치경제학 입문』. 서울: 죽산.

스탠필드, J. R.(J. R. Stanfield). 1997. 원용찬 옮김. 『칼 폴라니의 경제사상』. 파주: 한울아카데미.

안병직. 1981. 『한국경제의 전개과정』. 서울: 돌베개.

양문수. 2010. 『북한경제의 시장화: 양태, 성격, 메커니즘, 함의』. 파주: 한울.

_____. 2013. 『북한의 계획경제와 시장화 현상』. 서울: 통일교육원.

오타니 데이노스케(大谷禎之介). 2010. 정연소 옮김. 『사회경제학』. 파주: 한울아카데미.

와다 하루끼(和田春樹). 2014. 남기정 옮김. 『북한 현대사』. 파주: 창비.

원용찬. 2012. 『칼 폴라니, 햄릿을 읽다』. 서울: 당대.

이남복. 1996. 『현대 경제사회학』. 청주: 청주대학교 출판부.

이석 외. 2009. 『북한 계획경제의 변화와 시장화』. 서울: 통일연구원.

이석기 외. 2011. 『북한 외화통용 실태 분석』. 서울: 산업연구원.

이종석. 2013. 『북한의 역사 2』. 서울: 역사비평사.

이준구·이창용. 2010. 『경제학원론』. 파주: 법문사.

임수호. 2008. 『계획과 시장의 공존』. 서울: 삼성경제연구소.

잉햄, 제프리(Geoffrey K. Ingham). 2011. 홍기빈 옮김. 『돈의 본성』. 서울: 삼천리.

장명봉 편. 2008. 『사회주의 상업법』. 서울: 북한법연구회.

_____. 2011. 『최신 북한법령집』. 서울: 북한법연구회.

정형곤 외. 2012. 『북한의 시장화 현황과 경제체제의 변화 전망』. 서울: 대외경제정책연구원.

조명철 외. 2003. 『7.1경제관리개선조치 현황 평가와 과제』. 서울: 대외경제정책연구원.

조정아 외. 2008. 『북한 주민의 일상생활』. 서울: 통일연구원.

짐멜, 게오르크(Simmel G.). 2013. 김덕영 옮김. 『돈의 철학』. 서울: 길.

크루그먼, 폴(Paul Krugman). 2008. 김재영 옮김. 『크루그먼의 경제학』. 서울: 시그마프레스.

통일부 정보분석실. 1999. 『최근 북한 농민시장 실태와 가격동향 분석』. 서울: 통일부.

통일부 통일교육원. 2014. 『북한이해 2014』. 서울: 통일교육원.

평화재단. 2006. 『북한사회의 이해와 주민들의 생활』. 서울: 평화재단.

폴라니, 칼(K. Polanyi). 1998. 박현수 옮김. 『사람의 살림살이 I·II』. 서울: 풀빛.

_____. 1994. 이종욱 옮김. 『초기제국에 있어서의 교역과 시장』. 서울: 민음사.

_____. 2010. 홍기빈 옮김. 『거대한 전환』. 서울: 길.

_____. 2015. 홍기빈 옮김. 『다호메이 왕국과 노예무역』. 서울: 길.

_____. 2002. 홍기빈 옮김. 『전 세계적 자본주의인가 지역적 계획경제인가 외』. 서울: 책세상.

하버마스, 위르겐(Jürgen Habermas). 2006. 장춘익 옮김. 『의사소통행위이론 1』. 서울: 나남.

한국개발연구원. 2009. 『북한의 시장』. 서울: 한국개발연구원.

한국은행. 2008. 『우리나라의 통화지표 해설』. 서울: 한국은행.

한국정책금융공사. 2010. 『북한의 산업 2010』. 서울: 한국정책금융공사.

헌트 E. K(E. K. Hunt). 1982. 김성구·김양화 옮김. 『경제사상사 I』. 서울: 풀빛.

_____. 1983. 김성구·김양화 옮김. 『경제사상사 II』. 서울: 풀빛.

현대조선문제강좌 편집위원회 편. 1988. 『북한의 경제』. 서울: 광주.

홍기빈. 2002. 『아리스토텔레스, 경제를 말하다』. 서울: 책세상.

_____. 2010. 『자본주의』. 서울: 책세상.

홍익표 외. 2004. 『최근 북한의 가격, 유통체제 변화 및 향후 개혁과제』. 서울: 대외경제정책연구원.

황장엽. 1999. 『나는 역사의 진리를 보았다』. 서울: 한울.

(사)북한연구소. 1994. 『북한총람(1983~1993)』. (사)북한연구소.

(2) 논문

고병권. 2005. 「서유럽에서 근대적 화폐구성체의 성립에 관한 연구」. 서울대학교 대학원 박사논문.

고유환. 2009. 「특집 : 북한연구 방법론의 현황과 과제」. 『통일과 평화』. 서울대학교 통일평화연구원.

김경미. 2007. 「1945~1959년 북한의 임금에 관한 연구」. 동국대학교 대학원 석사학위논문.

김귀옥. 2004. 「1980년대 북한 사회의 발전과 좌절의 기로」. ≪현대북한연구≫, 7권 1호. 북한대학원대학교 북한미시연구소.

김석진. 2015. 「2014년 북한 사경제 동향과 향후 전망」. ≪KDI 북한경제리뷰≫, 제17-1호. 한국개발연구원.

김석향. 2012. 「제4회의—북한의 화폐개혁과 남북한 교류협력: 북한 당국의 화폐개혁을 평가하는 북한이탈주민의 의견과 그 의미」. 『북한연구학회 추계학술발표논문집』. 북한연구학회.

김성일. 2002. 「개인주의의 발달과 화폐경제」. 서강대학교 대학원 박사학위논문.

김수행. 2006. 「사회주의와 화폐」. ≪진보평론≫, 제30호. 진보평론.

김영윤·홍순직. 2003. 「7.1경제관리개선조치 이후 북한 상업유통 분야의 변화동향과 전망」. ≪통일정책연구≫, Vol.12, No.2. 통일연구원.

김영희. 2015. 「북한의 경제변화와 국가예산수입법제 동향」. ≪산은조사월보≫, 2015년 7월. 한국산업은행.

김일한. 2011. 「북한의 시장가격 결정 요인 분석」. ≪북한연구학회보≫, 제15권 제2호. 북한연구학회.

김재웅. 2010. 「북한의 민간상업 통제정책과 상인층의 대응(1945~1950)」. ≪한국근대사연구≫, 제55집, 한국근현대사학회.

김창희. 2010. 「북한 시장화와 화폐개혁의 정치: 경제적 분석」. ≪북한연구학회보≫, 제14권 제2호. 북한연구학회.

김태연. 1999. 「정보화 사회와 화폐」. 『한국사회학회 심포지움 논문집』. 한국사회학회.

김호범. 1991. 「일제하 식민지금융의 구조와 성격에 관한 연구」. 부산대학교 대학원 박사학위논문.

문성민. 2008. 「구매력평가이론에 근거한 북한 가격 및 환율 분석」. ≪통일정책연구≫, 제17권 2호, 통일연구원.

_____. 2007. 「북한 재정제도의 현황과 과제」. 『국민대학교 법학연구소 학술발표대회 논문집』. 국민대학교 법학연구소.

문영찬. 2008. 「사회주의 정치경제학의 쟁점들」. 『정세와 노동』. 노동사회과학연구소.

박석삼. 2002. 「북한의 사경제부문 연구: 사경제규모, 유통현금 및 민간보유 외화규모 추정」. ≪한은조사연구≫, 2002년 3호. 서울: 한국은행.

박순성. 2003. 「북한의 가격·배급제도의 변화와 전망」. ≪민족발전연구≫, 제8호. 중앙대학교 민족발전연구원.

박형중. 2011. 「북한에서 1990년대 정권 기관의 상업적 활동과 시장 확대」. ≪통일정책연구≫, 제20권 1호, 통일연구원.

배영목. 1987. 「일제하 식민지 화폐제도의 형성과 전개」. ≪경제사학≫, Vol.11, No.1. 경제사학회.

북한경제리뷰 북한경제팀. 2009. 「2009년 북한 화폐개혁의 주요 내용 및 영향」. ≪KDI 북한경제리뷰≫, 한국개발연구원.

손희두. 2007. 「북한 재정법제의 변화와 과제」. 『국민대학교 법학연구소 학술발표대회 논문집』, 국민대학교 법학연구소.

신동진. 2003. 「남북한 화폐통합의 가능성과 정책방안」. ≪경상논총≫, 제27집. 한독경상학회.

신응철. 2009. 「현대 문화와 돈 그리고 개인: 짐멜(G. Simmel)의 "돈의 철학"에 나타난 문화와 돈의 관계를 중심으로」. ≪동서철학연구≫, 53호. 한국동서철학회.

안재욱. 1991. 「북한의 화폐금융제도」. ≪사회과학연구≫, 제17집. 경희대학교 사회과학연구원.

양문수. 2012. 「2000년대 북한의 반(反)시장화 정책」. ≪현대북한연구≫, 15권 1호. 북한대학
　　원대학교.

＿＿＿. 2005. 「북한의 종합시장」. 『2005년 경제학 공동학술대회 자료집』. 한국경제학회.

＿＿＿. 2010. 「북한의 화폐개혁: 실태와 평가」. ≪통일문제연구≫, 2010년 상반기. 평화문제연
　　구소.

양운철. 2012. 「탈북자 인터뷰를 통해 살펴 본 북한경제 현황」. ≪북한학보≫, 37집 1호. 북한
　　연구소.

원용찬. 1996. 「베블렌의 제도주의와 칼 폴라니」. 『論文集』, Vol.41. 전북대학교.

유승호. 2007. 「북한의 금융개혁동향」. ≪KDI 북한경제리뷰≫, Vol.9, No.11. 한국개발연구원.

윤덕룡. 2013. 「북한 금융시스템의 구축을 위한 단계적 접근 방안」. ≪금융연구≫, 13권 12호.
　　서울: 한국금융연구원.

윤덕룡·오승환. 2009. 「북한 화폐개혁의 의미와 시사점」. ≪오늘의 세계경제≫, 2009년 12월
　　7일. 대외경제정책연구원.

윤철기. 2011. 「북한체제에서 인플레이션 관리의 정치」. ≪현대북한연구≫, 14권 2호. 북한대
　　학원대학교.

이상준. 2004. 「칼 폴라니의 경제사상과 탈사회주의 체제전환 러시아」. ≪국제지역연구≫, 8-2
　　호. 국제지역학회.

이석. 2015. 「[총론] 2014년 북한경제 평가와 2015년 전망」. ≪KDI 북한경제리뷰≫, 제17-1호.
　　한국개발연구원.

이영훈. 2012. 「북한의 하이퍼인플레이션과 개혁개방 전망」. ≪북한연구학회보≫, 제16권 제
　　2호. 북한연구학회.

＿＿＿. 2006. 「북한의 화폐경제: 이행과 변화전망」. ≪통일정책연구≫, 15권 1호. 통일연구원.

이용화. 2013. 「북한 2009년 화폐 개혁 3년 평가」. ≪통일경제≫, 2013 제1호. 현대경제연구원.

이용희. 2014. 「북한 내 한류가 통일에 미치는 영향」. ≪統一問題硏究≫, Vol.26, No.2. 평화문
　　제연구소.

이종겸. 2008. 「북한 신흥 상업자본가의 출현에 관한 연구」. ≪북한학연구≫, Vol.4, No.2. 동
　　국대학교 북한학연구소.

이종석. 1990. 「북한 연구방법론, 비판과 대안」. ≪역사비평≫, 통권 10호. 역사문제연구소.

이진욱. 2014. 「북한의 화폐개혁에 관한 연구」. 동국대학교대학원 석사학위논문.

임강택. 1998. 「사회주의 경제의 가치법칙 연구」. ≪민족발전연구≫, 제2호. 중앙대학교 민족
　　발전연구원.

임경훈. 2005. 「북한식 경제관리체제와 수령제의 형성: 신전통주의(Neotraditionalism)의 극대
　　화」. ≪북한연구학회보≫, 제9권 제1호. 북한연구학회.

임수호. 2009. 「최근 북한의 식량사정과 시사점」, SERI Issue Paper, 2009.9.29.

＿＿＿. 2010. 「화폐개혁 이후 북한의 대내경제전략」. ≪KDI 북한경제리뷰≫, 2010년 3월호.

한국개발연구원.

임을출. 2014. 「북한 사금융의 형성과 발전: 양태, 함의 및 과제」. 『세계북한학 학술대회 자료집』. 북한연구학회.

장용석. 2009. 「북한의 국가계급 균열과 갈등구조」. 성균관대학교 대학원 박사학위논문.

장준호. 2000. 「칼 폴라니에 있어서 경제사회학적 탐색의 가닥들」. ≪사회과학논총≫, 제21집. 청주대학교 사회과학연구소.

전현수. 1996. 「1947년 12월 북한의 화폐개혁」. ≪역사와 현실≫, 통권 19호. 한국역사연구회.

정은미. 2000. 「농민시장을 통해 본 북한 사회의 변화」. 서울대학교 석사학위논문.

정은이. 2009. 「북한의 자생적 시장발전 연구」. ≪통일문제연구≫, 제52호. 평화문제연구소.

정일영. 2013. 「공장관리체제를 통해 본 북한사회의 변화」. ≪통일연구≫, Vol.17, No.1. 연세대학교 통일연구소.

정정길·전창곤. 2000. 「[특집] 남북한 농업협력 현황과 전망: 북한 농민시장의 실태 분석」. ≪농촌경제≫, 제23권 2호. 한국농촌경제연구원.

조복현. 2007. 「마르크스주의 화폐이론의 재구축-화폐와 신용의 결합」. ≪사회경제평론≫, 제29(2)호. 한국사회경제학회.

_____. 1997. 「현대 화폐제도의 불안정성과 화폐의 가치 기초」. ≪사회경제평론≫, 제10호. 한국사회경제학회.

조봉현. 2010. 「북한의 5차 화폐개혁: 진단과 전망」. ≪국방연구≫, 53-2. 국방대학교 안보문제연구소.

차문석. 2008. 「20세기 사회주의에서 화폐와 수령」. ≪한국정치학회보≫, 제42집 제1호. 한국정치학회.

_____. "북한의 7·1조치의 사회경제적 의미." ≪KDI 북한경제리뷰≫, 2009년 8월호. 한국개발연구원.

최수영. 2010. 「북한 화폐개혁 파장은?」. ≪통일한국≫, 2010년 1월호. 평화문제연구소.

_____. 2015. 「북한경제를 움직이는 '돈주'」. ≪北韓≫, 2015년 5월. 북한연구소.

최창용. 2012. 「2000년 이후 북한 '경제관계 일군' 분석」. ≪KDI 북한경제리뷰≫, 2012년 12월호. 한국개발연구원.

한기범. 2009. 「북한 정책결정과정의 조직행태와 관료정치: 경제개혁 확대 및 후퇴를 중심으로 (2000~2009)」. 경남대학교 대학원 박사학위논문.

홍기빈. 1996. 「Karl Polanyi의 정치경제학 : 19세기 금본위제를 중심으로」. 서울대학교 대학원 석사논문.

(3) 기타(정기간행물, 언론매체, 전집류 등)

≪데일리NK≫

≪동아일보≫

≪연합통신≫
≪월간중앙≫
≪이코노미 인사이트≫
≪자유아시아방송≫
≪조선닷컴≫
≪통일뉴스≫

2. 북한문헌

(1) 단행본

『금융학』. 평양: 김일성종합대학. 1985.

김일성. 1997. 『사회주의경제관리문제에 대하여 제6권』. 평양: 조선로동당출판사.

김재호. 2000. 『김정일 강성대국 건설전략』. 평양: 평양출판사.

김창하. 1985. 『불멸의 주체사상』. 평양: 사회과학출판사.

리기성. 1992. 『주체의 사회주의 정치경제학의 법칙과 범주 1』. 평양: 사회과학출판사.

리원경. 1986. 『사회주의 화폐제도』. 평양: 사회과학출판사.

백과사전출판사. 2010. 『광명백과사전 5(경제)』. 평양: 백과사전출판사.

변락주 외. 1958. 『우리나라의 인민경제 발전(1948~1958)』. 평양: 국립출판사.

사회과학원. 1985. 『경제사전 1』. 평양: 사회과학출판사.

_____. 1985. 『경제사전 2』. 평양: 사회과학출판사.

_____. 1995. 『재정금융사전』. 평양: 사회과학출판사.

사회과학원 철학연구소. 『철학사전』. 평양: 사회과학출판사, 1985.

사회과학출판사 편. 1992. 『조선말대사전 (2)』. 평양: 사회과학출판사.

서재영·박제동·정수웅. 2005. 『우리 당의 선군시대 경제사상해설』. 평양: 조선로동당출판사.

엄재언 편저. 『상업독본』. 평양: 조선로동당출판사, 1959.

유수복. 1996. 『위대한 령도자 김정일동지의 사상리론(경제학2)』. 평양: 사회과학출판사.

조선중앙통신사. 1949. 『조선중앙년감 1949』. 평양: 조선중앙통신사.

지운섭. 1960. 『우리 나라에서 개인상공업의 사회주의적 개조』. 평양: 조선로동당출판사.

한선희·김영준 편. 2001. 『교육심리』. 평양: 교원신문사.

(2) 논문

고재환. 1991. 「화폐류통을 공고화하는데서 나서는 중요요구」. ≪경제연구≫, 1991년 2호. 평양: 과학백과사전출판사.

김경일. 2005. 「국가의 중앙집권적, 통일적 지도는 사회주의 경제관리의 생명선」. ≪경제연구≫,

2005년 제4호. 평양: 과학백과사전출판사.

량준. 2012. 「로동보수규모와 소비품류통의 균형을 바로 설정하는데서 나서는 중요한 문제」. ≪경제연구≫, 2012년 2호. 평양: 과학백과사전출판사.

리경호. 2011. 「사회주의경제관리에서 경제적공간의 옳은 리용」. ≪경제연구≫, 2011년 1호. 평양: 과학백과사전출판사.

리기성. 2007. 「새 세기 우리 식의 사회주의경제리론을 연구하는데서 나서는 중요한 문제」. ≪경제연구≫, 2007년 제2호. 평양: 과학백과사전출판사.

리신효. 1992. 「새로운 무역체계의 본질적 특성과 그 우월성」. ≪경제연구≫, 1992년 4호. 평양: 사회과학출판사.

리원경. 2003. 「나라의 화폐자원관리에서 제기되는 몇가지 문제」. ≪김일성종합대학학보≫, 제49권 4호. 평양: 김일성종합대학출판사.

_____. 2006. 「현시기 나라의 통화조절분야에서 제기되는 몇 가지 원칙적 문제에 대하여」. ≪경제연구≫, 2006년 2호. 평양: 과학백과사전출판사.

_____. 「화폐, 화폐류통은 계획적 경제관리의 보조적 수단」. ≪경제연구≫, 2009년 3호. 평양: 과학백과사전출판사.

리창혁. 2005. 「화폐류통법칙의 작용령역에 대한 연구」. ≪경제연구≫, 2005년 3호. 평양: 과학백과사전출판사.

박선호. 2007. 「위대한 령도자 김정일동지께서 제시하신 사회주의 경제관리 개선완성에 관한 독창적 리론」. ≪경제연구≫, 2005년 제1호. 평양: 과학백과사전출판사.

박창옥. 1988. 「1954~1956년 조선민주주의인민공화국 인민경제 복구발전 3개년 계획에 관한 보고」. 『북한 최고인민회의자료집 I』.

신진철. 2002. 「사회주의 확대재생산에서 로동생산능률의 장성과 로동보수 사이의 균형보장과 그 의의」. ≪경제연구≫, 2002년 3호. 평양: 과학백과사전출판사.

오선희. 2005. 「사회주의 사회에서 제기되는 화폐적 수요」. ≪경제연구≫, 2005년 3호. 평양: 과학백과사전출판사.

윤기복. 1956. 「공화국 가격 체계와 전후 소매 물가 동태」. ≪경제연구≫, 1956년 제1호. 평양: 과학원출판사.

주형남. 1994. 「계획의 일원화, 세부화는 사회주의경제건설의 앙양을 이룩하기 위한 중요 담보」. ≪경제연구≫, 1994년 2호. 평양: 과학백과사전출판사.

최경희. 2006. 「소비상품가격제정의 출발점과 기준」. ≪경제연구≫, 2006년 1호. 평양: 과학백과사전출판사.

최선용. 2009. 「사회주의 신용의 본질과 기능」. ≪경제연구≫, 2009년 3호. 평양: 과학백과사전출판사.

홍영의. 2006. 「화폐자금을 은행에 집중시키는 것은 화폐류통을 원활히 하기 위한 중요담보」. ≪경제연구≫, 2006년 4호. 평양: 과학백과사전출판사.

(3) 기타(정기간행물, 언론매체, 전집류 등)

≪경제연구≫
≪근로자≫
≪김일성 저작집≫
≪김일성종합대학학보≫
≪김정일 선집≫
≪로동신문≫
≪조선신보≫
≪조선중앙년감≫

3. 외국문헌

Bichler, S., and J. Nitzan. 2009. *Capital as Power: A Study of Order and Creorder*. Routledge.

_____. 2004. *New Imperialism or New Capitalism?* www.bnarchives.net

_____. 2002. *The Global Political Economy of Israel*. Pluto Press.

Innes, A. Mitchell. 1914. "The Credit Theory of Money." *The Banking Law Journal*, Vol. 31, Dec/Jan.

Knapp, G. Friedrich. 1924. *The State Theory Of Money*. London: Macmillan & Company Limited.

Kornai, J. 1992. *The Socialist System: The Political Economy of Communism*. Princeton: Princeton University Press.

Polanyi, K. 1971. "The semantics of money uses." *In Primitive, Archaic, and Modern Economies*. edited by George Dalton. Boston: Beacon Press.

찾아보기

지은이 **민영기**

동국대학교 대학원에서 북한학 박사학위를 받고 외래교수로 재직 중이다. 현재 북한문제연구소를 운영하고 있으며, 북한의 화폐와 금융에 대한 연구에 집중하고 있다. 남북경제협력을 위한 새로운 플랫폼을 통해 상생하는 경제패러다임을 구축하는 것이 목표이다.
주요 연구로는 「화폐공동체의 성립과 수령공동체의 균열」(2014), 「북한 경제체제의 변화에 관한 연구」(2016), 「북한의 경제질서 재편과 "관료적 시장"의 형성」(2016) 등이 있다.

이메일 viciactiva@gmail.com

한울아카데미 2002

북한의 화폐와 시장
수령, 돈, 시장

ⓒ 민영기, 2018

지은이 민영기
펴낸이 김종수
펴낸곳 한울엠플러스(주)
편집책임 배유진

초판 1쇄 인쇄 2018년 8월 23일
초판 1쇄 발행 2018년 9월 6일

주소 10881 경기도 파주시 광인사길 153 한울시소빌딩 3층
전화 031-955-0655
팩스 031-955-0656
홈페이지 www.hanulmplus.kr
등록번호 제406-2015-000143호

Printed in Korea
ISBN 978-89-460-7002-8 93340 (양장)
ISBN 978-89-460-6522-2 93340 (반양장)

* 책값은 겉표지에 표시되어 있습니다.

한울엠플러스의 책

새로운 북한 이야기

• 박재규·김갑식·김근식 외 지음
• 2018년 2월 1일 발행 ┃ 신국판 ┃ 352면

변화와 지속의 양면성을 가진 김정은 정권의 북한
한국에게 기회일까, 새로운 도전이나 위협일까

김정은 등장 이후 북한은 변화하고 있고, 또 변화할 수밖에 없다. 김정은 정권하의 북한은 변화와 지속이라는 양면성을 모두 지니고 있다. 이러한 차원에서 북한 김정은 체제가 당면한 문제는 지금부터 시작이다. 북한에게 긍정적인 측면도 있고 부정적인 면도 있으며, 우리에게는 기회일 수도 새로운 도전이나 위협이 될 수도 있다. 우리가 북한의 변화에 주목해야 할 이유이다.

한반도 평화와 통일을 위한 대내외적 환경이 더 험난해지고 있다. 현재 세계를 뒤덮고 있는 자국 중심주의와 맞물려 새롭게 등장한 트럼프 미 행정부나, '신형 국제관계'를 내세우며 '중국몽'을 실현하려는 시진핑의 움직임이 심상치 않다. 이러한 국제환경 속에서 북한은 더욱 핵을 움켜쥐고 있다. 북한의 핵문제와 미중관계 변화가 한반도는 물론 동북아 지역의 평화와 안전을 집어삼키는 블랙홀이 되고 있다. 이러한 맥락에서 오늘의 북한을 바르게 보는 것이 중요하고, 이를 통일의 길을 여는 시작점으로 삼아야 한다.

한울엠플러스의 책

새로운 통일 이야기

- 박재규·김근식·김성경 외 지음
- 2017년 4월 15일 발행 │ 신국판 │ 328면

북한은 적인가 동포인가, 통일의 주체인가 대상인가?
더불어 사는, 바람직한 통일을 위한 현실적이고 균형감 있는 제언

　민주화의 과정에서 파생된 정치적 이념의 양극화 속에 통일과 북한 문제는 극단적인 진영 논리의 틀로 재단되고 있다. 그런 까닭에 이 문제를 객관적으로 논의하거나, 균형 잡힌 대안을 찾는 것은 어려운 과제가 되었다.

　해마다 통일 관련 서적이 봇물을 이루지만, 대부분은 세부적인 전문 분야에 집중하고 있어 종합적이고 체계적인 서적은 찾아보기 어려웠다. 또한 치열한 경쟁 속에 통일과 북한 문제에 제대로 접근할 기회가 없었던 대학 새내기들에게 바람직하고 균형감 있는 시각을 키워줄 교재를 찾기도 어려웠다. 2016년 영남권의 '통일교육선도대학'으로 선정된 경남대학교는 대학생 눈높이에 적합한 교재로서 『새로운 통일 이야기』를 기획했다. 다양한 분야를 망라해 통일 관련 논의를 충실히 담아낸 이 책은 통일 시대의 길을 여는 유익하고 의미 있는 나침반이 되어, 통일에 관심은 있으나 쉽게 접근하지 못했던 이들에게 바람직한 방향을 제시하는 충실한 안내서로 자리 잡을 것이다.

경남대 극동문제연구소 북한연구 시리즈 44

글로벌 거버넌스와
북한의 정치·경제 체제전환 전망

Global Governance and North Korean Political and Economic Transition

윤대규 엮음

한울

글로벌 거버넌스와
북한의 정치·경제 체제전환 전망

- 윤대규 엮음 | 구갑우·김갑식·이무철 외 지음
- 2016년 11월 30일 발행 | 신국판 | 184면

9년에 걸친 북한 체제전환 연구의 종합판
북한의 체제전환을 추동하는 정치·경제 영역 글로벌 거버넌스의 방향을 모색한다

경남대학교 극동문제연구소는 2005년부터 9년간 '북한의 체제전환'을 연구해왔다. 이 책은 그중 3단계 연구의 결과물로 1단계 연구는 북한 '국내적 차원'의 체제전환을, 2단계 연구는 동북아시아 차원의 변화와 북한의 체제전환 연관성을 분석했고, 3단계 연구는 1, 2단계 연구의 성과를 종합해 글로벌 거버넌스 차원으로 논의를 확대했다.

특히 이 책은 정치·경제 영역에 초점을 두고 북핵 문제와 한반도의 평화, 개발지원과 경제적 관여, 북한의 시민사회 형성, 국제기구 참여 등 정치·경제 영역 글로벌 거버넌스와의 연관 속에서 북한의 체제전환을 분석·전망한다. 이 과정을 따라가면 북한의 체제전환을 추동하는 정치·경제 차원의 글로벌 거버넌스의 관여 내용과 방식, 그리고 한국의 역할을 모색하는 데 적실한 관점을 갖게 될 것이다. 이론과 정책 측면에서도 기존 논의보다 풍부한 내용을 제시했다. 되풀이되는 북한의 핵 실험, 강경해지는 국제사회의 대북 제재, 흔들리는 지역 안보에 대응하는 이론과 정책을 고심하는 연구자와 정책 전문가에게 일독을 권한다.

김정은 시대의 북한 경제
사금융과 돈주

- 임을출 지음
- 2016년 8월 8일 발행 ㅣ 신국판 ㅣ 272면

북한 주민들의 정체성이 '수령'에서 '돈'으로 이동하고 있다
사금융 확대와 돈주의 성장이 불러온 북한의 변화!

2015년 이전까지만 해도 북한을 방문하고 돌아온 이들은 이구동성으로 '평양의 변화'를 말했다. 과연 이 변화의 내용과 본질은 무엇인가. 평양의 변화, 아니 평양뿐 아니라 북한 전역의 변화는 단지 허상인가. 무엇이 이런 변화를 불러오고 있는가. 이 같은 변화는 일시적 현상인가 아니면 어느 정도 지속 가능한가. 이른바 '붉은 자본가'의 탄생도 가능한가. 대체 북한에서는 어떤 일들이 일어나고 있는 것인가. 북한의 시장과 금융 현실은 어떻고 돈주들은 과연 누구일까. 북한에서 어떤 사적 기업활동이 이루어지고 있고 돈주들은 당국과 어떤 관계를 맺고 있을까. 북한 경제는 어디를 향해 달려가고 있는 걸까. 북한판 붉은 자본가라고 할 수 있는 돈주들의 성장은 북한 체제의 미래에 독이 될까 득이 될까. 한국은 물론이고 국제 사회는 이런 북한의 현실을 어떻게 이해하고 새로운 관계를 설정해야 할까.

이 책은 이상의 여러 가지 궁금증에 대한 답을 찾아가는 과정이며, 그 과정에서 우리는 과거와 확 달라진 북한의 현실을 좀 더 객관적이고 종합적으로 이해할 수 있을 것이다. 또한 한국을 비롯해 국제 사회가 어떻게 해야 북한 주민의 삶의 질 향상과 북한 사회의 긍정적 변화를 이끌어낼 수 있을지에 대한 안목과 통찰을 얻을 수 있을 것이다.

(개정판) 현대 북한의 식량난과 협동농장 개혁

- 남성욱 지음
- 2016년 3월 30일 발행 | 신국판 | 576면

북한, 식량난을 타개하기 위해 어떤 노력을 해왔는가?
북한, 협동농장 개혁으로 식량난 해결을 모색하다

2016년, 북한은 또다시 유엔이 지정한 식량부족국가가 되었다. 지난해 봄에 극심한 가뭄을 겪은 북한은 외부 지원이나 수입으로 식량 부족량 44만 톤가량을 확보해야 하는 상황에서, 핵과 미사일로 대북제재까지 겹치자 더욱 빈궁한 지경에 놓이게 되었다. 이 책은 북한 체제의 존립을 위협하는 오랜 난제인 식량 문제의 역사와 현황을 깊이 있게 다루었다. 북한은 '토지를 비롯한 생산수단을 통합하고 공동노동에 기초해 농업생산을 하는 사회주의적 집단 경영 농장'을 뜻하는 '협동농장(協同農場)'을 오랫동안 고수해왔다. 그러나 이제 여러 문제점을 안고 있는 이 오랜 농업생산 방식을 개혁하지 않고서는 식량난을 해결하기 어려운 지경이 되었다.

국내의 권위 있는 북한 전문가로서 북한을 여러 차례 방문해 농업 실태를 조사한 저자는 그동안 목격한 자료를 바탕으로 이 책을 집필했다. 북한의 식량난은 통일 이후에도 한국 농업의 큰 부담이 될 것이다. 그런 면에서 대북 식량지원과 같은 단발적인 구난책에서 더 나아가 협동농장 개선이라는 근본적인 대안을 모색한 이 책은 역사적 의의를 갖는다. 그간 발표되었던 김정은 신년사와 북한 내부 자료를 다각도로 분석한 이 책을 통해 2016년 북한의 식량 현황을 자세히 살펴볼 수 있을 것이다.

한 울 엠 플 러 스 의 책

김정은.jpg
북한 이미지 정치 엿보기

- 변영욱 지음
- 2015년 11월 30일 발행 │ 변형신국판 │ 232면

김정은, 카메라 앞에 서다
북한과 김정은 정확하게 읽기

김정은은 젊다. 힘이 좋고 피부는 탱탱하다. 북한은 사진이 잘 받는 김정은의 외모를 한껏 활용해 사진 수천 장을 전 세계를 향해 쏟아내고 있다. 그러나 북한은 자신들이 보여주고 싶은 이미지만 보여주려고 한다. 따라서 북한이 배포하고 전파하는 사진과 이미지를 비판적으로 검토하는 일은 미룰 수 없는 과제이다.

누구나 북한에 관해 이야기하지만, 북한을 제대로 아는 사람은 드문 현실에서 이 책은 북한이 공식적으로 보여주는 사진을 분석하는 것이 북한을 진단하는 또 하나의 방법이 될 수 있지 않을까 하는 의도로 기획되었다. 사진이 모든 것을 설명하지는 않지만, 많은 것을 설명해준다. 사진기자는 거짓말을 할 수 있어도 사진은 거짓말을 하지 않는다는 믿음도 있다. 이제 북한의 이미지 정치와 진검 승부를 해야 할 때이다.

한울컴플루리스의 책

남북한 경제통합
전략과 정책

• 이장로·김병연·양운철 엮음 | 김병연·박영철·박진 외 지음
• 2015년 11월 20일 발행 | 신국판 | 190면

북한의 체제전환과 남북한 경제통합

북한은 현재와 미래에 걸쳐 한국 경제와 사회의 불확실성에 가장 중요한 요인임이 틀림없다. 북한의 시장경제로의 체제이행과 남북한 경제통합이 순조롭게 이루어지면 북한뿐만 아니라 남한 경제도 커다란 성장동력을 확보할 수 있을 것이다. 반면 북한의 체제이행과 남북통합에 심대한 문제가 발생하면 짧게는 수년 또는 10~20년 동안 남한 경제는 상당히 부정적인 충격을 받게 될 것이다.

이 책을 구성하는 다섯 편의 글은 북한의 시장경제로 체제전환과 남북한 경제통합이라는 두 축을 동시에 유기적으로 고려하고 있다. 북한이 성공적으로 변화하려면 체제전환, 경제개발, 경제통합이라는 세 가지 과제가 모두 해결되어야 한다. 그러나 기존의 북한 경제 연구는 이상의 각각 주제에 대해, 그것도 관련 주제를 포괄하기보다 일부 주제를 부분적으로 연구하는 데 그쳤다. 반면 이 책은 북한의 체제전환과 경제통합 모형에서 시작해 기업 사유화, 금융, 재정, 토지, 인프라까지 비교적 포괄적인 주제를 논의하고 있다.

한울엠플러스의 책

독재자와 시장경제
북한 현대화를 위한 리더십

- 장대성 지음
- 2015년 1월 9일 발행 | 46판 | 176면

북한 현대화의 첫걸음은 계획경제를 시장경제로 전환하는 것부터 시작해야 한다!
냉철한 분석과 뜨거운 열정으로 써내려간 새로운 남북통일론

독재리더십인 김정은 체제가 시장경제를 수용할 수 있을까? 저자는 역사적 사례, 북한 내부 및 주변국 사정 등 여러 가지 이유를 들어 현 체제가 오래가지 못할 것이라고 예측한다. 그래서 현 수뇌부가 자신들의 주도권을 유지하기 위해서라도 시장경제를 도입해야 한다고 주장한다. 즉, 북한을 시장경제 체제로 변화시키는 것은 현 수뇌부의 생존을 위해서라도 필요한 일이라는 것이다. 이러한 변화는 수뇌부의 이득일 뿐 아니라 북한 주민에게도 이득이라고 저자는 설명한다. 경제적 자유가 점차 정치적 자유로 확산되어 결국 북한은 세계 시민 국가의 수준으로 발전하게 될 것이라고 예측한다. 다시 말해 북한의 시장경제 도입은 한반도 평화 번영, 나아가 통일의 미중물인 셈이다.

저자는 북한이탈주민으로 1990년대 탈북해서, 현재 남한에 정착해 살고 있다. 저자는 북한학을 전문적으로 공부한 학자가 아니다. 그래서 이 책에는 전문적인 통일이론이나 정치(精緻)한 대북정책이 담겨 있지는 않다. 하지만 이 책이 빛나는 지점은 한반도 평화 번영을 위한 저자의 '통찰'이다. 이 통찰은 머리가 아닌 남북 체제 모두를 겪은 저자의 몸으로부터 나왔다. 주입된 지식이 아닌 체득된 지혜가 이 통찰의 근원이다. 그래서 저자의 주장은 투박하지만 혜안이 있다. 이 책의 주장은 명쾌하다. 북한에 시장경제를 도입하자. 다소 엉뚱하게 들리는가? 이 책을 읽어보라. 그리고 과연 그러한지 함께 머리를 맞대고 생각해보자.